靖江市红色资源普查辑录

靖江市老区经济促进会
靖江市党史方志办公室 编著

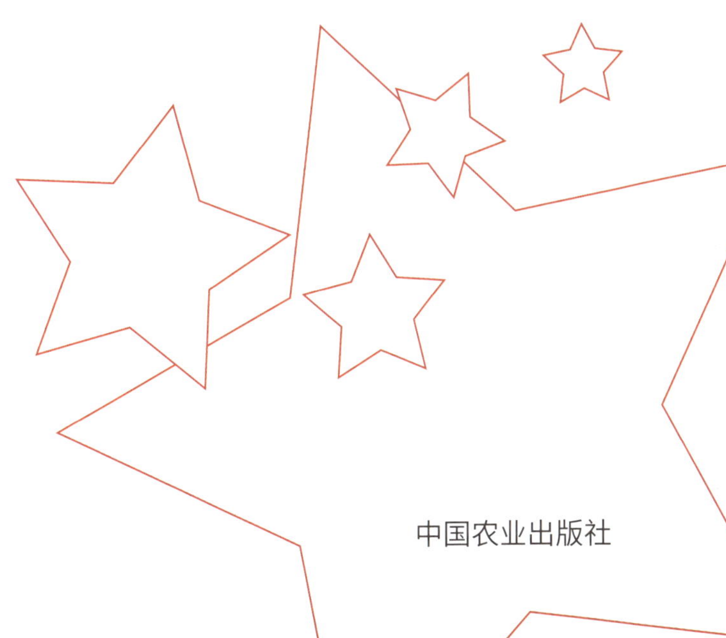

中国农业出版社

靖江市红色资源普查领导小组

组　长：罗晓东　姚东辉　于　政

副组长：柏有连

成　员：汤毅钧　陆汇杰　钱炳兴　徐常青　秦亚平
毛立仁　耿昌林　曹永东　陆荣华　吴　彬

《丰碑——靖江市红色资源普查辑录》编纂委员会

名誉主任：罗晓东　姚东辉　于　政

主　　任：柏有连

副 主 任：汤毅钧　陆汇杰　徐常青　王宇清　王　青
钱炳兴　秦亚平　毛立仁　夏艺萍　耿昌林
曹永东　陆荣华　吴　彬

委　　员：陆雪梅　卢霞银　毛亚军　薛漫天　朱关祥
秦美娟　陈建新　赵方伟　刘振华　朱胜海
陈　华　王　林　陈　林　张卫祖　孙静娟
张礼成　秦　逸

序　言

靖江是具有光荣革命传统的老区，红色是这片热土最鲜亮的底色。早在 1927 年，这里就开始有我党的活动。土地革命时期这里建立了共产党组织，兴起了农民运动，毗卢市暴动、三打石桥头、三次保卫长安市等，都有力地抗击了国民党反动派。抗日战争时期，靖江人民在党的领导下，重建中共地方组织，建立抗日民主政权，创建抗日人民武装，打击袭扰日伪顽，长安弯腰沟成为靖江抗日根据地的中心。解放战争时期，靖江独立团获得夹港口战斗大捷，被陈毅、粟裕首长赞为“创敌后武装歼灭敌正规军之范例”，被延安新华广播电台连续报道。渡江战役时期，这里是“东线第一帆”升起的地方，37 万靖江儿女保障了 40 万大军渡江……从新民主主义革命到社会主义建设时期，无数靖江儿女投身艰苦卓绝的革命斗争，写下一首首可歌可泣的英雄史诗。1500 多名靖江儿女，为了理想和信念不惜抛头颅洒热血，用鲜血和生命铸就了不朽的历史丰碑。著名的革命烈士有土地革命战争时期领导农民抗租抗债的中共靖江县东沙区委书记朱者赤；抗日战争时期我党宣传组织工作者、县委委员陈安人，参与赤石暴动的汤定波、瞿淑；解放战争时期宁死不屈的中共靖江县委委员浦骊珠，壮烈牺牲的孤山区区长王倬，坚贞无畏的小英雄周银海，等等，他们的英勇事迹和革命精神展现出靖江共产党人的梦想与追求、情怀与担当、牺牲与奉献，汇聚成我党的红色血脉。这些红色事件和红色人物，构成靖江大地上的红色资源，承载着信仰信念，彰显着初心使命，是我们党艰辛而辉煌的奋斗见证，是我们党弥足珍贵的精神财富，是我们各级党组织党史学习教育的源头活水。

为了“用好红色资源，赓续红色血脉”，靖江市老区经济促进会遵照省老区开发促进会文件精神，从 2021 年 11 月开始，组织老促会系统的同志们分批次寻访求证亲历者和烈士后人，查阅档案资料，实查遗址遗

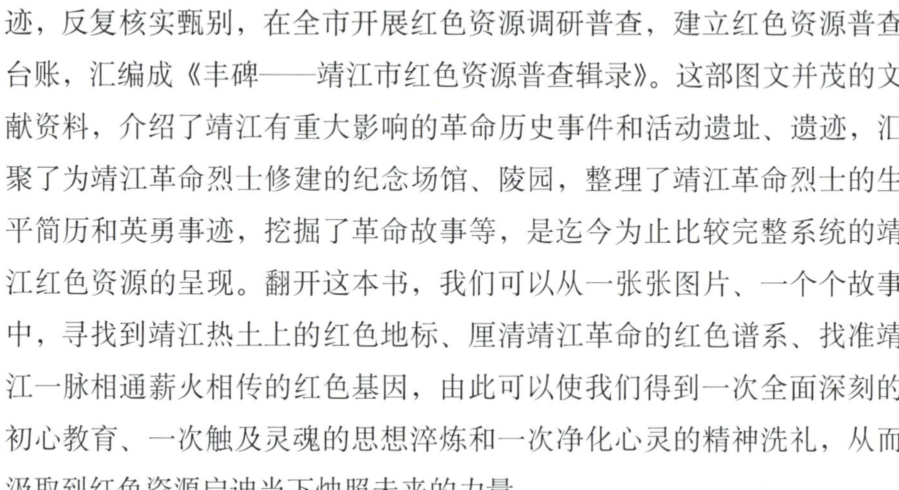

迹，反复核实甄别，在全市开展红色资源调研普查，建立红色资源普查台账，汇编成《丰碑——靖江市红色资源普查辑录》。这部图文并茂的文献资料，介绍了靖江有重大影响的革命历史事件和活动遗址、遗迹，汇聚了为靖江革命烈士修建的纪念场馆、陵园，整理了靖江革命烈士的生平简历和英勇事迹，挖掘了革命故事等，是迄今为止比较完整系统的靖江红色资源的呈现。翻开这本书，我们可以从一张张图片、一个个故事中，寻找到靖江热土上的红色地标、厘清靖江革命的红色谱系、找准靖江一脉相通薪火相传的红色基因，由此可以使我们得到一次全面深刻的初心教育、一次触及灵魂的思想淬炼和一次净化心灵的精神洗礼，从而汲取到红色资源启迪当下烛照未来的力量。

红色资源是我们党艰辛而辉煌的奋斗历程的见证，是最宝贵的精神财富，一定要用心用情用力保护好、管理好、运用好。这是总书记的要求，也是我们赓续红色血脉、把革命先烈流血牺牲打下的红色江山守护好、建设好的责任。我们要在摸清红色资源家底的基础上，追寻红色传奇，解码红色基因。在保护好红色资源的同时要开展系统研究，以历史映照现实、远观未来。特别要发挥好弯腰沟红色文化教育基地和东线第一帆纪念公园等红色场馆的作用，不断完善其功能建设，为全市人民提供鲜活生动的红色教材，开辟党史教育的红色课堂，激励广大党员干部满怀信心“奋进新征程、勇当第一帆，全面开创靖江现代化建设美好未来”，以实际行动迎接党的二十大胜利召开。

中共靖江市委书记

2022年9月18日

目　录

革命烈士传略

革命烈士简介

革命故事

以革命烈士命名的乡村、学校

革命历史纪念馆

革命烈士陵园、墓碑

附　录

1949 年前曾在靖江工作的部分非靖江籍烈士

革命烈士传略

朱者赤

朱者赤，原名朱雄武，1901 年出生在靖江土桥乡龙飞村小木桥一个富裕的农民家庭。他自幼勤奋好学，喜欢阅读《三国演义》《水浒传》等文学作品。他关心国家大事，帝国主义列强的入侵，封建统治阶级的腐败无能，让他切齿痛恨。成年后，他在家中办了两年塾馆，便弃馆外出，广泛交游，寻找救国救民的道路。

1927 年秋，朱者赤投身革命。1928 年春，他加入中国共产党，又于当年 5 月任中共靖江县东沙区委书记。

在中共靖江县委领导下，朱者赤积极领导农民开展抗租抗债斗争。他动员群众不向地主豪绅交租还债，也教育自己的家属不再收租要债。他的妹夫戴银官欠大地主叶秀怡家一笔债，担心叶秀怡会找上门来。他鼓励戴银官说："不要怕他，你就说是我叫你不还的，让他来找我！"他还带领群众从地主家搜出田单和债契，放火烧毁。在筹集革命武装活动经费时，他经常向地主豪绅派款派粮。有恶霸地主不肯照办，他就带领武装农民前去喝令缴纳。

1928 年，中共江阴县委书记茅学勤带领十几位红军游击队来靖江，帮助靖江建立党组织发展革命武装。朱者赤将战士们领到自己家里吃住。缺少被褥，他就和县委书记蒋润芳一道，到客栈租借。这时，朱者赤的父亲已去世一年之久，家庭经济已不宽裕，他瞒着母亲卖掉 20 亩田和部分房产，用这笔钱解决战士们的吃用开销。

朱者赤乐于帮助生活上有困难的群众。一次，本埭农民王瑞郎与朱国均打架，一方被打伤，按理应由对方拿出医药费。但这两家都穷得揭不开锅，朱者赤路过那里知道后说："都是穷兄弟，何必伤和气，医药费由我来付！"随即从衣袋里掏出所有的 13 元大洋，放到伤者的手里就走了。

朱者赤对党的事业忠心耿耿。1929 年初，靖江党组织遭受严重破坏。他只身隐蔽到上海，时刻思念家乡的同志和战友，担心他们的安危，曾

悄悄回到家乡，想和党组织取得联系，终因敌人缉捕甚严、无法立足而出走。后来，在上海因坏人告密而被捕，先后被关押在国民党苏州监狱和靖江监狱。

朱者赤被关在靖江监狱时，积极做难友的思想工作，鼓励他们坚定革命的信心。他介绍苏州狱中难友们的斗争事迹，团结靖江难友与当局展开改善伙食的斗争。他还做看守人员的工作，让“罪轻”的“犯人”借口买东西外出，同靖江北片坚持斗争的范迪义、朱德庆等人取得联系。

1930 年四五月间，范迪义、朱德庆等人组织百余名群众，袭击驻扎在范家石桥的国民党军队。消息传到靖江监狱后，朱者赤和他的难友们欢欣鼓舞，决心进一步与敌人开展斗争。他特地嘱咐前来探监的六妹买几丈白布给他。原来，他准备领导难友们越狱，白布供越狱翻墙时使用。

靖江狱内外的斗争，惊动了反动当局。国民党县长王继武早就想杀害朱者赤，碍于苏州高等法院已有前判，便采用软硬兼施的办法诱骗和折磨朱者赤。王继武说：“你年轻，才华横溢，难道就不怕死吗？”朱者赤斩钉截铁地说：“人固有一死，或重于泰山，或轻如鸿毛。我为民众而死，死而无憾！”他接着又慷慨激昂地说：“我要奉告县长先生，我们共产党人是 3 月的杨柳，你砍掉他一根枝条，将来会有更多的枝条长出来！”说完放声大笑，笑得王继武目瞪口呆。此后，朱者赤被钉上重镣，不准在狱中自由行动，并时常遭到严刑拷打。1931 年，陈桂清接任反动县长后，派出心腹爪牙，从朱者赤的妻子那里骗得苏州法院的判决书，开始对朱者赤下最后的毒手。

1932 年 4 月 6 日清晨，朱者赤被绑赴北门外的刑场。他泰然自若，目光炯炯。临刑前，刽子手给他端来一碗酒。他拿过酒碗摔在地上，说：“喝什么断头酒，怕死就不革命了！”他举目四望，见人群中有

朱者赤烈士之墓

他泣不成声的胞妹六姑娘，便高声对她说：“六妹，不要哭！我死后，把我的尸骨领回安葬，不要让那些狗东西玷污了我！”接着，他大骂反动县长的卑鄙无耻，高呼“共产党万岁！”“苏维埃政权万岁！”，慷慨就义。

朱正之

朱正之，1908 年 9 月 20 日出生在靖江越江乡宜和村祝大圩一个比较富裕的农民家庭。父亲朱申夫，经营着 100 多亩土地，兼办私塾。

朱正之兄弟 5 人，他排行第二。6 岁那年开始求学，在靖江县立第一高等小学毕业后，又去上海读初中。他从小热爱体育活动，擅长足球和长跑，曾先后参加过靖江和泰州两个赛区的田径比赛并获“银盾奖”。初中毕业后，他报考了上海体专。

1931 年暑假，朱正之从上海体专毕业，继而在上海南汇小学、山东烟台省立八中、牟平县中担任体育教员和童子军教练。

1932 年秋冬之际，由于叛徒出卖，中共靖江县委遭到破坏。根据党的指示，一些身份暴露的党员疏散隐蔽。一天，身在山东烟台的朱正之突然收到一封来自家乡的信，询问他能否帮助一位家乡青年在烟台安顿下来。当时追求进步的朱正之朦胧意识到此事背后的不同寻常，立即回信同意接纳那位家乡青年，此后又通过多方活动将其安插在烟台益文商校担任美工教员。

1937 年卢沟桥事变后，日军侵吞了华北的大片国土。烟台工厂倒闭，商店关门，学校停课。朱正之离开烟台返回家乡。朱正之的父亲怕树大招风，将他们兄弟几个分开居住。朱正之和他的五弟分得了在靖城的几间房子，但他不愿意在靖城看到那些耀武扬威的侵略者，就和妻子一道，在北封头坝的桥头上开设了一爿杂货店。

就在朱正之因报国无门而心中郁闷的时候，1940 年初春，活动在靖、

泰地区的共产党员刘万里和刘永青一道，前来看望他。刘永青恰是朱正之在烟台帮助过的家乡青年。他们向朱正之宣传共产党抗日救国的主张；朱正之向他们汇报思想，宣泄报国无门的苦闷。不久，刘永青介绍朱正之加入了中国共产党。这以后，朱正之更加积极地宣传发动群众，散发革命传单。

1940年8月，新四军东进黄桥后，靖江建立了抗日民主政府和革命武装。朱正之决意参加新生的革命武装队伍。亲人劝他说："在家里不愁吃、不愁穿，何必到部队去担惊受怕呢！"他坚定地回答："家里的安逸、舒适我知道，但不赶走日本侵略者，我心里比什么都痛苦！"

朱正之很快奉调至中共靖江县委正在筹建的抗日武装——靖江县警卫大队，并任第二中队中队长。创办伊始的县警卫大队成员复杂，装备简陋，生活上也很艰苦。朱正之对此毫无怨言，而是像一团火一样团结同志、积极工作，几次带领部队前往靖西地区剿匪。不久，朱正之升任县警卫大队大队长。

靖江地区的日伪军警，经常下乡"扫荡"，烧杀抢掠，糟蹋群众。驻马桥的伪警巡官庞德胜，反动气焰十分嚣张。为了教训这股伪警，中共靖江县委和县抗日民主政府决定：朱正之率县警卫大队，第四、第五区游击队配合，袭击马桥伪警据点。

12月的一天午夜，袭击马桥伪警据点的战斗打响。朱正之身先士卒，英勇作战。部队撤出战斗时，朱正之脚部负伤。由于当时天黑，大家未能及时发现大队长漏单。朱正之最终被敌人搜捕。

朱正之被捕后，敌人如获至宝，随即将他押至靖城，向日军邀功请赏。敌人严刑拷打朱正之，逼其供出中共靖江县委和靖江抗日民主政府领导人的名单。朱正之怒斥日军的侵略暴行，痛骂汉奸的卖国行径。他说："县委和县政府领导人的名字我全知道，但我不能告诉你们，这是我们党的秘密。"敌人继而对朱正之施放"糖弹"，派医生给他处理枪伤，但他软硬不吃。暴怒的敌人决定杀害朱正之。

朱正之对前来看望他的妻子说道："我未能赶走日本侵略者，内心惭愧，但我坚信革命一定会成功，最后胜利一定属于我们。你要教育孩子好好读书，让她长大成人。”他的妻子泣不成声，晕倒在地。

1940 年 12 月 25 日，满身是伤的朱正之被日军五花大绑押往靖城南门外肖家园刑场。日军要他跪下受刑。他傲然挺立，决不下跪。敌人骂道：“死到临头了，还这么硬！”他纵声高呼：“誓死不当亡国奴！”“抗战必胜！”“中国共产党万岁！”。敌人慌忙开枪。但枪声响后，他依然挺立，吓得开枪的敌人呆若木鸡。旁边的一名日军士兵，“呀呀呀”地怪叫着，端着上了刺刀的步枪扑上去，一连向他捅了 7 刀。朱正之这才倒在血泊之中。

汤定波

汤定波，1912 年出生在靖江城一个小本经营的商人家庭。家中人多，小本生意利薄，生活甚为困难。初中未毕业，他父亲就忍痛将其送到一家工厂做学徒。三年学徒期满，他留厂当职员，每月薪水一部分接济家中开支，一部分用于购买进步书籍或接济穷困的工友。平日，他喜欢与进步青年谈论国事。

抗日战争爆发后，汤定波耳闻目睹日军种种暴行，义愤填膺，遂积极投身靖江及周边地区的抗日救亡活动。他曾对友人说：“现在全国没有一个安静的地方了，只有参加革命，打日寇，救中国。”1938 年 8 月，汤定波告别妻儿，与几位志同道合的青年一起赴皖南参加新四军，被安排到军部教导总队干训班学习。

新四军教导总队的学习训练，使汤定波更加坚定了追求革命的理想信念。1939 年 4 月，汤定波加入中国共产党。

1941 年 1 月，国民党顽固派制造了震惊中外的皖南事变。汤定波和他的战友在这场事变中被捕。他们被捕后采用化名、编造假籍贯和假履历应付敌人。3 月，他们被编入上饶集中营“军官大队”第三中队二分队。6 月，汤定波拿出没有被敌人搜去的积蓄交给狱中秘密党支部，作为筹办“七 · 一”纪念活动的费用。事后因叛徒告密，敌人将汤定波等三位筹办

纪念活动的同志押送茅家岭监狱囚禁。9月初，第二期训练开始，敌人又把他们押回第三中队。一天，他拒绝特务让他唱《三民主义青年进行曲》，招致毒打。

1942年4月，国民党将上饶集中营的军官大队、特别训练班合并，改编为“战时青年训导团东南分团”，汤定波被编入“政治顽固队”第六中队。他在秘密支部领导下，掩护其他同志制定狱中暴动计划。5月，日本侵略者进犯浙赣、逼近上饶。6月5日，上饶集中营接到命令向福建方向转移。行军开始时，汤定波把敌人交给他携带的军用品抛到水塘里，被敌人认定为危险分子。

6月14日深夜，敌人分队长带着宪兵闯进汤定波和他的狱友们睡觉的小楼，点燃了挂在墙壁上的油灯。昏暗的灯影里，敌人分队长从口袋里掏出一张纸片，说道：“我把这张名单上的姓名念一遍，点到名的马上起来跟我们到队长那里去。”名单上共有5位同志，他们是：沈六(沈韬)、周青(周奎麟)、唐金虎(汤定波)、伍国材(黄刚培)和王铁夫。敌人分队长念完名单，宪兵们就像一群恶狼一样把5位同志拖走了。

6月16日，赤石暴动的前一天，汤定波、沈韬、周奎麟、黄刚培、王铁夫5位同志在崇安县（今武夷山市）大安镇遭到敌人的严刑拷打，最后被敌人用马刀活活砍死。由于他们严守秘密，始终不屈，赤石暴动得以如期举行。赤石暴动粉碎了国民党反动派“新四军被捕人员都已投降”的欺骗宣传。汤定波等五位同志被誉为“大安五烈士”。

瞿 淑

1942年6月17日，发生在福建崇安县(今武夷山市)的“赤石暴动”，是抗日战争时期中国共产党领导下的监狱斗争史上的一个壮举，是新四军军史上继“皖南事变”“茅家岭暴动”之后的又一重大事件。暴动中牺牲的50多位英烈中，有一位靖江籍女战士——瞿淑。

瞿淑，靖城东大街人，1912年5月生，1920年入靖江县立浚化女子小学堂开蒙，后转入上海江湾国立劳动大学附小读书。1927年小学毕业，

考入镇江中学高中部师范科。毕业后，在靖江、江阴、南京等地从事小教工作。

瞿淑在镇江求学时，开始接受马列主义，常给亲属和进步同学介绍苏俄“十月革命”的情况，讲述红军的斗争故事。1937年7月7日，全面抗战爆发后，早就向往革命的瞿淑毅然辞去小学教员的职务，西去武汉，寻求救国救民的真理，进行抗日宣传活动。由于工作上的经常接触，她与进步青年薛克凡相爱结为夫妻。这年年底，她与丈夫一道投奔革命圣地延安，进入抗日军政大学学习。

1938年，瞿淑在抗日军政大学加入中国共产党。同年夏季与丈夫一道，先后至湖南衡阳、广西桂林一带，以小学教员的身份作掩护，从事党的地下工作。她化名为瞿堪，经常给学生和老百姓宣传抗日救国的道理，教唱抗日歌曲，宣传中国共产党的政治主张，介绍陕北和延安穷苦人闹翻身求解放的情况。

瞿淑的行动引起了国民党特务的注意。为避免意外，八路军驻桂林办事处遂介绍他们至皖南新四军军部另行分配工作。瞿淑和薛克凡分别被派往二支队三团、三支队五团工作。

1941年1月，国民党顽固派制造了震惊中外的皖南事变。瞿淑与薛克凡在事变中被捕，由国民党军队辗转押至江西上饶集中营羁押。瞿淑被编在军官大队第五中队三区队，化名徐明。

在集中营内，瞿淑与李捷、戴庆哲等同志被秘密推举为女队（即三区队）秘密党组织负责人，领导被囚女同志对敌斗争。

敌人逼大家写“自传”，瞿淑和李捷、戴庆哲秘密研究后，布置难友用化名自编一套假自传，不暴露党的半点机密。

敌人让大家做政治测验，发给的20道测验题从表面上看，无非是些填空和问答之类。瞿淑很快就发现，常识性题目中夹杂着敌人所需的政治内容，若是照题填答，无疑是填写了一份自首悔过书。瞿淑与李捷、戴庆哲会意后，暗示同志们拖时间、交白卷。

瞿淑胆大心细，曾利用敌五中队一个姓杜的特务长，为女同志寄出一封与家人联系的信件；还秘密又巧妙地弄来蓝布缝成长衫，让一位同志女扮男装混出集中营，重返革命队伍。

1942 年 4 月，国民党将上饶集中营的军官大队、特别训练班撤销，合并改为战时青年训导团东南分团，瞿淑被编入第四中队三分队。5 月，日军进犯浙赣、逼近上饶。6 月 5 日，上饶集中营撤离上饶。17 日，队伍到达崇安县赤石镇。在这里，第六中队的勇士们举行暴动并取得成功。敌人兽性大发，疯狂报复。19 日，第三中队和其他中队的所谓顽固分子以及暴动中被抓回的共 50 多位同志，被敌人押往虎山庙的茶树林分三批屠杀。年轻的薛克凡、瞿淑夫妇和 50 多名勇士一道，从容不迫走向刑场。国民党宪兵、特务吆喝着要他们跪下。他们高唱《国际歌》，昂首挺胸。宪兵连放排枪，薛克凡、瞿淑夫妇和 50 多位勇士倒在血泊之中！

陈安人

陈安人，1909 年生，靖城东郊人。陈安人为家中长子，少年时开蒙于家塾。1928 年入靖江乡村师范，毕业后从事教育工作。在城北小学与同校教师、爱国青年薄云结为伉俪。

1932 年，陈安人到靖西地区的南四圩初级小学任校长，直至 1940 年 7 月新四军东进。他重视文化课，主教语文和算术，也重视时事政治，经常向学生讲日本帝国主义侵略的罪行，讲“国家兴亡，匹夫有责”的道理，要学生为抗日救亡而学好文化。同时，他还组织学生进行防空演习和体育训练。其妻薄云担任音乐教员，教唱《义勇军进行曲》《卖报歌》《松花江上》等抗日歌曲。陈安人不仅对学生要求严格，自己工作之余也总是手不释卷。

陈安人教学之外，经常进行家访，与广大农民结下深厚情谊。学生家长卜大章是个贫苦农民，身体不好，几个小孩都在南四圩小学上学，农忙时农活做不过来。陈安人知道后，常抽空到卜家帮助干活。在南四圩一带，农民们都把陈安人看作知心人。1937年底，日军侵占靖城后，全县公立学校停办，陈安人夫妻俩被当地群众留下来，由大家资助，在卜大章家里办起民办小学。贫苦学生，一律免费入学。他说："国难当头，我不能离开这里，孩子们的学业不能荒废。"陈安人就是这样与群众同呼吸、共命运，深得群众的拥护与信赖。

1939年10月，陈安人加入中国共产党。他以小学校长的身份，在南四圩一带秘密地开展党的活动。他以学校为阵地，举办读书会，引导知识青年关心国家大事；将毛泽东的《论持久战》等著作送给青年阅读，进行抗日教育；布置发展对象进城散发宣传品，动员发动群众。短短几个月时间，就秘密发展了七八名党员，成立了南四圩地下党支部，为新四军开辟靖江抗日民主根据地培养了一批干部。

新四军东进后，陈安人放弃教师工作，公开从事革命活动。1940年8月，七区召开各界人士代表大会，建立抗日民主政权。陈安人被选为区长。同时，中共七区区委建立，陈安人兼任区委书记。陈安人任区委书记后，着力建立和发展党的基层组织，积极发动群众开展减租减息斗争，组织农抗会、妇抗会，团结一切可以团结的力量投入抗日洪流。1942年6月，县抗日民主政府靖西办事处成立，陈安人又兼任靖西办事处副主任。

陈安人离开教师岗位后，仍热心于教育事业，关心根据地青年学生的成长。1942年暑假期间，他受中共靖江县委委托，组织领导学生夏令营活动。靖江师范、弘毅中学、苏北中学等校的300余名学生，编为4个连，学政治、学军事，时间约40天。营部设于长安区的弯腰沟，学员经常在靖（江）、如（西）、泰（兴）边界一带活动。为了办好夏令营，陈安人亲自给学员上政治课，经常到各连巡视检查，同学们也都很亲近他。夏令营的学生经过锻炼，加深了对共产党的了解，提高了认识，增长了才干，坚定了抗日信心。夏令营结束时，一部分学生入了党，成为所在学校的学生骨干。

1942年9月，中共靖江县委调陈安人到城区任区委书记兼区长和区

游击队长。城区日伪活动频繁，环境艰险，陈安人深感责任重大，忘我工作，经常率游击队在敌人的眼皮底下出击敌人。

1943 年 1 月 20 日，八圩港的敌人到四圩港一带抢掠，陈安人率领 10 余名游击队员，隐蔽在五圩港桥西的小沟岸边伏击敌人。战斗中，陈安人不幸胸部中弹。队伍撤退后，陈安人不顾自己生命垂危，仍关切地问：“区队可有伤亡？”大家说：“都在这里，一个不少。”陈安人欣慰地笑了。当他看到队员们面带愁容时，镇定地说：“同志们不要为我难过，没有流血牺牲就没有胜利，希望大家勇敢地战斗下去！”有人说：“陈区长，送信给家里人来会会面吧！”他回道：“共产党员可以为革命牺牲一切，不必通知家里人。”当天下午 3 时，陈安人为党为人民流尽了最后一滴血，献出了宝贵的生命。

1943 年 3 月 13 日，中共靖江县委隆重召开陈安人同志追悼会，号召大家学习陈安人忠于革命、忠于人民、勇于牺牲的精神。县抗日民主政府决定报苏中三专署批准，将靖江城区改为安人区，以纪念陈安人同志。

周博文

周博文，原名周国文，1916 年 10 月出生在靖江生祠堂三河村一个贫苦农民家庭。全家 7 人，只有 3 亩自田。父母为了维持一家人的生计，租种了一个周姓地主的 7 亩“锅底塘”。他的两个年幼的姐姐，被送给人家当了童养媳。

周国文 7 岁那年丧母，8 岁开始在邻近的三官殿小学求学。他喜欢阅读《说岳全传》《三国演义》等文学作品。这些文学作品，使他增长了知识，养成了喜爱忠良、憎恨暴虐的性格。老师见他酷爱读书，出于美好的愿望，帮他改名博文。然而家庭的贫困，使得周博文 13 岁初小毕业后，不得不辍学在家。

1937 年 12 月，日军侵占靖江后，农村帮会盛行、土匪蜂起，一些打着抗日招牌的游击队也趁机粉墨登场。其中，人数最多、影响最大的要数朱骥的一支游击队。23 岁的周博文和许多爱国的热血青年一样，不甘山河破碎、生灵涂炭，投奔朱骥的游击队。不久，朱骥的这支游击队，被国民党顽固派江苏省主席韩德勤编入保安第四旅。周博文在这支部队不到一年时间，认识到这支部队不以抗日为重后，愤然离开回到家乡。

1940 年 7 月，新四军东进黄桥后，靖江建立起抗日民主政权。周博文认定这是一支真正能够救国救民的队伍。他在中共靖江县五区委员会领导下，千方百计地收缴或购买国民党军队溃退时丢弃的枪支弹药，并积极动员群众，组建五区抗日自卫队，先后任自卫队副队长、区公所军事股长等职。

在对敌斗争中，周博文的阶级觉悟迅速提高，不久加入中国共产党。1942 年下半年，原八区改名太和区，周博文调太和区抗日自卫队工作，在敌生祠堂据点附近各乡发动群众开展武装斗争。他紧紧依靠群众，经常把下乡骚扰、抢粮的伪军打得狼狈逃窜。群众高兴地说："有了周博文，敌人下乡抢粮就抢不成！"

1943 年 4 月靖新公路大捷后，全县各地掀起反伪化斗争的高潮。周博文带领的三河乡民兵和太和区游击队经常出其不意打击敌人。5 月 7 日下午，中共太和区委在三河乡于家埭召开群众大会，动员群众进一步开展反"扫荡"、反"清乡"、反伪化斗争，保卫夏收夏种，提出"决不让敌人抢走一粒粮食"的口号。出席会议的有三河乡民兵、自卫队员、妇抗会员、儿童团员以及大刀会会员等千余人。由于会场距敌生祠堂据点仅 3 华里，周博文布置下几道岗哨，要民兵们提高警惕，严防伪军下乡捣乱。

召开群众大会的消息传进伪军据点后，伪军连长卢少堂派出两个便衣伪军向于家埭会场摸去。途中，这两个诡计多端的家伙冒充查哨人员，捕去民兵岗哨。群众陆三庆发现后，急忙鸣锣呼喊："伪军下乡抓人了！""快来人呀！"

这时，大会刚好结束。周博文一听到锣声、呼喊声，急忙号召民兵和群众，手持大刀、长矛、钉耙、锄头和木棍等，追赶伪军，营救被捕人员。但这时伪军已将被捕的民兵押至生祠堂鞠家埭据点。周博文又立即率领群众向据点冲去。伪军眼看群众潮水般涌来，慌忙关紧据点大门，向群众开枪射击。一颗子弹击中了周博文头部，年仅 28 岁的周博文当场牺牲。

周博文牺牲的消息传开后，群众怒不可遏。生祠堂邻近几个乡的民兵、群众，侯河、东兴区的游击队纷纷赶来。敌人惊恐万分，立即请出生祠堂的士绅前来谈判。县抗日民主政府靖西办事处主任陈民等代表县抗日民主政府提出四项要求：立即释放被捕人员；抚恤烈士家属，负担受伤人员的医药费；不得与民众领袖为难；不得下乡抢粮抢草。伪方迫于群众声威，一一答应。

1943 年 6 月 9 日，县抗日民主政府和县民兵总队部，在周博文烈士少年时求学的三官殿小学召开追悼大会，赞颂周博文烈士是“靖西一好汉”。后来，经县抗日民主政府批准，三官殿小学改名为博文小学。苏中三地委《江潮报》于 6 月 16 日刊发纪念文章，称赞他为民众领袖、抗日英雄，号召苏中第三军分区军民向周博文烈士学习。

朱文林

朱文林，又名朱贵生，1913 年 10 月生于靖江东兴区上六圩。1940 年入党，1941 年参加革命，历任靖西区抗日自卫大队大队长、靖江独立团 2 连连长、东兴区游击队队长等职。

1941 年 9 月，朱文林率领部队配合苏中第三军分区主力部队，阻滞了伪十九师李志海部在东兴区杏和庄筑据点的阴谋。1942 年 4 月，熊家圩据点伪军朱鼎坤部包围抗日民主政府东兴区区公所驻地同盛庄时，朱文林率领部队突出重围安全转移。1942 年夏，伪军李志海部有一小头目经常偷偷回家刺探独立团情报，他率部将其抓捕镇压。1943 年，靖城日伪军袭击中共靖江县委、县独立团部分人员临时宿营地——

鼎新乡北四圩港，朱文林率领全连战士奋勇阻击，使县委、县独立团人员安全撤退。

1945年1月，朱文林奉命去新镇市伪据点策反时落入敌手。敌人对他用尽各种酷刑，他始终坚贞不屈。他对难友们说："为实现共产主义而死，虽死无怨！"后遭敌活埋牺牲。

徐公鲁

1945年10月15日午夜，满载着苏浙军区抗日志士的"中安"轮，因船底漏水、超载过重，沉没于泰兴县天星桥以南的长江水面。罹难的抗日志士中有时任溧阳县抗日民主政府县长的徐公鲁。

徐公鲁，又名徐慕生，1913年出生于靖江孤山区。幼年就读于私塾，十多岁时因生活所迫，到江阴县城的一家商店当学徒。1932年加入中国共产党，从事党的秘密活动。抗日战争初期，他与胞兄徐水平（原名徐公愚）一起，赴延安陕北公学学习。1938年秋结业，与徐水平同时被派往上海工作。徐水平任长江边区民众抗日自卫队（简称"边抗四大队"）政训处主任，他任政训员。

边抗四大队是一支地方抗日游击武装。为了将这支队伍建成八路军、新四军式的人民武装，徐公鲁奔波于浦东沿海农村，协助徐水平宣传共产党的抗日方针、政策，千方百计地提高民众的抗日觉悟和部队的军政素质。边抗四大队很快发展到6个中队计400多人，成为当时浦东地区一支重要的抗日武装。

日军常到川沙和南汇县"扫荡"，边抗四大队坚决予以反击。1938年冬，边抗四大队在川沙的朱家店附近，伏击下乡"扫荡"的日军。日军遭到突然打击，仓皇撤逃。12月18日，边抗四大队奋勇出击侵占祝桥的日军，将敌逐出祝桥，并截获不少军用物资。1939年5月，边抗四

大队和保卫四中队共同发起潘家泓战斗，夹击下乡“扫荡”的日军，毙伤日军8人（其中军官1人），大长了浦东地区抗日军民的士气。

1939年秋，徐公鲁奉调至苏南地区工作。1941年至1943年，先后任中共镇金县委宣传部长，茅东县（镇金县改建）抗日民主政府县长，溧阳县抗日民主政府副县长、县长，直到遇难。

徐公鲁担任溧阳县县长期间，十分重视武装斗争，且指挥有方，战绩显著。

1944年6月18日，驻溧阳县玉华山的日伪军三四十人下乡抢掠。当时，徐公鲁率县级机关和警卫连驻在别桥土山和玉华山之间的阴山村，周边日伪据点互为犄角。在此特定的地域里，对这股日伪军打还是不打，颇费思量。这时，新四军十六旅四十六团某连恰好来阴山，找溧阳县政府提取军用物资。徐公鲁认为，借助这个连的兵力，加上县警卫连，快速解决三四十个日伪军是有把握的。于是，他与这个连的领导商定，出击这股敌人。此次战斗不到1小时，俘敌10人，缴获轻机枪等武器若干。

溧阳县竹箦桥镇的日伪特工队长王志惠，经常带领日伪军下乡“扫荡”，群众恨之入骨。徐公鲁与县公安局长赖峰决定斩除这条毒蛇。王异常狡猾，从不轻易走出据点，短枪队员不易下手。徐公鲁找到镇上一个名叫福海的人，让他表面上讨好日伪，请王吃喝，以获取王的信任。1944年7月的一天，福海又请王和另一特工到镇西神鱼堂酒店喝酒。县公安局短枪队的4名队员，预先潜伏在附近，见神鱼堂灶屋升烟（信号），迅即冲进店堂，击毙了这两个作恶多端的日伪特工。

溧阳县的南渡、上兴埠、施家桥等地，都有日伪据点。南渡至上兴埠的河港里，常有日伪的汽艇巡弋骚扰，对抗日民主政府在这一带开展活动非常不利。1944年秋收后，徐公鲁果断发动数百民工，与警卫连一道，用树木和草包等物一夜之间堵死河港，使日伪汽艇再也无法通行。其他一些地区亦仿效此法，给日伪的出扰造成极大困难。

徐公鲁也很重视统一战线、生产劳动等其他工作，且都有可圈可点的成绩。

陈毅司令员在溧阳期间，对溧阳县有名的大地主李学书的统战工作很有成效。徐公鲁调任溧阳县县长后，也有意识地与李学书交朋友。在减租减息运动中，李学书带头缴纳抗日救国公粮，带动了全县征粮工作的开展。

1944年6月的一天，县里一位女同志住到后周区的开明士绅宋启宏家里。这位女同志不小心弄脏了宋家的被子，又不辞而别。宋对此不满，骂了两句。区干部知道后，认为宋谩骂抗日民主政府干部，轻率地将宋抓了起来。徐公鲁知道后，命令立即放人，并亲自去做善后工作。宋很受感动，后来为党和人民做了不少好事。

1944年3月8日，中共苏皖区委根据党中央指示，发出《关于开展生产运动的指示》。溧阳县委、县政府遵照指示精神，组织机关人员开荒、积肥、播种，开展生产劳动竞赛。体弱多病的徐公鲁，不但积极做好大生产运动的领导工作，还带头与同志们一起垦荒。当年机关所种的红薯、大豆、芝麻等作物，均获得好收成。县委、县政府还成立了生产合作总社，下设牛行、盐行、纺织合作社等。其中纺织合作社规模颇大，拥有纺车350部、布机160部，在一年多的时间内生产棉纱1200公斤、织布近7万尺，改善了部队给养和群众生活。

徐公鲁关心同志，平易近人。他对青年同志倍加关怀，从工作、学习到生活无所不问，遇有难题就帮助解决。有位警卫员的父亲病故，徐公鲁知道后，主动安排这位战士及时带着补助款回家料理父亲的后事。徐公鲁患有严重的肺病，组织上为照顾他的身体，给他配备了一头毛驴以代脚力。但在行军途中，他总是将毛驴让给伤病员骑，自己坚持步行。

人民的县长人民爱。有一天，后庄头的一位老大娘知道徐公鲁就在附近，特地做了一盆馄饨叫老伴送去。不料老伴途中将馄饨摔翻在地，老大娘为了让徐县长改善一下伙食，又做了一盆送去。

徐公鲁一心忘我地扑在工作上，年过三十还未成家，同志们都为他着急，好几次为他物色对象，他却说："革命尚未成功，不急着谈这事！况且我身体不好，不能连累别人。"直至北撤途中不幸殉难，他仍孑然一身。

印 勃

印勃，又名印宏儒，1924 年 8 月出生在靖江东兴区的一个普通农民家庭。父亲印士章，开山竹行，兼种租田。印勃幼年丧母，7 岁至 17 岁在正东圩小学、私塾读书。

1940 年 8 月，靖江建立抗日民主政权，年轻的印勃积极参加抗日根据地的爱国救亡活动。1942 年 10 月，印勃与乡里的几位进步青年一同参军，被分在县抗日民主政府保安科短枪队。在指导员芦朴的教育和指引下，印勃刻苦学习革命理论和军事知识，不久加入中国共产党。

1943 年 4 月，印勃和其他十几位短枪队员被选调苏中第三军分区，派往南通、如东、海门、启东地区，支援四分区的反“清乡”斗争。回到靖江后，印勃任短枪队党支部书记。1944 年 1 月任副指导员，次年 4 月任指导员。

1944 年秋的一天，伪警察局侯萍夫的侦缉队下乡抢掠，印勃奉命带短枪队打击这股敌人，保卫群众秋收。短枪队在靖江城西门三官殿设伏，毙伤敌数人，活捉 2 人。侦缉队自此不敢轻易下乡骚扰。

1945 年 8 月 15 日，日本宣布无条件投降。伪警察局长陶明德纠拢伪警盘踞靖江城作垂死抵抗，中共靖江县委按照上级指示决定收复靖江城。8 月 20 日起，各路攻城军民将靖江城紧紧围住，短枪队配合侯河区民兵攻打靖江城西门，他们利用夜幕作掩护，将地雷一直埋到西门城墙下。8 月 26 日，被日伪军占领 8 年的靖江城重新回到人民怀抱。

靖江城收复后，为了加强城镇的社会治安管理，中共靖江县委决定成立警士学校，招收民兵骨干和城镇青年学生等 100 多人，以短期训练的方式速成一批公安干警。学校以原短枪队为基础，编为警卫大队，印勃任警卫大队指导员，兼学员政治课教员。

1945 年年底，撕毁了“双十协定”的国民党在各地抢占地盘。12 月 31 日，国民党军队在八圩港强行登陆。第二天下午，敌人又一次侵占靖江城。

自此，县警卫大队奉命在靖江城、柏木桥和靖八公路沿线附近活动，配合县独立团打击出扰的敌人。

作为短枪队指导员的印勃，是一位优秀的政治工作者。他根据短枪队分散活动的特点，经常利用战斗空隙给大家讲中国历史和革命理论，使大家真正懂得只有共产党才是中国人民的大救星，只有八路军、新四军才是真正抗日救亡的部队。

印勃注重培养短枪队的优良作风，他要求短枪队员们养成艰苦奋斗、团结活泼和“打得、走得、饿得”的战斗作风。他以身作则，生活中吃苦在前，战斗中冲锋在前，规章制度遵守在前，凡是要求大家做到的，自己首先做到。印勃还很重视文化工作，出墙报，教识字，教唱革命歌曲等，活跃了警卫大队的文化生活。

1946 年 4 月 10 日上午，驻靖江城的国民党军队分三路进犯新港，企图包围县警卫大队，劫持被关押的汉奸罪犯。印勃和副大队长虞吉昌指挥部队边阻击敌人边向新木桥以北转移。战斗中，印勃中弹牺牲，献出了年轻的生命。

叶 诚

叶诚（原名咏南），1904 年 7 月生，靖江新丰乡新跃村蔡家埭人。1928 年毕业于镇江师范。先后任无锡唐氏私立树德小学教师，常州铁道部扶轮小学教务主任，靖江生祠小学、白衣小学教师，靖江实验小学教务主任、地藏殿小学校长等职。1940 年冬参加革命，不久加入中国共产党。1941 年 4 月任靖江县抗日民主政府四区区长，同年 8 月调任县文教科副科长，后任科长。1945 年 2 月调任西来区区长，同年 10 月调任新港市市长。1946 年 4 月 10 日，国民党军队突然偷袭新港市，叶诚不幸被捕，后被转解常州天宁寺秘密杀害。

叶诚少年时期，目睹封建社会的黑暗、剥削阶级的罪恶、劳动人民的苦难，心中极为愤懑。青年时期，眼看劣绅横行、军阀混战、列强侵

凌、国土沦丧，立志报国救民。

1937 年 12 月靖城沦陷后，日军经常下乡抢劫掠夺，奸淫烧杀；社会上散兵游勇、地痞流氓，也乘机打家劫舍，敲诈勒索。叶诚眼看国家危急、人民涂炭，忧心如焚。1938 年初冬，为了使失学的青少年有求学的机会，他与原教育界同仁徐在明、陈倍千、陈贯三等筹划恢复了地藏殿小学，并被推为校长。他组织教师挨家挨户地动员学龄人员入学，并确定家庭经济困难者可以免缴学费。他利用课堂，向学生讲述岳飞、史可法等民族英雄的故事，结合当时形势进行反压迫、反侵略的思想教育，举办以抗日救国为主题的作文竞赛、演讲竞赛、歌咏比赛等活动，激发学生的爱国热情。师生和学校周围的群众都很敬仰他，信赖他。

皖南事变后，靖江的敌伪顽相互勾结，捕杀共产党员和抗日干部，革命形势处于低潮。此时的叶诚毅然出任抗日民主政府四区区长，组织群众开展各种形式的抗日反顽斗争，聚集和发展革命力量。

1941 年 8 月，叶诚调任县抗日民主政府文教科任副科长，他密切配合科长开展成人教育，办冬学、民校、识字班、读报组，帮助群众增强斗争决心、树立胜利信心；举办社教、师资、财会等短期训练班，为民运、文教、财经等各条战线培养和输送干部。

1943 年 1 月，叶诚任县文教科科长。当时，日军增派 3 个师团对苏中地区全面“清乡”，文教工作受到严重威胁。8 月，封头坝小学校长朱秉忠在反“扫荡”中牺牲。冬季，北四圩小学校长毛文华被捕。不久，博文小学、苏北中学（普济庵）被日军烧毁，一些教师因此产生悲观动摇情绪。叶诚为了坚定文教人员的斗争信心，化装成拾粪的农民，深入根据地的边缘地区，做文教人员的思想政治工作，慰问在对敌斗争中负伤的教师，在政治、工作、生活上给予他们关怀。同时，对代伪索粮、生活腐化的文教人员，进行严肃批评和处理。

1945 年 2 月，叶诚调任西来区区长。他深入宣传国际反法西斯战争的大好形势，组织开展抗击敌伪的斗争，领导春耕春种，武装保卫夏收，做好军烈属的优抚代耕工作，给群众以很大鼓舞，增强了群众夺取抗日战争胜利的信心。

抗日战争胜利后，中共靖江县委为了探索城市管理工作的经验，新设置了新港市，调叶诚任市长。新港自日军占领后，成为畸形发展的通商港口集镇，日伪军警多年盘踞，汉奸恶霸鱼肉人民，封建把头、地痞流氓麇集。叶诚就任后，根据县委指示，充分发动和依靠船民、渔民、店员、搬运工人等基本群众，开展惩奸反霸斗争。

1946 年，国民党反动派破坏停战协定，不断进犯解放区。4 月 10 日，驻靖城的国民党军队突袭新港市，叶诚不幸被捕。敌人将叶诚多处刺伤，并以铅丝绞手。在靖城监狱，叶诚发动难友开展绝食斗争，怒斥反动派消极抗日、积极反共、破坏停战协定的罪行。敌人恼羞成怒，将他转解常州。一天深夜，敌人将他从狱中提出，秘密杀害。

刘志余

刘志余，1919 年出生于靖江孤山区双庙村一个贫苦农民家庭，刘志明烈士之弟。少时读过几年书，18 岁去无锡曹素坊墨汁店当学徒。

1938 年，刘志余在无锡亲眼目睹了日军的一次暴行。日军将抓来的新四军战士用铁钉钉在城门口的木板上，威吓中国人。这个新四军小战士忍着痛苦，高喊：“打倒小日本，不做亡国奴！”新四军战士的英雄形象，深深地印刻在刘志余的脑海里。

1943 年，刘志余加入中国共产党。1944 年 3 月，刘志余和父亲被伪军抓进靖城监狱 3 月有余，受尽折磨。敌人的暴行使他懂得，不把日本侵略者赶出中国，老百姓永远不得安宁。这年秋季征兵时，刘志余响应共产党的号召，带头并动员十多个青年和他一起参军，编为一个班，刘志余任班长。

1945 年 8 月，日军投降。9 月攻打泰兴城，刘志余参加突击队，第一个登上泰兴城头。战后他被评为战斗英雄，并担任排长。

1946 年 6 月，国民党反动派发动全面内战。刘志余参加了苏中战役中的宣泰、皋南战斗。在皋南战斗中，刘志余带领全排战士奋勇冲杀，不幸身负重伤，于 8 月 24 日在后方医院牺牲。

陈钟琪

陈钟琪，1903 年生，靖江马桥乡马桥村陈家埭人。少时读过几年私塾，因父母双亡而辍学，并卖去部分田产。结婚后，生有一子二女，不久妻子病逝。他卖掉仅剩的几亩田产，将子女送人抚养，自己以打杂糊口。

1937 年日军侵占靖江后，陆续在城乡建立伪政权。陈钟琪因乡绅陈椿年等人举荐，曾任伪县警察局马桥分驻所巡官，后又任伪四区区长。1942 年，白衣乡“两面派”乡长、县独立团情报站白衣分站负责人、中共秘密党员孔立平，利用其妻与陈钟琪是表兄妹之关系，劝陈身在曹营心在汉。陈钟琪本是一位热血男儿，当即表示愿为抗日民主政府效力。此后，县区乡抗日武装经常出没于马桥地区，民主政府也派人到该地区征收公粮，陈钟琪从来不加干涉，并多次为中共靖江县委提供情报。1943 年下半年，经县委联络部副部长王抗东提议、孔立平介绍，陈钟琪加入中国共产党。不久被任命为靖西情报站内线负责人。

1943 年 5 月，日军警备中队长乔口通知他：22 日去靖城参加“清乡”会议。他将这一情报送给王抗东，让中共侯河区委组织民兵在他返回途中截获一批枪支。这天下午区委派沈杰率领 20 多个民兵于曾家港设伏，待陈钟琪带领 10 多个伪军进入伏击圈后，迅速跃出将其包围，用大刀、长矛、土造枪对准他们的脑袋。陈钟琪率先举起双手，他的部下未做任何抵抗也做了俘虏。此后，陈钟琪及其手下“逃”回马桥据点。

1943 年下半年，驻生祠堂的伪军依仗人多武器好，经常下乡骚扰。侯河区游击队几次伏击，均因缺少枪支弹药而未能奏效。后经中共靖江侯河区委布置，侯河区游击队向陈钟琪借得好枪 10 余支、子弹上千发，在生祠堂北面的余家埭打了生祠堂伪军一个伏击战，缴获步枪 10 余支。驻生祠堂的伪军自此不敢轻易下乡。

1943 年年底的一天，陈钟琪获悉日军企图合围苏中第三军分区司令部驻地，迅即将这一情报送出，使得三分区司令部及所属部队安全转移。

1944 年 4 月 7 日，县独立团根据陈钟琪提供的情报，于新丰市和毗卢市之间的盛家埭设伏，全歼伪十九师特务连一个加强排，活捉伪排长蔡兴祥，缴获轻机枪1挺、长短枪28支，并截获30多车大米。第二天，县团挑选40多名有战斗经验的干部战士，换上缴获的伪军服装，智取新丰市，全歼伪十九师一个连，缴获轻机枪3挺、长短枪70余支。

1944年5月的一天晚上，县团侦察参谋季藩和孔立平、沈杰等人找陈钟琪商议借枪事宜。陈说："我只有30支枪，借一点可以，但解决不了大问题。要解决枪的问题，只有到敌人那里去夺取。"遂提议智取白衣堂据点。县团采纳了陈钟琪的建议，经过周密部署于18日晨，化装成日军和伪军，大模大样地走进白衣堂据点，出其不意地俘虏了该据点全部守敌，缴获轻机枪3挺、长短枪73支。

1945年6月，伪警察局长陶明德预感末日即将来临，命令陈钟琪将驻在马桥的30多个伪警全部撤到靖城。陈钟琪将此情报密告侯河区游击队，侯河区游击队在水洞港至曾家港的一块农田里设伏，又演了一出"缴枪戏"。

抗战胜利后，全县开展惩办汉奸运动。此时国民党正在发动内战，中共靖江县委为了让陈钟琪能继续隐蔽在内线工作，有意识地将他交当地群众开大会批斗。1946年元旦，国民党军队占领靖城。为有效地开展对敌斗争，中共靖江县委派陈移居靖城。次日晚，陈与县独立团情报总站站长翟兴哉挥泪话别："我们可能是最后一次见面了，请替我转告县委领导，我誓死不出卖党，不出卖同志，保证完成党交给我的任务！"进城后，陈很快就不断地送出情报。是年夏，陈写好情报交女联络员陈美玉送出。陈美玉在城门口遭敌哨兵盘查时，不慎失落情报。敌人怀疑情报系陈钟琪所写，要陈在一份文件上签名以查对笔迹，陈因此被敌人逮捕。敌人要他招认，他说："这事不是我做的，你们说是我做的，马上枪毙我好了。"他虽身陷囹圄、遭受严刑，仍坚贞不屈、坚持斗争，并将狱中斗争的情况通过熟识的看守送出。

1946年10月，敌人将陈钟琪押送至镇江保安司令部处置。在开往镇江的船上，陈钟琪毅然跳入江中舍身取义！

贾其铭

贾其铭，1926年生，靖江太和区贾家圩人。贾其铎烈士的胞弟，3岁丧母，在兄弟六人中排行最小。

靖江县抗日民主政权建立后，贾其铭家兄弟六人，除老大贾其钧早逝外，其他4个哥哥贾其铨、贾其铎、贾其锋（剑平）、贾其锐都是共产党员。贾其铭在革命家庭的影响和进步思想的熏陶下进步很快，读小学时就被推举为儿童团长。

1943年，贾其铭小学毕业后，考入抗日民主政府创办的弘毅中学。在学校里，他团结同学，向他们宣传进步思想，是学生中的进步分子。1943年9月14日，苏中三分区进步青年组织“青年解放团”，在长安区弯腰沟埭召开成立大会。贾其铭作为弘毅中学青年解放团分团的干部，在会场上热心地教同学们唱《青年解放团团歌》。

1944年春，弘毅中学实行分散教学。贾其铭是靖西人，随一部分师生去靖西恒义乡上课。学校设在二圩港边，离长江不远。为防止敌人从江中登陆偷袭，贾其铭和同学们一起，轮流到江边放哨，发现敌情即抄近路回学校报告，让师生安全转移。不久，贾其铭加入中国共产党。

贾其铭入党后，除做党支部分配的青年解放团工作外，还做支部的宣传教育和组织发展等工作，在青年解放团团员中传阅进步书籍，向党的发展对象讲党的基本知识。1944年寒假，县委办青工队，培养青年工作干部，贾其铭被派往青工队学习。

1946年6月，贾其铭初中毕业，报名参军，被分配到靖江独立团六连任支部书记。为活跃连队文化娱乐生活，他教大家唱《三大纪律八项注意》《新四军军歌》等歌曲。

1946年7月，国民党军队全面进攻苏中解放区。12月28日，白衣堂土顽一个中队下乡抢劫，六连奉命出击，毙伤敌20余人。战斗中，贾其铭不幸中弹牺牲。

贾其铎

贾其铎，1914年生，靖江太和区贾家圩人。青少年时期因家境艰难，读过几年书便辍学在家。艰苦生活的磨炼，使他从小就养成不畏强暴、敢于反抗的个性。他在贾家六兄弟中排行第三，当地群众管他叫贾老三。

1938年春，贾其铎兄弟几个结伴去上海谋生。他在一家染坊做苦工，一天要干十几个小时，常常饿得眼冒金星。凶神恶煞似的工头，对工人随意打骂，还要尅扣工人的工资。贾其铎看在眼里，恨在心里。第二年秋天的一个夜晚，他为一件事与工头发生争执，工头骂他是“穷鬼”，他骂工头是“吸血鬼”。工头动手打了他一个耳光，他拿起身旁的凳子就把工头砸倒在地。老板向巡捕房报案，要搜捕他。上海是呆不下去了，他和兄弟们一起愤然离开上海，回到家乡。

此时的靖江也无安宁之日。日军在靖江城乡杀人放火，奸淫掳掠；国民党县政府官员席卷库存银两，逃之夭夭，广大农村处于无政府状态；以抗日为名行抢劫之实的“游击司令”，伙同土匪、恶霸、帮会横行乡里。新四军东进后的1940年8月，靖江建立抗日民主政府。贾其铎于1941年春参加县抗日民主政府保安科短枪队，成为一名短枪队员。

1941年冬，岳北乡伪乡长倚仗生祠堂伪军势力欺压百姓，群众恨之入骨。中共靖江县委决定除掉这个“害人虫”。1942年2月，贾其铎奉短枪队长贾剑平之命带两名短枪队员，化装成小商贩至生祠堂据点外围打探消息，了解到伪乡长将于农历除夕这天办生日宴。除夕这天黄昏，短枪队直扑伪乡长家，一举将伪乡长击毙。

1942年春，伪十九师凌正堂部进驻礼士桥，对靖西根据地构成很大威胁。中共靖江县委书记曾涛命令贾剑平率短枪队袭击该部。某日凌晨，贾剑平在事先摸清敌情的情况下，率3个小组同时行动。其中贾其铎所带的一个小组摸进凌正堂住的院子，将凌正堂活捉。

1942年秋，贾剑平调任太和区区长，短枪队派贾其铎随行负责安全保卫工作。贾剑平在何家圩小学召开会议布置征收爱国公粮时，遭遇伪

军，贾其铎和通信员在前面开路，摆脱了敌人。第二天上午8时许，他们在西柏木桥地下党员余和均家里又遭敌围追。他们奋勇突围到长江边一条港岸时，不会游泳的贾剑平失足跌入港内漩涡，贾其铎冒着敌人的火力，跳进水里将贾剑平救上岸，摆脱了敌人的追击。

1943年10月，贾其铎加入中国共产党。不久调东兴区四圩乡工作。1944年10月，中共靖江东兴区委举办党训班，调贾其铎任军事教员兼队长。一天，得知日伪军要合击党训班驻地，贾其铎立即组织学员们连夜冒雨转移。

1946年8月，贾其铎被任命为太和区东南作战区游击队长。10月，太和区滨江乡民兵在长江里智擒敌后勤运输船。贾其铎率游击队在江堤上警戒，掩护群众连夜将船上敌人用于安装电话的紫铜丝、电线杆搬上岸埋藏起来。

1947年1月3日，中共靖江太和区委书记浦骊珠命令贾其铎带领游击队在江堤上巡逻警戒，掩护2000多名群众在四墩子破拆。下午，国民党八区区长朱培基纠合土顽四五十人，由长江乘船至二圩港口登陆偷袭。贾其铎指挥游击队阻击，使在四墩子破拆的群众得以安全转移。由于敌人来势凶猛，贾其铎和游击队员施正清在激烈的战斗中牺牲。

严网根

严网根，1925年生，靖江敦义乡高家村人。小时候因家境贫困，父母双亡，只读了几年书就失学在家，一边种地一边随师学习木匠手艺。

抗战时期，高家村与日伪军的土桥据点只隔一箭之地，几经抢掠，穷困的庄稼人更是一贫如洗。严网根把这一切看在眼里、记在心里，决心跟共产党闹革命，跟这群豺狼拼个你死我活。

1943年，他参加了乡基干民兵组织。同年加入中国共产党，不久成为敦义乡民兵大队长。靖江县抗日民主政府曾授予严网根“民兵英雄”“锄奸模范”称号。

1945年8月，日本宣布无条件投降。同年10月，严网根出任敦义乡乡长，领导乡民搞土改、闹翻身。

解放战争爆发后，汉奸和地痞流氓组成“还乡团”，大肆捕杀革命干部、共产党员和人民群众。为了保存革命的有生力量，中共靖江县委决定县区乡大部分干部分批北撤，敦义乡只留严网根等少数同志坚持原地斗争。

1946 年 12 月 22 日早晨，严网根趁着大雾会同赵小儒、赵小田、赵仲良、赵建儒等人，在敦义港研究工作。敌人兵分 6 路，偷袭敦义港。严网根他们发现敌情后，敌人已经临近。严网根当机立断，带领赵小田向褚家埭方向突围，其余的同志从不同的方向分头撤出。正当严网根和赵小田接近褚家埭时，又发现另一股敌人从东陈家埭方向包围过来。他们眼看已无法插入褚家埭，便折向西行。走不多远，西面的敌人也围了上来。在这万分危急的关头，为了保护党的机密，严网根跳进冰冷的河水里，解下身上的文件包，一脚踩进泥里。同行的赵小田，为了掩护严网根脱险，在离他几十丈处，故意吸引敌人。敌人举枪射击，赵小田当场牺牲。严网根上岸跑到头圩埭时，被一群敌人包围，终因寡不敌众而被捕。

当天，敌人将严网根押到西来镇据点严刑拷打。严网根斩钉截铁地说：“要杀就杀，要剐就剐，要我严网根屈服，除非太阳从西边出来！”敌人暴跳如雷，对严网根又是灌辣椒水，又是坐老虎凳，还把铁丝穿过他手心，仍然一无所获，只得连夜把严网根押送到斜桥据点。在斜桥据点，敌人继续对他百般拷打，但严网根始终宁死不屈。

1947 年 1 月 17 日下午，被五花大绑的严网根，由一群刽子手押到敦义港南首的双港坎。在即将告别这个世界的时刻，严网根面对敌人的枪口，从容不迫，视死如归，高呼“毛主席万岁！中国共产党万岁！”在敌人开枪射击的一刹那，他机智地将头一闪，子弹从他的耳边擦过，击中了敌人的一个排长。疯狂的敌人随后向严网根连开数枪，又猛捅几刀。为悼念严网根烈士，靖江县民主政府 1948 年 1 月将敦义乡命名为网根乡。

周银海

周银海，1933 年 3 月出生于靖江侯河区迎祥乡准提庵埭一户贫困佃农家庭，自幼受尽恶霸地主的欺辱和折磨。3 岁时，父亲积劳成疾，过早离世。8 岁时，母亲准备用麦子换土布为银海做条裤子，不料被地主管家瞧见。为了护住麦子，银海被踢晕，母亲被活活打死。看到躺在血泊中的母亲，银海稚嫩的心中深深埋下了对恶霸地主的刻骨仇恨。

1940 年，新四军抗日武工队来到迎祥乡，领导人民开展抗日斗争，追求翻身解放。不久，银海进入准提庵小学读书，接受革命教育。1943 年，迎祥乡成立农抗会和儿童团，银海主动报名，成为儿童团团员。农抗会会长见银海能办事、肯吃苦，将迎祥乡儿童团团长的重任交付于他，并将自己的皮带送给了银海。这以后，银海带领 30 多名儿童团员在乡里日复一日、不辞辛劳地站岗、放哨，跟着民兵破拆靖（江）泰（兴）公路，出色地完成一项又一项任务。

抗日战争胜利后，共产党领导群众在迎祥乡开展土地改革运动。银海和许多遭受恶霸地主迫害的群众，纷纷站出来控诉恶霸地主的罪行，积极投入到“保田保家乡”的斗争中去。1946 年下半年，国民党军队大举反攻解放区，疯狂实施“清剿”，迎祥乡群众再次遭到反动势力的欺压蹂躏。

周银海烈士之墓

1947 年 1 月 18 日清晨，国民党整编第四师一〇二旅三〇六团从生祠堂出发，对侯河区实施“篦梳式搜剿”。担任岗哨的银海发现敌人后，立即通知正在准提庵小学开会的乡干部，让他们迅速转移。当银海又跑至港边继续打探敌情时，敌人正押着一大批群众往村里走来。银海见状，随即躲入了港边的萱稞丛中，不幸被敌人搜出。

敌人将银海和一路抓捕来的大批群众带到小学操场，举枪威胁他们供出乡干部和共产党员。随同的恶霸地主一眼认出了儿童团团长周银海，将他从人群中拉了出来。银海昂头挺胸、毫不畏惧地站在操场中央，鄙视着敌人。敌营长见状，指使手下人用枪托砸向银海的脊梁，逼他指认共产党干部和干部家属。周银海斩钉截铁地说："我不知道！"凶残的敌人把他打倒在地，恶狠狠地踩住他的头，用砖块垫在他的后背上、用木棍搁在他的腿骨上，使劲地踩踏碾压。银海口吐鲜血，晕厥过去。敌人仍不罢休，又用冷水将他泼醒，放出狼狗把他咬得遍体鳞伤。周银海始终不屈不挠，大骂敌人不止。敌营长无奈之下只得下令"毙了他"。

伴随着罪恶的枪响，一个十四岁的生命骤然陨落。周银海用生命诠释了不畏强暴、视死如归的男儿血性。

新中国成立后，靖江县文教科在小学语文教材中编入《儿童团长周银海》一文，以他的英勇事迹教育全县青少年。

刘德汉

刘德汉，1922 年 4 月生，靖江生祠堂水商村自立庵埭人。刘德三烈士之弟。小时读了几年书后在家养牛喂猪、割草拾粪。他性格刚毅，对恶霸地主的暴行极为憎恨。

1941 年 4 月，刘德汉参加革命，担任县交通站交通员。1942 年 7 月加入中国共产党。1944 年，他奉命将一封密信转交靖城中共地下党组织，入城后，由于叛徒告密被捕。在敌人到来前，他将密信吞入腹中。日军妄图破坏靖城地下党组织，对他多次严刑毒打，逼其交供。他咬紧牙关，只字不吐。敌人威逼不成，又以利诱，他昂首一笑，不为所动。敌人无奈将他押解南京。在那里，日军对他仍以毒刑相加，吊打，电刑，上老虎凳，无所不用其极，但他始终没有屈服。敌人只好将他关押在狱，实

行“长期感化”。1945 年 8 月，日军投降，刘德汉得以出狱返家。在家休养月余后，中共靖江县委分配他到侯河区任武装干事，后调任靖江独立团一连副排长。

1947 年 1 月 19 日，国民党一〇二旅三〇六团一个加强连窜至夹港口，被县独立团包围合击，大部歼敌。小股敌人窜逃至江边，借助江堤负隅顽抗。为彻底消灭这股敌人，刘德汉率战士发起攻击。第一次冲锋时他手臂负伤，但他不顾伤痛又组织第二次冲锋，不幸中弹身亡。

朱　直

朱直，1924 年 4 月出生于侯河区福兴乡长埭市埭一个农民家庭。1935 年在长埭市小学读完初小后，转入离家四里路的广陵镇完小读书。1937 年小学毕业后辍学。福兴乡建立抗日民主政权后，朱直投身革命，参加办冬学和征收抗日救国公粮等工作。1943 年加入中国共产党，任福兴乡治安员、乡指导员。1945 年任侯河区公安助理。

解放战争时期，朱直作为靖中区的公安干部，一直扎根靖中开展治安保卫工作。1947 年初，敌人在靖城、马桥、白衣堂、生祠堂、新丰市、霞幕圩、广陵镇等交通要道构筑据点，频繁地“清剿”“扫荡”解放区。鉴于敌众我寡，也为了避敌锋芒，朱直一度和区干部陈仁、朱敏信、吴荣华一起，穿插于侯河区周围的村子里活动。2 月 16 日晚，他们四人寄宿在迎祥乡高家埭高耀山（该乡乡长）家。次日凌晨，敌人突袭高家埭。朱直因脚患冻疮

朱直烈士墓

行走困难，对其他同志说：“我不能走了，你们赶快冲出去！”同志们在劝解无效又无法将他带走的情况下，只得叮嘱朱直好好隐蔽，便迅速经石家埭插向文武殿埭突围而去。朱直经石家埭时，在贫农刘贵荣家暂时隐蔽下来。朱直知道，刘贵荣的四弟由于“跑情况”被敌人打伤在家休养，刘贵荣又是村长，敌人很可能会到这里来搜查。于是，中午时分，朱直就悄悄地从刘贵荣家屋后的竹园走到埭西头的徐道达家。由于坏人告密，国民党侯河乡乡长张燕楼（小名张老七）带领商盘根等一批自卫队员冲进徐道达家。商盘根过去干过坏事，被朱直审讯过，因而一眼就认出了朱直。商盘根指使凶神恶煞般的自卫队员将朱直捆绑起来拉出大门，拖到埭东头的三义庵。敌人要朱直交代其他同志的下落，朱直大义凛然，视死如归，始终没有吐露党的半点机密。敌人恼羞成怒，对准朱直的头部射出两颗罪恶的子弹。时年 25 岁的朱直英勇牺牲！

毛立中

毛立中，1927 年 1 月生，靖江越江乡越江村人。1943 年秋加入中国共产党，历任靖江抗日民主政府木金乡治安员、柏木区公安干事、公安局课员、柏木区西南片（战区）办事处主任等职。1947 年 2 月牺牲于马桥。

毛立中从小仰慕梁山好汉，养成了反抗不从的性格。一次，地主带两个狗腿子把收好的租子运回城里去。当运租子的小车队来到桥上时，毛立中和几个同学迅速靠近，一下子把车子推入港中。还有一次，学校里一位平时攻击共产党的徐姓老师在教历史时讲错了，毛立中和同学朱希郎抓住机会当场轮番质问。姓徐的破口大骂朱希郎、毛立中无理取闹。此后，朱希郎、毛立中被迫离开学校。不久，他们又一起离开家乡去寻求革命真理。1943 年毛立中加入中国共产党，走上革命道路。

1944年元月，毛立中和宜和乡民兵大队长周琪保在木金乡太兴圩侦察敌情，恰遇敌人搜查太兴圩。周琪保说："我们人少，还是突围吧！"一位群众说："这些伪警是这里一个徐姓地主家的儿子从城里带回来的。"在这千钧一发之际，毛立中果断地决定："我们不走了，到徐家去'迎接'大队长。"说着，他和周琪保一道大摇大摆地走进徐家。毛立中对姓徐的地主说："我们知道你儿子马上到家，新四军派我们来'迎接'他。""你告诉徐大队长，我们有要事和他商谈。"徐老头的儿子回家知道此事后进退两难，但最终还是决定和毛立中、周琪保见面。毛立中沉着地说："徐大队长，新四军要你协助我们办三件事：一、你是中国人，要有爱国之心。共产党的政策是团结全国人民共同抗日，希望你今后和我们保持密切联系。二、我们的军火有限，请你帮助我们解决部分枪支弹药。三、为了使我们及时掌握敌情，便于和你取得联系，请你给我们几张派司（日伪制作的良民证）。"这个伪警大队长在其父敦促下，当场拿出5张伪良民证，约定了交接枪支弹药的时间和地点。

苏中战役胜利后，华中野战军主力北上。国民党反动派在靖江城乡集镇筑据点、编保甲，搜剿共产党、新四军。中共靖江县委为保存革命的有生力量，组织大批党政干部分批北撤，同时挑选部分同志坚持原地斗争。县委组织部长贾成和区委研究决定：毛立中和罗春年留下，由担任两面派保长的徐志、闻伯约掩护毛、罗两人开展地下活动。国民党六区区长刘元镇企图把新四军家属统统抓起来，逼其亲人向敌自首。毛立中他们写好布告，夜晚贴到木金市、中丰头坝等集镇和要道口，警告国民党区长不要玩火自焚，迫使其改变了原定计划。不久，罗春年被捕。毛立中为了不连累徐志、闻伯约，决定转移出去寻找党组织，途经孤山区通太村附近时，不幸被捕。

毛立中被捕后，刘元镇想在毛立中身上得到共产党员的名单，派兵去孤山把毛立中押到柏木桥据点，先是封官许愿，后又放出军犬撕咬，始终无法从毛立中口中得到一个字，只好将他押至靖城监狱。国民党县政府也想在毛立中身上大做文章，叫他的父亲和他的弟弟出来劝降。毛立中对他们说："人总是要死的，一种人死得光荣，一种人死得卑鄙，我就是死也要死得光荣，死得比泰山还重！我毛立中这一辈子跟共产党是铁了心的！”

1947年2月27日，无计可施的敌人将毛立中等6位同志押至马桥行刑。毛立中等同志高呼“中国共产党万岁”，慷慨就义。

曹金友

曹金友，1918年7月生，靖江太和区三太村人。17岁时去上海当学徒，1937年上海沦陷后回乡。1940年8月加入民兵组织。1945年加入中国共产党，不久，任三太乡民兵大队长。是年8月，带领乡基干民兵参加收复靖江城的战斗，尔后又带领基干民兵参加收复泰兴城的战斗。10月，任三太乡乡长。

1946年夏，曹金友任太和区游击队副队长。年底，他根据区委指示，率领60余名区队战士，到四墩子北街掩护群众搞破拆，遭敌偷袭。战斗中，他左侧腰部负伤，仍继续坚持战斗，直至县独立团赶来退敌。

1947年2月的一天，敌人从七圩、新镇市、四墩子等据点分头出动，“围剿”三太乡。正在家中养伤的曹金友与许多逃难的群众一道，被敌人兜捕到泰兴县七圩乡大圩村。敌人软硬兼施，要他们招出其中的新四军、共产党。群众没有被敌人的暴行所屈服。第二天早晨，敌人架好机枪继续威逼被捕群众。一番叫喊之后，见无人招供，便命令机枪手准备向群众扫射。在这关键时刻，曹金友挺身而出，拍着胸膛高喊：“不要伤害群众，我就是共产党员！”他从容走出人群，大骂敌人是一群豺狼！敌人气急败坏，当即枪杀了曹金友。

刘志明

刘志明，1914年出生于靖江孤山区双庙村一个贫苦农民家庭，读了

5年私塾，后随师学习裁缝手艺。

1941年10月，刘志明加入中国共产党。初在县芦柴管理处工作，后调文桥乡（后改为山南乡）任乡长。

文桥乡北临孤山敌伪据点，南靠敌伪统治中心的靖江城，靖季公路贯穿其中。他和地下党员缪耀章等一起，以贴标语、发传单、讲经、集会等各种形式向群众宣传共产党和新四军抗日救国的主张，发动群众在晚上破公路、拆桥梁、割电线，搞得敌人坐卧不安。

1943年秋，文桥乡开展减租减息运动。孤山镇上的大地主郑宗培，有几十亩地在临近据点的毛家埭、双庙子埭一带，自以为可以抗拒减租减息。刘志明带领乡干部、群众与其作坚决斗争，迫使其按照政府的二五减租规定更换租约，激发了群众的抗战热情。次年秋粮征购工作开始后，群众主动缴纳抗日爱国公粮，仅半个月时间，就完成了乡里布置的秋征任务。

1946年，解放战争爆发后，刘志明在文桥乡开展惩奸反霸和土地改革运动，发动群众揭发罪大恶极的伪乡长吴定贤的罪行，鼓舞了群众斗志，奠定了对敌斗争的基础。

1947年2月，国民党一〇二旅三〇六团对孤山区进行大“扫荡”，因反动富农告密，刘志明被敌乡长带领的十几个还乡团员包围在家中，不幸被捕。敌区长陈云亲自提审刘志明，先是吊打，然后上老虎凳、用竹签钉手指，最后用刀将刘志明四肢划出一道道口子再撒上盐巴。刘志明一次次昏死过去，又一次次被敌人用冷水泼醒。面对凶残野蛮的敌人，刘志明训斥道：“你们杀了我刘志明，但共产党员是杀不尽的，血债要用血来还！”陈云一无所得，便指使刽子手把刘志明绑在稻床上活活烧死。1948年，孤山区群众把他的英勇事迹编成歌曲，到处传唱。

钱　江

钱江，1923年5月生，靖江团结乡善缘村姚家殿埭人。家境贫寒，父母以种租田兼营豆腐作坊为生。他7岁时进私塾求学，16岁时转入抗日民主政府办的缪家殿小学就读。在缪家殿小学，他参加儿童团，接受革命思想的熏陶，懂得不打倒日本帝国主义国家就要沦亡、人民就要遭殃等道理。不久，他被选为儿童团长。1941年秋，他瞒着父母，参加靖江独立团，被分配在团部情报站当通讯员。站内人少事多，他完成通讯任务外，事事抢着干，深受大家的喜爱。

1942年，日伪军大举“清剿”，靖江斗争形势严峻。一天，钱江奉上级命令穿过敌人封锁线送一密信，途经白衣堂时，引起敌哨兵的怀疑被押进据点。他乘敌不备，迅速将密信吞入腹中。敌人对其威逼拷问，终因得不到任何证据而只得将其释放。回情报站后，钱江带伤坚持工作，白天到分站跑情况，晚上回来整理上报，常常为了更及时地完成任务而通宵不眠。他还帮助组织儿童团、出宣传板报，积极参加生产自给工作，支持大妹钱玉英加入妇抗会，发动驻地群众参加抗日支前活动。这一年，钱江加入中国共产党。

1946年元旦，国民党军队进犯靖江。靖江独立团的情报工作日益繁重，钱江先在县情报总站工作，后调任靖中情报站站长。钱江机智勇敢，善于应变。一次，他完成任务返回驻地时与敌人遭遇，在难以逃脱的情况下，他不慌不忙地走进一户农家，一手抱起一个未满周岁的小孩，一手拿起菜刀像模像样地剁猪草，从容躲过敌人的搜捕。钱江胆大心细，善用关系。他了解到一个国民党保长在敌人据点里有关系，便多次对这个保长进行政策和前途教育，最终说动保长将儿子安插进据点成为内线，为县独立团选择时机打击敌人发挥了作用。

1947年春，根据当时敌我斗争形势的状况，县独立团主力转移至外线作战，多数情报干部也跟随转移，钱江这时主动请求坚持原地斗争。3月初，敌情更加严重，坚持原地斗争的同志不得不暂时隐蔽至泰兴县境内。国民党“还乡团”乘机造谣，说共产党区乡干部已被打死，搅得群众人心惶惶。为揭穿敌人的谣言，钱江和孤山区区委书记蒋逸成等4人，于3月6日深夜潜回孤山地区，张贴标语、联系群众，鼓舞群众的斗志。7日夜，钱江等4人返回泰兴广陵区小唐家庄。8日凌晨，当地反动武装与国民党一〇二旅三〇四团、三〇六团互相勾结，对小唐家庄进行包围合击。突围中，钱江右臂中弹，奔跑数里路后终因流血过多不能继续行走。为了不连累同志，他拿出身上的钱和粮证给孤山区委副书记仇国良，作为最后一次党费，恳请同志们快撤，自己则藏身于农户的山芋窖内。最终，敌人搜出钱江，将其押至季家市据点，对其软硬兼施，要他供出独立团的情况。钱江斩钉截铁地说：“你们做梦也别想从我这儿得到半点情况。”恼羞成怒的敌人将其押至泰兴县宁界市据点准备活埋。当敌人把他拉向活埋坑时，他摆开敌人，高喊：“慢！我有话说！”钱江昂首阔步，一边向坑边走去，一边大声说道：“我钱江一人死了，还有千千万万个共产党人在！共产党人死了流芳百世，国民党反动派死了遗臭万年！”敌人听了，气恼地欲将他推入土坑。他又一次摆开敌人，高呼“中国共产党万岁！”纵身跳入土坑。

钱江牺牲后，《江海前线》以“不屈的钱江同志”为题，报道了钱江英勇献身的事迹，称赞他是中国共产党的优秀党员。

季藩

季藩，1921年9月生于靖江土桥乡泥桥村季家埭的一个贫苦农民家庭。1941年2月参加革命，1943年加入中国共产党。历任靖江东阜抗日自卫总队大队长，靖江县独立团侦察参谋、情报站长、作战参谋、一营副营长等职。1947年3月28日于泰县张莫天（今属海安市）战斗中英勇牺牲。

1938年初，季藩为寻求抗日救国的道路，摆脱他作为几房合一独子的家庭束缚，到驻扎在泰兴黄桥的国民党军队里学军事，他对该部消极抗日、

积极反共、欺压百姓的行径非常厌恶。1940 年 7 月，新四军东进黄桥，他携枪返回家乡，与保定军官学校出身的旧军官周玉洁合伙，拉起一支七八十人的队伍，在新港、土桥一带活动。

1943 年初，周玉洁与中共靖江县委联系，表示愿意接受共产党领导，请求允许他们在一定范围内活动。中共苏中三地委书记兼第三军分区政委叶飞批准将该部改编为“靖江东阜抗日自卫总队”，周玉洁任总队长，季藩任大队长。靖江县委派西来区委书记贾剑平前往该部助其改造。

贾剑平带来的革命书籍和根据地的报刊，使季藩认识到只有共产党领导的八路军、新四军，才是为民族解放而战的军队。后来，季藩发现周玉洁惧怕日伪“清乡”，企图拉部队叛逃，便与周玉洁展开斗争。周玉洁只身出走后，这支部队的部分人枪便由季藩带过来，编入靖江独立团。不久，季藩任靖江独立团参谋处侦察参谋。

1944 年 4 月 4 日，季藩向团参谋长吴立批报告：“有一个小队的日军和一个连的伪军，正沿朱大路北犯，准备到孤山区‘扫荡’。”县独立团在孤山区游击队的配合下，在庙宇港边伏击敌人。战斗中，季藩指挥两个侦察班和孤山区游击队，歼灭伪军一个排，俘敌 30 余人。吴参谋长惊喜地发现：季藩不仅有侦察本领，还有实战指挥的才能。

此后，吴立批与季藩联手打了许多漂亮仗。一些有传奇色彩的战斗故事，如智取新丰市、奇袭白衣堂等，一直流传在靖江人民群众中。

1944 年 4 月和 9 月，靖江独立团应澄西县（今江阴市西部、武进区北部）政府的要求，经苏中第三军分区司令部批准，两次渡江南下，支援澄西人民的反“清乡”斗争。季藩参加了 9 月份的二下江南作战，拔除了申港、利港两个日伪据点。10 月，季藩在五号桥战斗中腿部中弹。11 月，季藩被任命为独立团作战参谋。12 月中旬，独立团以一、三连和特务队重新组建第一营，孙滨任营长，季藩兼任副营长。

季藩在战斗中大胆果断，夹港战斗中表现得尤为突出。1947 年 1 月

19日晨，地方干部和侦察员同时报告，海坝有100多个土顽前往江边“扫荡”。独立团政委许湰命令孙滨率一、三连出击。当部队追至如来庵时，群众报告：不是土顽，而是200多个洋顽（国民党正规军）。打不打？在此关键时刻，季藩第一个表态：“打！洋顽也要打！”孙滨作出战斗部署后，和季藩各带一个连，在路南游击营的配合下，全歼国民党军一个加强连于夹港口。孙滨战后说，季藩坚决主打的决心起了很重要的作用。

1947年2月14日，孙滨在八字桥战斗中负伤，独立团指挥的重任实际落到季藩肩上。15日，团部将伤员送往泰兴县城黄公路以北途中遭敌围堵，季藩建议将部队撤回广陵区秦家楼。16日上午，季藩根据许湰政委突围去靖江的指示，率部队运动到季家市附近后，迅即折向西南，抢占了宁界市界河大桥进入靖江，摆脱了敌人的围追堵截，当夜回到靖西大挂耳宿营。

2月21日上午，团部驻地蒋华区桃园乡六十圩四周响起枪声。这是土顽下乡“扫荡”，大批群众跑反。季藩的爱人抱着吃奶的女儿，也在跑反群众的队伍里。季藩从爱人怀里抱起女儿，亲了亲幼嫩的脸蛋说：“小乖乖，爸爸去打仗消灭反动派，将来让你有个太平世界好念书。”季藩爱人泪水不断，问道：“你们几时回来？”季藩把女儿放在爱人的怀里，坚定地说：“等着吧，我们一定会打回来的！把女儿带好啊！”随后带着部队消失在夜幕之中。

县独立团一、三连转移至如皋、泰兴、泰州地区后，按照苏中第一军分区南线首长的指示，如皋、靖江两县独立团联合行动，对内称如靖团，继续在第一军分区南四县坚持反“清剿”斗争。

1947年3月7日夜，如靖团从泰州地区转移至如皋石庄附近宿营。8日早饭后，石庄土顽200多人来犯。许湰政委决定打击这股敌人，季藩率一、三连出击，毙伤敌中队长以下21人，俘29人。

1947年3月28日凌晨，从如皋地区转移至泰县张莫天的靖江独立团一、三连和特务队，还没有来得及吃早饭，就赶上数路敌人从南面压向驻地。许湰政委命令季藩率一、三连出击，掩护党政机关转移。季藩带领部队打退敌人一次又一次冲锋。突然，一颗子弹击中季藩胸部。卫生员去替他包扎伤口，他推开说：“不要管我，赶快去叫许政委转移。”他坚持留下掩护部队突围，直至牺牲！

王希贤

王希贤，1920年3月生，靖江惠丰乡惠龙村人。少时读过几年私塾，16岁到上海一家药店当学徒。1942年参加革命，1943年初加入中国共产党。曾任中共靖江东兴区委通讯员、丰盛乡乡长、东兴区游击队副队长、靖江独立团特务连副连长。1946年9月，靖江独立团新组建后，他任一连副连长。1947年2月任连长。

王希贤平易近人，不计较名利。行军途中，他经常帮助体弱的战士扛枪、背背包；宿营时，他总要到各班转转，看到战士们都休息了，自己才去休息；战斗行军的间隙里，他总喜欢说说笑话，讲些有趣的故事，扮个鬼脸，做个孙猴子，逗大家捧腹一笑。在艰苦残酷的战争岁月里，他的这一手增添了连队的快乐氛围。遇到个人职务升降时，王希贤也会坦然对待。1946年9月，王希贤任一连副连长，不久升任连长。10月份部队调整时，他又降为副连长。对此他毫无怨言，仍一如既往地一心扑在工作上，打出很多漂亮仗。

王希贤英勇善战，具有硬骨头作风。他在一连任职期间，正是苏中第一军分区南四县（靖江、如西、泰兴、泰州）斗争最艰苦、战斗最频繁的时期。一连在连长李辅云和他的带领下，作战勇猛，敢打敢拼，成为靖江独立团的骨干连队，被誉为“一等功臣连”。

1946年7月13日夜，宣泰战斗打响。王希贤奉命率领一个排的战士佯攻敌靖城据点，使靖城之敌两天不敢出援泰兴城，为季南阻击战立了一功，为苏中战役首战获胜创造了条件。1947年1月，在夹港口战斗中，王希贤身先士卒，率领全连战士勇猛作战，县独立团授予他一等功臣称号。2月，县独立团在八字桥与敌重兵遭遇。王希贤临危不惧，代替受

伤的连长指挥战斗，迫使敌人撤退，确保了县独立团安全撤出战斗。

1947 年 3 月 28 日，靖江独立团宿营于泰县张莫天（今属海安市）。早上 7 点，驻地东面突然响起枪声，地方干部报告是小股土顽骚扰，请求部队消灭这股敌人。团首长根据这个情况，命令战士们速战速决。战士们很快将这股敌人消灭殆尽。可没过多久，敌人从东、南、西三面循声潮水般涌来。团首长很快发现敌人是武器精良、有备而来的正规军，立即下令从西北方向突围。王希贤和指导员带领部分战士顽强抗敌，掩护部队撤退。

战斗从上午 7 点一直打到下午 5 点多。经过一天的鏖战，县独立团终于撕开一个突破口。撤出战斗时，王希贤带着担当后卫的战士们连续越过两条河流，正当队伍准备趟过第三条河流时，敌人的机枪子弹倾泻向王希贤的下半身。指导员要王希贤迅速撤离，可他咬咬牙说："我已经不行了，你们快撤，不要管我。"卫生员跑过去准备背他，瞬间惊呆了：王希贤的肠子已经顺着腹部伤口流了出来。他让卫生员用绑腿布帮他围住伤口，又把自己的驳壳枪交给卫生员，果断地命令道："你快走，敌人有我顶着！"说完，一把推开卫生员。敌人上来后，他忍着剧痛，咬紧牙关，奋力将手榴弹投向敌人。等到又一批敌人再冲上来时，他从容地拉响最后一颗手榴弹，与敌人同归于尽。

郑道甫

郑道甫，1921 年 7 月生，靖江东兴区望稼村沙泥圩人。1941 年 8 月参军，1943 年加入中国共产党。历任东兴区抗日自卫大队和靖西游击大队战士、战斗组长、副班长、班长，靖江独立团七连和二连副排长、一连排长、三连副连长等职。

三连是靖江独立团的主力连，郑道甫是智勇双全的指挥员。1947 年 1 月 1 日夜，靖江独立团攻打泰兴蒋华桥敌据点。郑道甫率领突击排首先突破四面环河的马家园子，与敌激战半小时，全歼敌保安中队，毙敌保安中队长、镇长等20余人，俘敌70余人，缴获轻机枪2挺、步枪60多支。战后，郑道甫担任三连副连长。

1月19日上午8时许，侦察员发现一股敌人由生祠堂方向向南窜犯。县独立团政委许淦决心歼灭这股敌人，派一、三连出击。当一、三连到达如来庵时，得知敌人已南去夹港口。县独立团遂决定由三连尾敌跟进，断敌后路；一连从东面迂回，防敌逃脱；特务连和路南游击营从西面包抄，对敌形成三面包围态势。郑道甫率三连利用江堤茂密的萱稞、芦苇隐蔽接敌。运动到江堤下，发现敌人在港岸和江堤上休息，便迅速展开队形准备出击。江堤上的敌人发现从东面迂回过来的一连，仓促开火。三连迅即从敌人侧后冲上江堤，展开火力猛烈射击。郑道甫在战斗中表现突出，被团部授予战斗模范称号。

3月28日，县独立团在泰县张莫天（今属海安市）遇敌。独立团突围时，郑道甫率一个排出击，掩护团部和一连向西北方向撤退。郑道甫留下一个班保卫团部，自己带领两个班以一条干沟为掩体，顽强地打退敌人的进攻。当敌人向阵地再次扑来时，他一面用火力压制敌人，一面叫副教导员顾计撤退。机枪手王东庆受伤倒下后，郑道甫接过机枪横扫敌人，誓死与敌拼杀，直至中弹牺牲。

周征夫

周征夫，又名周炳文，1907年生于靖江生祠堂一新村一个贫农家庭。周岁丧母，童年时受尽继母的歧视与虐待，饱尝生活的辛酸和苦辣。1919年从生祠堂高小毕业后，承嗣于靖城一周姓人家。不久，就读于南通师范，毕业后先在生祠堂小学任教，后调保安殿学堂任校长。抗日战争爆发后，自办老坝小学，向青少年传播“国家

兴亡，匹夫有责”的爱国主义思想。

1939年下半年，周征夫与何一环、张渤如等参加“抗日国民精神动员委员会”工作队，以新镇市小学为阵地，宣传抗日救国，培养进步青年。在此期间，他接触到一些共产党的干部，认识到跟共产党走才是真正光明正确的道路，遂产生加入中国共产党的愿望。1940年年底，周征夫加入中国共产党，任靖江县抗日民主政府秘书。1941年夏，任五区区长。1942年冬，任太和区区长，后又任县政府秘书。1945年8月靖城收复后，任城区区长。1946年，任中共靖江县委联络部长。

周征夫不但自己献身革命，还动员其亲属参加革命。堂妹周爱芳受封建思想的影响，认为生死是由命运决定的，因而看破红尘、遁入空门。周征夫知道后，一面帮助她破除宿命论思想，一面动员她为改变妇女地位、为劳苦大众翻身解放而斗争。在他的引导和帮助下，堂妹周爱芳和堂弟周博文相继走上革命道路。

1942年，太和区的减租减息运动开展得不彻底，一些顽固地主依仗敌伪势力，对部分农民秘密倒租。周征夫针对这一情况，发动群众与地主开展面对面的说理斗争，明确要求地主收租必须打收条。由此有力地保护了农民利益，狠狠打击了顽固地主的嚣张气焰。

1943年，周征夫参与领导了太和区反伪化和包围生祠堂伪据点的斗争，使生祠堂据点里的敌人一度不敢下乡骚扰。

1945年靖城收复后，周征夫任城区区长。刚收复的靖城，百孔千疮，人民生活十分困苦。周征夫见此情景，请求上级调拨2万余公斤大米赈济城区贫民。此后，他和区政府一班人在城区建立工会、商会、妇女会、学生会、青年联合会等群众组织，部署公安部门镇压王希山、郭锦文等汉奸卖国贼，使靖城的社会秩序很快得到安定。他还积极组织力量恢复生产，使因战争而遭瘫痪的电厂重新发电，保证了裕纶纱厂的正常运转。

1946年秋，国民党反动派在靖江和邻县实施血腥“清剿”。为保存革命力量，中共靖江党政机关的大批干部，奉命暂时转移至苏中第一军分区北线。担任县委联络部长的周征夫，当时身患严重肺病，组织上劝他北撤，他说：“我是联络部长，熟悉敌我情况，形势愈是严峻，愈是应该留下来坚持斗争。”直到后来形势进一步恶化，他才和县委组织部长贾成等人于次年 3 月撤出靖江。

1947 年 3 月 15 日，部队撤至如皋县黄家市时，遭国民党军队包围。周征夫先是与其他两位同志隐蔽在附近的老百姓家里，敌人全面搜索时，周征夫为了不使群众受牵连，毅然从群众家里走出突围，因病体虚弱、腿部负伤而不幸被捕。

周征夫被捕后，敌人对他施以种种酷刑，要他供出中共靖江基层组织情况。他大义凛然，只字未吐。敌人又以高官相诱，他更不为所动。3 月底一个阴雨绵绵的傍晚，遍体鳞伤、奄奄一息的周征夫被敌人投入污水坑覆土活埋。

王 倬

王倬，靖江新丰乡新跃村王家埭人，1915 年出生于一个剥削阶级家庭。1937 年毕业于上海正丰中学。上海沦陷后，他回到靖江，靖江也已被日军占领。他痛恨日军的暴行，对国民党军队的节节败退困惑不解，曾组织一批热血青年去黄桥和如皋、海安等地寻找抗日队伍而未果。回靖江后，他带头捐资，购买枪支弹药，建立村际联防组织，以打击下乡骚扰、抢劫的日伪军、土匪和地痞流氓。为了唤起民众的爱国之心，他把自家的七间瓦房辟为教室，创办老港小学，自任校长兼教员，免费教育贫苦农民的子弟。新四军东进前，他就被乡绅和民众举荐为惜字乡乡长。他利用这一身份与日伪军周旋，抗捐抗粮，维护民众利益。新四军东进后，他认准这是一支真正抗日救国的军队，带头响应抗日民主政府减租减息的号召，与剥削阶级家庭决裂。1943 年年底，王倬加入中国共产党。

王倬坚定地站在反“清乡”反“扫荡”、反伪化斗争第一线。他在群众大会上宣布：“凡我家租户，有人参军就免田租。”惜字乡的减租、减息、征粮、参军等各项工作因此做得很出色。1944 年 6 月，中共靖江县委选送他去苏中公学学习。次年春，他被学校党组织选派跟随粟裕的部队南下浙西，开辟浙西根据地，担任孝丰县西亩区区长。11 月，他奉命随部队从浙西撤到苏北靖江，担任孤山区区长兼区抗日游击队队长。

王倬到孤山后，率领游击队严密监视靖城的国民党驻军，坚决打击下乡抢掠的敌人。他经常鼓励队员：“凭我们这几根枪，也要把敌人搅得不安宁！”

孤山地区的汉奸、恶霸和地痞流氓，依仗驻扎在靖城的国民党军队，大肆进行破坏活动。为了巩固解放区，王倬在孤山区开展惩奸反霸运动时，根据中共靖江县委指示，处决了山南乡恶贯满盈的伪乡长吴定贤，推动了全区惩奸反霸运动的开展。

1946 年 6 月，中共靖江县委在孤山区进行土改试点。王倬带领区、乡干部和游击队，“一手拿枪，一手拿算盘”“白天打仗，晚上分田”，积极投入土改运动。孤山区广陵乡的恶霸地主张异三，当过国民党江苏省保安第四旅副旅长兼第八团团长，群众不敢分他家的土地。王倬知道后，亲自率众没收张异三家的土地，分给无地少地的贫苦农民。

1946 年 7 月，为支援苏中战役，中共靖江孤山区委、孤山区民主政府组织了出征民工队。反动地主周叙伦与地痞流氓陈大龙等人大肆造谣惑众，说什么“支前是共产党送老百姓到前线当炮灰”，煽动不明真相的农民向区公所、县委工作队要人。7 月 13 日清晨，这伙反动分子裹胁孤山区北部四五个乡的群众二三千人，到土改试点的井裕乡一带骚乱。当时，王倬就住在附近一户农民家里，房东关切地对他说：“他们是冲着你来的，你快跑吧！”王倬坚定地回答：“我不但不能跑，还要去揭露他们的阴谋！”说完，挎起驳壳枪，向出事地点走去。

一些不明真相的群众，见到平日熟悉和信赖的王区长，急切地问：“昨晚出征的民工是不是被打死了？”王倬回答道：“没有这回事。请大家放心，你们的儿子，就是我们的亲兄弟，我们共产党是爱护人民的，不要听信坏人的谣言！”部分先到的群众听到王倬坚定而又亲切的话语，默默地转身走了。陈大龙一伙见势不妙，跳出来大叫：“你们不要听信王倬的话，快向他要人啊！”在陈大龙一伙煽动下，后到的群众哭喊着“还我丈夫”“还我儿子”向王倬包围过来。王倬大声疾呼：“乡亲们！不要上坏人的当，我们民工支前，是为了保卫胜利果实！如果国民党反动派一来，我们大家都要遭殃！”王倬怕踩坏田间的庄稼，又高声喊道：“不要踩坏庄稼，请大家到北面空地上去谈。”陈大龙此时挑唆他人夺下王倬的枪，打伤并拖着王倬向南跑，企图把他送往靖江城。

中共靖江县委得到报告后，火速派部队赶赴现场。在部队即将到达现场鸣枪警告时，陈大龙一伙又计议就地杀害王倬等同志。为了孤立反动分子，王倬因势利导地对群众说：“乡亲们要认清好坏，赶快回家忙生产。枪子弹是不长眼睛的！”群众听后，纷纷散开。很快，县独立团一部及县公安警卫队抓获陈大龙等人，平息了事态。

国民党军队大举进攻苏北解放区后，回到靖江担任国民党靖江县自卫总队总队长的张异三，准备在靠近广陵镇的七圩埭家中修筑据点。王倬到广陵乡召开乡村干部会议，指出张异三是孤山人民的大敌，让他筑成据点，周围的百姓就不得安宁。会后，王倬发动邻近乡村的几百名群众，拆掉张异三家的房子，将房料等物分给群众，并收缴他家私藏的枪支和金银财物，打击了张异三的反动气焰。

1946年冬，为了开展反“清剿”斗争，中共靖江县委决定由王倬兼任靖中（含孤山、侯河两个区）游击大队副大队长。1947年3月初，敌派重兵在靖中机动“清剿”，王倬带领干部战士在“清剿”圈内伺机打击敌人。3月7日，王倬与中共靖中区委书记徐梓人，率靖中大队和地方干部100多人，转移至泰兴县

王倬烈士殉难处

广陵区小唐家庄，与泰兴路南游击营会合。8日凌晨，敌一〇二旅三〇四团和三〇六团在当地反动武装配合下，突然向小唐家庄包围合击，王倬当机立断，指挥部队突出重围。

王倬烈士之墓

靖中大队和地方干部突围后，当夜越过季（家市）黄（桥）封锁线，转移到如皋与中共靖江县委领导同志会合。此时，靖江境内白色恐怖笼罩城乡，不少坚守在原地的区乡干部被杀害。县委为了迅速了解靖江境内情况，决定派小分队插到靖中和靖西活动，王倬不顾个人安危，主动向县委请缨，插回靖江。

3月31日，王倬率6人插入太和区惜字乡孙家埭，因坏人告密，被新丰市敌据点的保安队和乡自卫队包围。突围中，王倬击毙敌人2名，自己腮间、手臂、臀部三处负伤，不幸被捕。

敌人把王倬带到附近的埭上，这里正是王倬的家乡，不少群众听到王倬被捕，冒险前去探望。王倬的女儿王蕴秋见父亲满身是血，不禁失声痛哭。王倬对女儿说："不要哭，要坚强起来！"在敌新丰市据点里，一个国民党军官疑虑地问他："你家条件这么好，为什么还要当共产党？"王倬坚定地说："为了千百万受压迫的劳苦大众。"

大恶霸地主张异三，此时已是国民党靖江县县长，当他得悉王倬被捕时，立即派人将王倬押至靖江城。

1947年4月1日清晨，王倬和另外5名同志被敌人用卡车从靖江城押至广陵镇。张异三指使一群匪徒用刺刀刺穿王倬的琵琶骨，穿进铁丝，将他吊在卡车的横杆上。王倬被拖到六圩埭西头的广场后，又被丧心病狂的匪徒们用刺刀钉在门板上。王倬坚贞不屈，将刑场作战场，痛斥反动派的罪行，高呼"打倒国民党反动派！""中国共产党万岁！"。张异三见王倬如此坚强，便指使匪徒割掉王倬的耳朵鼻子，挖去他的眼睛，劈开他的胸膛，剜出他的心肺，挑破他的肚肠。在场的群众，目睹这人间罕见的凶残野蛮情景，无不潸然泪下，低声抽泣。

浦骊珠

浦骊珠，原名丁惠成，1913 年 6 月生。幼时因家境贫寒，承嗣于毗卢乡大孙家圩外祖父浦友坤家，改名浦骊珠。外祖父家也很穷，只有两亩自田，另外又种了恶霸地主冷荫丞家 5 亩租田。1927 年大旱，缴不起租粮，外祖父被冷荫丞的狗腿子打得死去活来，不久便含愤而死。这件事在浦骊珠幼小的心灵深处埋下了仇恨的种子。为了生计，12 岁的浦骊珠不得不放弃学业，到常州油饼厂当童工。16 岁那年，浦骊珠得了肋骨疽病，被资本家踢出厂门，靠工友们资助才得以幸存。

1937 年抗日战争全面爆发后，工厂停工，浦骊珠回到家乡。12 月 8 日靖江城沦陷后，日军肆意烧杀抢掠。浦骊珠满怀国恨家仇参加了抗日活动。1939 年底，他加入中国共产党。

毗卢市街上的大地主冷荫丞，占有耕地 5 000 余亩。他依仗敌伪和地方恶势力，对抗抗日民主政府开展的减租减息运动。为了打击反动地主的嚣张气焰，1941 年 5 月的一天，毗卢乡召开农民大会，乡农抗会会长浦骊珠发动群众与冷荫丞展开面对面的说理斗争，通过算账对比、摆事实讲道理，对冷抗拒减租减息的种种谬论予以驳斥。在事实面前，冷不得不低下头来，答应减租减息。浦骊珠在这场运动和斗争中受到锻炼，不久担任五区农抗会副会长。

1941 年冬，伪十九师沿靖泰公路筑据点后，毗卢乡处在毗卢市、新镇市、新丰市三据点边缘。浦骊珠顽强地坚持斗争，迫使敌人不敢轻易出据点。1943 年，浦骊珠调任中共靖江太和区委民运科长。1945 年至 1946 年 11 月的一年多时间里，他又先后出任民主政府太和区副区长、中

共靖江太和区委书记和中共靖江县委委员等职。

1947 年 2 月，国民党重兵“清剿”太和区，在夹港一带实行大屠杀。浦骊珠率领一支精干的武装小队打击敌人，慰问被害群众家属。1947 年 3 月 13 日，敌分七路“清剿”靖泰边区。浦骊珠虽然患有肝病，但仍提出先将区长吴进先等一批同志转移出去。当上级动员他转移时，他坚定地说：“我是太和区人，情况熟悉，留下来对坚持斗争有利。”就这样，浦骊珠抱病坚持在斗争的第一线。3 月 21 日，国民党军队同时从几个据点出动，对太和区实行“篦梳式扫荡”。浦骊珠为了让干部群众迅速转移，身先士卒与敌人周旋，不幸落入敌手。

浦骊珠被捕后，敌人先将他关在熊家圩据点。他以顽强的毅力经受住了吊打、灌火油、坐老虎凳、割断脚筋、铁丝穿锁骨等种种酷刑。几天后，敌人将他押往靖城监狱。途中，敌人剥掉他的外衣。他迎着早春的寒风，注视着沿途所见的群众，高呼“中国共产党万岁！”从熊家圩到县城，沿途 40 多里留下了浦骊珠被割断脚筋的双脚踩出的斑斑血印。

在靖城监狱里，敌人软硬兼施，想从浦骊珠嘴里得到共产党组织的情况。浦骊珠宁死不屈，只字不吐。敌人又派叛徒前去劝降，浦骊珠痛骂叛徒的可耻行径。在最后一次审讯中，敌人称浦骊珠为“匪”。浦骊珠嚯地从地上站起，咬牙切齿地怒斥道：“共产党人光明磊落，为人民谋利益，怎么是匪呢！你们这些搜刮民脂民膏，骑在老百姓头上作威作福的民族败类，才是名副其实的匪！”在狱中，他发动难友与牢头狱卒进行斗争。他对难友们说：“我恐怕看不到革命胜利了。你们要跟敌人继续斗争，坚持到胜利！任何时候，不能屈服于敌人的淫威，不能出卖党的利益。国民党反动派的末日即将来临，乌云即将过去，曙光就在前头。”

敌人绞尽脑汁，施尽酷刑，始终没有从浦骊珠身上得到任何想要得到的东西。1947 年 4 月 1 日，恼羞成怒的敌人先将浦骊珠的头颅砍掉，然后剖开胸腹，挖出心肝。年仅 32 岁的浦骊珠英勇就义。

浦骊珠牺牲后，靖江县民主政府将毗卢乡改称为骊珠乡。

黄少虎

黄少虎，靖江长里乡龙王村黄家顶埭人，1913年11月出生在一个贫苦农民家庭。13岁那年，因生活所迫，经亲戚介绍到上海一家工厂当童工。苦难生活的磨炼，养成黄少虎坚强的性格。1938年的一天，一个工头抽打一位体弱的女工。黄少虎义愤填膺，忍无可忍地大声吼道："住手！家里人打家里人，逞什么威风！"工头听到黄少虎的责骂声嚎叫起来："来人啊！他要造反啦！"黄少虎挺起胸膛大声说："造反又怎么样？老子不干了！"毅然收拾行装，拂袖而去，回到阔别多年的老家。

1941年，黄少虎根据中共党组织的指示，组织和发动乡里的穷苦农民斗地主、打土豪、开展减租减息斗争。1942年担任龙王乡农抗会会长。1943年加入中国共产党。1946年春，他任龙王乡乡长兼乡指导员。在此期间，他多次带领民兵和群众破拆公路、割断敌人的电话线、袭扰下乡"扫荡"的敌军。1946年秋，黄少虎任中共靖江侯河区委委员兼区队副，分工负责龙王、双店、新市、集福四乡的对敌斗争。

1947年二三月间，靖江党政军机关遵照上级指示转移至外线，靖江城乡沦为敌占区。黄少虎与龙王乡干部季少和、季长根、毕辉初等人到处打游击。3月7日，他们在泰兴小唐家庄被敌包围，黄少虎突围后潜回家乡。先是隐蔽在本乡黄林生、黄小林家，几天后潜回自己家中，隐蔽在猪圈下面的地洞里。第二天，顽乡长的老婆发现黄少虎家的猪圈旁有新鲜泥土而密告敌乡公所。敌自卫队员包围了黄少虎的家，黄少虎被敌逮捕。当夜，敌人在马桥据点对黄少虎严刑拷打，逼他供出季少和、季长根等人的下落和全乡共产党员名单。黄少虎说："要我交人不可能，要打要杀由你们！"敌人先是将黄少虎的衣服剥光，打得他浑身鲜血淋淋，又用"老鸦飞"、灌龌水、灌火油等刑讯逼供，继而用10根老板针（妇女纳鞋底用的大号针）将黄少虎10个指头钉在墙壁上。黄少虎多次昏死过去，被冷水激醒后，强忍痛苦大骂："你们这群野兽，打死我一个人没有用，会有千千万万个共产党人为我报仇……"黄少虎在敌马桥据点被折磨了3天。第四天，敌人把黄少虎带到黄家顶埭，当着群众的面给他上老虎凳。

敌人用尽酷刑始终没有使黄少虎屈服，只得将他移交到设于广陵的敌区公所处置。1947年4月1日，黄少虎与王倬等同志一起遭敌杀害。

田永祥

田永祥，1919年8月生，靖江城南乡鼎新村人。青少年时期，跟随舅父读书。1938年，在家里开馆授业。1940年，中共靖江县委和靖江县抗日民主政府建立后，他积极投身于抗日救亡运动。1942年加入中国共产党，1943年担任县抗日民主政府鼎新乡乡长。1944年调中共靖江东兴区委，先后担任区委组织干事和宣传干事。1946年解放战争爆发后，担任区委联络科长。1947年春，在坚持原地斗争中，因坏人告密而不幸牺牲。

田永祥在担任鼎新乡乡长时，带领民兵和群众，积极开展反"清乡"、反伪化斗争，不断打击下乡抢粮之敌；破公路，拆桥梁，打狗子，砍电杆，使敌人寸步难行；锄奸肃特，镇压反动分子，巩固新生的抗日民主政权。他在担任区委联络科长时，在区委领导下，配合区队不断打击下乡"清剿"的国民党反动派；开展惩奸反霸斗争，惩办罪大恶极的反革命分子；对敌人营垒，采用打进去拉出来的办法，分化瓦解敌人。一次，敌人为了使区委干部屈服，抓去一批干部家属，并扬言要杀死他们。田永祥毫不畏惧地与敌展开斗争，迫使敌人不得不放回区委干部的家属。

在残酷、激烈的对敌斗争中，田永祥始终充满革命必胜的信心。1947年春，敌人几乎天天下乡"清剿"。中共靖江县委和县军政机关大批干部已北撤，田永祥与少数同志坚持原地斗争。家里人担心他的安危，他说："敌人的猖狂是一时的，胜利一定属于我们。"但他也做了最坏的打算，他对家里人说：“要革命就会有牺牲，我即使为革命牺牲了，你们也不要难过。我们的人回来后，一定会替我报仇的。”开始的一段时间，田永祥跟随区委留下来的同志一道打游击，遇到敌人下乡“清剿”，他们能打就打，不能打就避敌锋芒。后来，敌人建立了保甲制度。区委留下来的同志便分散隐蔽。田永祥的妻子和妹妹帮他挖了两个地洞，一个在东面的小屋里，一个在西边的猪舍下。田永祥因长期待在洞里，身上患了脓疱疮，头发长得能梳辫，但他一直乐观地盼望着北撤的同志早日回来。

1947 年 6 月 25 日凌晨，由于坏人告密，田永祥刚从外面回来，就遭十几个土顽袭击，不幸被捕。敌人将他五花大绑，带到六圩桥的一户人家严刑拷打，逼他交出区委书记郭葆清的去向和全区共产党员的名单。田永祥怒斥敌人道：“你们就别再做梦了，我们的队伍就要回来了，天下最后是我们的！”他被敌人打得遍体鳞伤，始终没有说出一个同志的姓名。敌人不甘罢休，将他转押到六圩桥东的木行内继续用刑，打得他死去活来，仍然没有得到想要的片言只语。下午 4 时许，敌人企图将他带往据点，但田永祥已不能行走。敌人用绳子绑着他在地上拖，拖得他浑身皮开肉绽，沿途的地面上留下斑斑血迹！至汪家圩头，敌人残忍地将田永祥杀害！

刘　俊

刘俊，原名刘正卿，靖江生祠堂八一村三埭人，1919 年 2 月出生在一个贫苦农民家庭。1940 年参加革命，1941 年加入中国共产党，曾任中共三元乡党支部组织干事、县抗日民主政府城区税务所所长、县公安局社会课副课长、中共靖江县委联络部联络科长等职。1947 年 6 月在执行任务返回途中牺牲。

1943 年初，刘俊调任城区税务所所长。恰在此时，靖江城来了一个专搞“清乡”的特务王连德，负责督导靖、泰地区的“清乡”运动。按照苏中第三军分区指示，中共靖江县委决定由刘俊配合县公安局短枪队搞掉这个特务，以利反“清乡”斗争的开展。

刘俊与短枪队骨干高满洲让靖城伪商会理事史铭勋出面，请王连德茶叙，寻机铲除了王连德。

1946 年底，刘俊调任中共靖江县委联络部联络科长。1947 年 6 月，县委派原已北撤的刘俊与孙普、陈学权一道潜回家乡，与秘密坚守靖西的县委宣传部长张建平等人取得联系，以便秘密开展工作。他们潜入靖江完成任务返回时，行至如（皋）靖（江）边界十九号桥不远处，与敌自卫队岗哨遭遇。为脱离险境，刘俊决定在该处泅渡界河。孙普、陈学权的水性不太好，且长途奔波，体力消耗很大。刘俊叫他们将枪支、手榴弹及其他物品全交给他，由他一人捆绑在身上渡河。当时界河的水流很急，刘俊因身缠重物，被激流冲向下游而献身。

刘德三

刘德三，1918 年 3 月生，靖江生祠堂水商村自立庵埭人。小时候读过几年书，后到上海一家刻字店当学徒。他的长兄刘德和在上海一家印刷厂当工人，在上海地下党组织的领导下印刷和散发抗日传单，不幸被日军宪兵抓捕，遭酷刑后被投入硝镪水池中惨遭身亡。他闻讯后，悲愤交加，于 1939 年春离沪返家。其父得知长子遇难，既痛心又自豪地说：“我儿子不愿当亡国奴，为国捐躯，是个有骨气的青年！”父亲的明理，坚定了他献身革命的决心。

1941 年，在共产党员印茂哉的引导下，刘德三走上抗日救亡的道路。他以刻字为掩护，走乡串村，在群众中进行抗日宣传活动，并不失时机地与土豪劣绅和汉奸走狗进行斗争。同年，加入中国共产党。1942 年 2 月，被派往靖江县乡村师范学习。1943 年，先后在中共靖江长安、太和区委任组织科长。1945 年 9 月，调靖江独立团政治处任组织干事。半个月后，他的堂侄去团部看望他。他亲切地对堂侄说：“我现在穿上军装，就是军人了。蒋介石虽然邀请毛主席赴重庆谈判，但他不会那么真心。

一旦谈判破裂，我随时准备为革命牺牲自己。”1946 年 2 月，他调任靖江县独立团三连副指导员。在季南阻击战中，他率领战士勇敢地打击来犯之敌。不久，他奉调第一军分区教导队学习。

1947 年 3 月，刘德三调任华东野战军第十一纵队三十二旅九十四团炮连政治指导员。9 月，解放战争转入进攻阶段，为扫除南下障碍，他所在部队奉命拔除台北县（今盐城市大丰区）白驹镇敌据点。该据点四面环水，工事坚固，碉堡林立，团部决定组织敢死队强攻。刘德三在临战前修书一封，由交通站转送给他的堂侄。信中写道：“……为了解放事业，为了打到南京去，解放全中国，我带头报名参加敢死队，渡河炸堡。我和 39 位战友分别领好全套新军装，放于事先备好的棺木内，以表用生命完成党交给的任务、与敌人血战到底的决心。今天晚上战斗就要打响了！我如牺牲，希望你能照顾培养我的儿子正清，教育他长大成人。至于我父母和妻子，你劝他们不要为我悲伤。革命胜利后，他们会得到党和政府的照顾……”靖江解放后，他的堂侄写信给他生前所在团部，团部随即复信，并附来革命烈士证书和褒就的挽联。

刘德三的堂侄了解到刘德三的遗体安葬在大丰县白驹镇，便将此情转告刘德三父亲。刘德三父亲不愿给党和政府添麻烦，只身步行到大丰县白驹镇，将刘德三的遗骨、棺木用船运回，埋葬在他二哥墓旁。

高志林

高志林，1924 年生，靖江团结乡广西村人。幼时家贫，为糊口度日，给地主放牛。

1940 年，靖江创建抗日根据地，高志林即在本乡参加抗日活动。1942 年参军，在县独立团当侦察兵，不久加入中国共产党，后任党支部委员。1944 年，县独立团一连升为主力部队后，他随之编入苏中第三军分区特务团。1945 年 3 月，随新四军一师教导队渡江南下，编入苏浙军区第四纵队第十一支队，任侦察排长。参加了浙西天目山反顽战役中的新登战斗和第二次孝丰战斗。8月，在攻克溧阳县城的战斗中身负重伤，组织上让他回家休养。1946年秋，国民党反动派对靖江“扫荡”“清剿”，他不顾身体尚未康复，带领一支游击小队，在广陵镇敌据点的边沿地区寻机打击敌人。不久，他调靖江独立团任侦察排长，后任三连一排排长。

高志林是三连的战斗高手。1947年1月12日拂晓，县独立团发起普济庵战斗，一连、三连隐蔽在毗卢市敌据点附近老鞠家埭和乔家埭。三连的任务是：伺机控制陆家港大桥断敌后路，配合从正面出击的一连围歼敌人。敌人过了陆家港大桥后，高志林迅速带一排抢占大桥，将敌人死死围住，确保了战斗意图的实现。在随后1月19日、2月14日的夹港口战斗、八字桥战斗中，高志林勇猛顽强、机智灵活的战斗作风得到进一步发挥。连长沈杰和指导员陈玉如高兴地评价：“高志林不但仗越打越勇，‘门槛’也越来越精了！”

八字桥战斗后，县独立团转移至外线，转战于泰兴、如皋、泰县等地，高志林随团参加了3月18日的如皋蒋家堡战斗和3月28日的泰县张莫天（今属海安市）战斗。战斗中，高志林带领一排打退敌人一次又一次冲锋。机枪手牺牲了，高志林端起机枪向敌人扫射。枪管子打红了，高志林手上烫起血泡仍射击不止，直至部队突出包围。战后，高志林荣立特等大功。

1947年10月，高志林被任命为县独立团一营三连副连长。这月15日，县独立团在泰兴香店头同国民党正规军一个团遭遇。为掩护部队安全撤退，高志林和副指导员陈虹率一排侧击敌人。当他站在坟包上观察敌情时，不幸中弹牺牲，长眠在香店头。

沈　杰

沈杰，靖江长里乡龙王村人，1919年10月出生在一个贫苦农民家庭。少年时读过两三年私塾，便随父亲学做泥瓦匠。

1940年春，沈杰参加龙王乡民兵组织，担任大队长。在反“清乡”

斗争中，他经常于夜间带领民兵，挺进到靖城西门外挖公路、割电线、铲桥墩……龙王乡的民兵大队，成为全县闻名的民兵组织。

1943 年 1 月 13 日凌晨，沈杰与另两位民兵到白衣堂据点去侦察敌情。拂晓回来时，他们看到远处走来两个伪军，沈杰对两位伙伴说：“好机会，三对两。你们两个负责后面那个，我对付前面那个。”等敌人走近时，沈杰从口袋里掏出一包烟，说：“老总，对个火……”乘敌不备迅速卸了敌人的枪，夺了敌人的手榴弹。

沈杰机智勇敢，不久便担任靖中边区 4 个乡的联防队长。1943 年 6 月 22 日，白衣堂和马桥据点的伪军 100 多人，去龙王乡、新市乡“扫荡”。沈杰和大家商定，打敌人一个迂回战。当敌人经龙王乡往北向新市乡进发时，龙王乡的民兵、群众带上钉耙、锄头，围攻并火烧敌人力量空虚的马桥据点；当敌人知道后院失火而慌忙调转时，民兵和群众迅速全部撤走。马桥据点里的敌人自此不敢轻易下乡“扫荡”。

1944 年春节后，龙王乡联防队改编为侯河区游击队，沈杰任队长。1945 年 8 月靖城收复后，侯河、长安两区的游击队合并为县独立团一营三连，沈杰先后任副连长、连长。

沈杰非常注重军民关系。1946 年 5 月的一天，三连驻扎在三元桥埭，沈杰帮老乡挑水时，无意间扁担头碰碎了灶头上的一只花盘子，他立即向事务长借来津贴费，主动赔偿给老乡家。1947 年 2 月 14 日八字桥战斗后，饥饿难忍的沈杰途经后唐家埭时，挖了老乡家田里的 3 个红薯充饥。不料部队随即撤离靖江到外线作战，9 月底，部队打了回来，沈杰带着通信员找到那户老乡家表示歉意，并从随身携带的米袋里倒出两碗小米，代偿半年前的 3 个红薯。

沈杰善于用兵，作战勇猛。1946 年 5 月 21 日晨，三连指战员获悉，敌人由柏木桥出发下乡抢粮。沈杰率三连一口气追出十多里，在侯家埭与敌激战 20 多分钟，全歼敌一个排。这是靖江独立团第一次成建制地消灭国民党正规军，沈杰和战友们受到军分区和县独立团的嘉奖。1947 年

1月19日的夹港口战斗中，沈杰再次表现出沉着、果断、勇猛的才能和精神，被团部授予一等功臣称号。1947年3月28日晨，县独立团在泰县张莫天（今属海安市）遭敌军五路合击。沈杰和指导员陈玉如、副连长郑道甫，各率一个排奋勇抗击敌人。战斗中，郑道甫壮烈牺牲。沈杰从负伤的机枪手中接过机枪横扫敌人，杀出一条血路，掩护团部和部队突出重围。战后，苏中第一军分区授予沈杰大功功臣称号。不久，沈杰担任县独立团一营副营长、团作战参谋。

沈杰烈士之墓

1948年1月18日，在泰兴县广陵区大王庄，县独立团一举歼灭敌黄桥守军二十三师的一个军官教导大队。20日下午，敌二十三师以一个团的兵力，报复性袭击县团驻地广陵区印家院，沈杰带领战士掩护同志们后撤，不幸头部中弹牺牲，年仅29岁。

5月，中共靖泰县委、靖泰县民主政府为沈杰举行隆重的追悼大会，县委书记兼县独立团政委汪青辰亲自为沈杰撰写长篇悼词。

尤顺根

尤顺根，1926年4月生，靖江侯河乡三圩村人。1943年2月参加革命，1947年加入中国共产党。曾任靖江独立团一营一连七班班长。一连号称“老虎连”，尤顺根则是“老虎连”中出了名的“小老虎”，他率领全班战士英勇杀敌，屡立战功。夹港战斗中，他手腕中弹，急需手术治疗。当时因麻药紧缺，他硬是把麻药让给其他伤员用，自己则叫医务人员将他绑在长凳上进行手术。张莫天战斗中，他率领全班战士杀出一条血路掩护部队撤离。此外，在蔡家市桥、中心桥、大王庄等一系列战斗中，他都有出色表现，多次立功受奖。1948年1月20日，牺牲于泰兴县广陵区印家院战斗中。

缪金根

缪金根，1915 年出生在靖江大觉乡夏仕村李家桥埭一个贫苦农民家庭。4 岁时生母病故。只受过几年启蒙教育便辍学在家。1942 年年底参加乡农会和民兵组织，1943 年加入中国共产党，历任长安区筱山乡民兵大队长，柏木区游击队副队长，靖江独立团八、五、三、四连副连长、连长等职。1948 年 4 月 7 日，在正东圩战斗中牺牲。

抗日战争时期，缪金根带领乡基干民兵、区游击队员，积极开展反“清乡”、反伪化斗争，打击下乡烧杀抢掠的日伪军。1945 年 8 月，日本无条件投降后，他奉命率领柏木区民兵反攻营攻打靖江城南门，组织民兵进行政治喊话，为收复靖江城作出了贡献。

解放战争时期，缪金根率领柏木区游击队跟随区委书记朱清、区长缪干，多次深入到靖江城、八圩港、柏木桥之间的敌占区，打击土顽，镇压反动分子。1946 年 4 月 15 日，华中野战军第七纵队反击侵占新港市的国民党军队。战前，缪金根率领区队配合野战军侦察地形、了解敌情；战后，他发动丰宁乡民兵活捉逃敌 10 余名。7 月，国民党军队向苏中解放区发动全面进攻，缪金根率领区队参加季(家市)南阻击战。10 月 18 日，缪金根率区队配合县团攻克柏木桥敌据点。25 日，敌三路“清剿”长安区，缪金根率区游击队在马路埭击退敌一路，毙伤敌 17 人。11 月，国民党对靖东进行第一期重点“清剿”，缪金根任靖江独立团新组建的八连连长，随独立团副参谋长、靖东大区区委书记贾剑平行动。

1947 年 1 月底，靖东被敌全面占领。八连撤销建制，大部分人员并入一连，其余部分由缪金根带领，依托如皋县江安区，夜进夜出靖东地区锄奸反霸、反顽化。3 月，五连转移到如皋地区，缪金根调任五连副连长，随县委副书记汪青辰和柏木区区委书记朱清、区长缪干行动。是月下旬，五连奉命北撤至海安县，进入被敌占领的台南区，缪金根参加了大范庄等战斗。6 月，五连一个排并入三连，缪金根任三连副连长。8

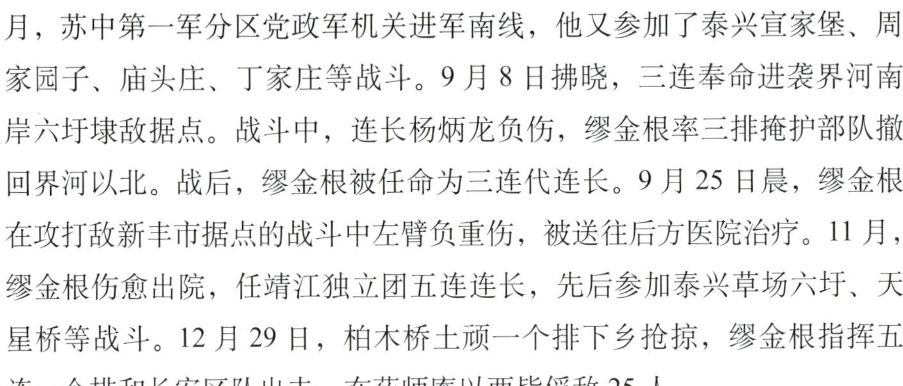

月，苏中第一军分区党政军机关进军南线，他又参加了泰兴宣家堡、周家园子、庙头庄、丁家庄等战斗。9月8日拂晓，三连奉命进袭界河南岸六圩埭敌据点。战斗中，连长杨炳龙负伤，缪金根率三排掩护部队撤回界河以北。战后，缪金根被任命为三连代连长。9月25日晨，缪金根在攻打敌新丰市据点的战斗中左臂负重伤，被送往后方医院治疗。11月，缪金根伤愈出院，任靖江独立团五连连长，先后参加泰兴草场六圩、天星桥等战斗。12月29日，柏木桥土顽一个排下乡抢掠，缪金根指挥五连一个排和长安区队出击，在药师庵以西毙俘敌25人。

1948年春节后，缪金根率五连参加泰兴大王庄、印家院、下六圩港和城黄路等战斗。3月，县独立团组建二营，五连改为四连隶属二营，缪金根任四连连长。

缪金根既是一名优秀的基层军事干部，也是一名模范的基层思想政治工作者。他与战士情同手足，被所在部队指战员誉为“妈妈连长”。他要求严格，但从不骂人；态度和蔼，但从不放任。他爱兵如子，见到体弱或矮小的战士负荷重、走路困难，总是主动地帮助他们扛枪、背米袋；每到宿营地，总要到班、排看一遍，为战士挑血泡、盖被子。斗争最艰苦最紧张的时候，夏季服装是发布给大家自己缝制的，他除缝制好自己的服装外，总会帮助那些不会针线的干部、战士缝制。平时，有的战士衣服坏了，他就利用晚上休息时间帮助补好。缪金根的妻子陈玉英曾因丈夫脚上被草鞋磨起了泡，赶做了一双布鞋送到部队。缪金根十分珍惜这双鞋，一直打在背包里舍不得穿。不久，连队补充了十余名解放战士，其中一位战士的鞋破了，脚趾头露在外面。他将这名战士领到他住宿的地方，将背包里的那双鞋送给了他。那位战士回到班里知道那双鞋的来历后，忙恭敬地将鞋捧送给连长。缪金根告诉他人民军队官兵平等，亲手为这位战士穿上了那双鞋。

1948年4月7日上午，敌分两路进犯上六圩港北中心桥、正东圩，县独立团一营在正东圩与敌遭遇，二营奉命于北中心桥阻敌增援。缪金根率四连一举打垮敌先头部队一个营，毙伤敌100余人，为一营的胜利创造了条件。战斗中，缪金根英勇牺牲。

肖学剑

肖学剑，1925年11月出生在靖江红光乡义丰村肖家埭一个农民家庭。7岁入乡塾读书，1941年于泰兴清水潭中学毕业。1942年在红光乡法喜庵小学任教。1943年参加革命，1944年加入中国共产党，历任泰兴县武工队文化教员、公安局股长，曲霞区副区长、区长，靖泰独立团作战参谋等职。1948年8月11日在季黄线战斗中牺牲。

1941年的一天，日军下乡“扫荡”，打死清水潭中学学生徐怀荣。肖学剑义愤填膺，弃学回家寻找革命组织。不久，他与中共靖江太和区委取得联系，以教师身份在法喜庵小学安身。他利用家靠新镇市敌据点的有利条件，注意伪军动向，协助太和区委的同志袭扰伪军；到据点边缘地区贴标语、发传单，团结动员群众反抗日伪军。

1943年4月14日，肖学剑到杜家埭了解敌情时被敌人抓捕。由于他守口如瓶，只讲自己是个教师，经亲戚杨鼎山(两面派乡长)保释回家。

此后，肖学剑到泰兴县武工队任文化教员，后任县公安局股长。1946年下半年，任曲霞区副区长。9月，肖学剑发现西焦家堡的几个坏人秘密购买枪支弹药，准备迎接“还乡团”，遂报告中共泰兴曲霞区委铲除了隐患。

10月，驻扎在十里甸的敌保安中队到焦家堡抢粮抢草，肖学剑带领区队设伏，狠狠打击这股敌人，大大鼓舞了军民斗志。老百姓自愿向曲霞区游击队缴粮，华中币也在这里得以流通。

1947年1月21日，驻扎在十里甸、姚家埭据点的敌一〇二旅三〇六团一部，包围驻守在老庄的曲霞区游击队。由于肖学剑早有准备，区队立即转移，未受损失。2月5日，敌人又梦想包围移驻朱家港的区队，肖学剑再次指挥区队沉着退敌。19日上午，姚家埭敌自卫队又进犯朱家港。这次肖学剑率领区队埋伏在朱家港两侧，毙伤敌5人，并营救出被抓的共产党员和进步群众。

4月，肖学剑奉命北撤到东台一分区教导队学习。8月又随军南下。

10月任曲霞区区长。是月下旬，他率领区队配合靖泰独立团先后参加陈公堂、太平圩、张家桥等战斗。11月25日，敌人将从曲霞镇太平圩一带抢来的物资用船运往泰兴城，肖学剑带领区队在鞠家湾伏击，打得敌人东窜西逃，截获船上所有物资并全部发还给群众。群众高兴地说："曲霞来了一位会打仗的区长"。

这年底，曲霞区基本上摧毁了敌人设置的据点，建立了比较稳定的阵地。肖学剑又动员群众揭发控诉反动地主富农复田倒租的罪行，通过民主选举建立乡、村人民政权。

1948年初，肖学剑调靖泰独立团任作战参谋。4月6日，他协助团首长组织正东圩战斗，活捉了土匪头子沈其高。13日，参加县团攻打朱家长埭敌据点，歼敌一个保安中队。

8月10日晚，军分区为打破敌人的"江防体系"，发起季黄线战斗。肖学剑与靖泰团二营一起，坚守在如皋八户庄阵地阻敌支援。次日凌晨，肖学剑牺牲在敌人的炮火下。

吴克成

吴克成，1913年4月生，靖江惠丰乡人。少时家贫，父母靠种租田和做笆箕维持生计。1924年，他在左邻右舍和封头坝小学教师的资助下入学。1928年，考入靖江县实验小学。1930年，考进了无锡洛社乡村师范学校。九一八事变后，他与一批同学参加了去南京向蒋介石请愿和募捐声援东北抗日义勇军的活动。他还利用寒暑假回乡探亲的机会，联络邀集封头坝小学同学，向他们宣传抗日救亡运动。

1934年，吴克成从洛社乡师毕业后，在无锡的扬毛岸小学任教。1937年，由于日军侵略，扬毛岸小学被迫停办，吴克成回到靖江。1938年，他在家乡恢复办起封头坝小学，除教学生识字外，还向学生灌输团结对敌、抵御外侮的思想。在他所教的学生中，有不少人后来走上革命道路。

1939年年底，吴克成加入中国共产党。1940年5月，中共靖江县工作委员会组织部长莫珊到靖西，与吴克成接上关系，以封小为基地，在沿江地区开展工作，迎接新四军东进。吴克成掩护莫珊，帮助他熟悉环境、联系群众。不久，下四圩建起党支部。封小成为共产党人、进步人士的秘密联络站和活动场所。

吴克成善于做群众工作。那时，中共靖江工委号召每个党员至少联系5名群众。吴克成尽管教学任务缠身，还是抽出时间做群众工作，仅秦家圩一处，他就联系了10多名进步青年。这些人中，有的后来入了党，有的成为抗日民主政府区乡干部。

吴克成注重从政治上关心同志。新四军东进前，有一位党员因为家人常拖后腿，滋生了恋家思想和畏难情绪。为了帮助他，吴克成在支部会上语重心长地说："谁不思念自己的家庭？谁没有妻儿父母兄长？可如今日军横行，国民党反动派消极抗战，劳苦大众有家不能归。我们这些入党第一天就宣誓为共产主义奋斗终生的人，只有响应党的号召，奋起抗日，才能赢得中华民族的解放，才能换得千万个家庭的团聚和个人的幸福……"这个党员的思想受到触动，在会上作了深刻检查。

1941年底，吴克成奉调至靖西区党的秘密系统工作。次年2月，任靖中区特派员。吴克成凭着一颗赤胆忠心，在侯河区二圩埭以私塾先生的身份隐蔽下来。

吴克成在自己干好秘密工作的同时，还影响和带动其他同志安心本职工作。1944年，党为了加强对敌占区工作的领导，以配合即将到来的大反攻，决定派出大批干部打入敌人心脏。这年2月，长期在根据地工作的朱敏信，被调到敌伪统治下的靖江城做地下工作，但一时不适应在敌人鼻子底下过"小媳妇"的生活。吴克成开导朱敏信："共产党员有时要做有名英雄，有时要做无名英雄。能不能做好无名英雄，更能考验一个党员的品质和忠诚。"朱敏信至此安心于地下工作。

1944年，吴克成转入中共靖江秘密县委城市工作部任科长，他通过内线关系获取敌人情报，为次年收复靖江城作出了贡献。

1946年解放战争开始后，吴克成调至中共靖江江边渔民工作委员会

（简称江工委）任组织科长。从靖中区特派员到江工委组织科科长，职务低了，可吴克成对名誉地位从不计较，一门心思扑在革命事业上。他在江工委的领导下，带领渔民和船民进行水上斗争，配合新港市政府惩处了作恶多端的渔霸。

1946年4月，吴克成调任太和区区长。他带领全区群众参加“五四”土改，配合县独立团打击敌人、惩治汉奸。有一次，国民党七区区长魏松祺手下的爪牙王歪嘴，抓走一名区游击队队员。吴克成闻讯随即带一个班的游击队员冒雨赶去，当场击毙了正在喝酒、庆贺胜利的王匪及其同伙三人，救出了自己的同志。

1947年10月，吴克成调任县特派员，负责全县党的秘密工作。他领导全县各区特派员，发展秘密党组织和关系人；利用敌人之间的矛盾，分化瓦解敌人；通过关系购买军需品和敌占区的报刊杂志，转送解放区。他还积极做好各阶层人士的统战工作，向他们阐明当时全国主要战场的斗争形势，介绍解放区的情况，揭露国统区的黑暗，宣传农村土改政策和城市工商业政策，以巩固斗争成果、安定人心。

1948年10月12日，天下着大雾。吴克成到靖城外围联系工作，走到城北杨太乡李园子附近时，与敌二十一师的一个巡逻班遭遇。敌人隔着两条河开枪射击，吴克成被子弹打中左臂大动脉，顿时鲜血直流。他右手紧握伤口，忍痛走回驻地。区特派员闻靖为他简单包扎后，立即将他送往县独立团所在地太和区水三圩。当时，县独立团卫生队因条件所限，无法输血抢救，吴克成终因失血过多不幸牺牲。

朱学才

朱学才，1929年生，靖江季市人。1945年10月入伍，1946年2月加入中国共产党，曾任华中建设大学学员，华中军区测绘队队员，华野三纵司令部书记员。1948年4月入东北老航校三期飞行班，1949年11月毕业。1950年6月毕业于航空兵第六航校速成班。中国人民解放军第一支航空兵部队——空军混成四旅成立时，朱学才是十团38位作战飞行员之一，曾受到朱德总司令、陈毅元帅的接见。抗美援朝战争期间，朱学才是空四师英雄团队——十团二十八大队飞行员，担负上海市的防空任务。1951年1月，朱学才在飞行作战编队训练中牺牲，年仅21岁。他的名字被镌刻于北京航空博物馆空军英烈碑墙。

1950年第六航校速成班学员合影
（二排左起第三人为朱学才）

赵锦标

赵锦标，1962年10月年出生于靖江越江乡，是家中长子。1982年1月，赵锦标被批准入伍，成为一名中国人民解放军战士。

入伍后，赵锦标成为一名炮兵。刚到炮兵班时，第一次参加考核，他得了两个不及格。但他不气馁，默默地苦练。火炮基本操作是他的薄弱环节，他虚心向老炮手请教；班里只有一门炮，他放弃休息时间操练；密位公式计算是个难点，他从理解原理入手，一遍又一遍地演算。年终，师里进行专业比赛，他以优异成绩名列榜首，被评为“神炮手”。他是全团同年新兵中入党最早的一个，入伍第一年就担任了班长。训练时，他常常抢着背炮身。他对班里战友说：“你们体质不如我，扛炮我包了。”连队冒雨演练昼夜奔袭，回到宿营地后，战士们一个个疲惫不堪，他忙着为战友烧姜汤。战士们提到他都赞不绝口：“我们的班长军事技术好，以身作则好，关心同

志的那颗心好！”

1984年7月，赵锦标奉命随部队赴滇参加对越自卫反击战。他在给父母的遗书中写道：“敌人在我边境肆无忌惮地侵我领土，杀我边民，辱我民族。作为一名军人，维护领土完整，保卫祖国安宁，是我义不容辞的责任。”

赵锦标所在的八二无后坐力炮班刚开始配属在二线步兵分队，当得知在一线阵地防御的五连二排战士常被敌暗火力击伤时，他三次到前线指挥所求战，终于获批一线作战。

1985年1月3日是赵锦标带领炮班来到五连二排阵地的第一天。早晨7点钟，他与副班长姜金龙、战士程彬，在大雾掩护下悄悄潜伏到距阵地前沿50多米的地方。4小时后，浓雾散尽，敌阵地清晰可见。突然，他发现一个岩洞里伸出了乌黑的重机枪管，便迅速测准距离，指挥姜金龙将首发炮弹打进了敌岩洞。为了防止敌人报复，他拉起姜金龙飞快地向右机动30米，又将第二发炮弹射进岩洞。敌重机枪瞬间瞎火。

1月10日上午10点30分，赵锦标隐约看到一个班的敌人扛着重机枪钻进了一个地堡。他马上指挥战士程彬，利用雾散的瞬间对敌射击，只一发炮弹就摧毁目标。在配合步兵第五连的防御战斗中，他们共摧毁敌地堡、火力点5个，迫使敌人向阵地纵深龟缩。

2月11日下午1时，赵锦标带领炮班随四连二排收复被敌人占领的AL据点。坚守阵地两天一夜后，四连二排奉命撤出阵地。按常规，重火器先撤。但赵锦标眼看敌人不断地对本方阵地进行火力攻击，便向二排排长王波建议：“步兵先撤，我带两名炮手断后。”当他和王波、程彬等最后撤离时，敌炮火疯狂阻拦，程彬被炸伤。赵锦标扑过去想为程彬包扎时，又一发炮弹袭来，赵锦标双腿被炸掉、胸腹部多处受伤。王波把他抱到岩石下隐蔽好，他费力地指指自己的挎包，又指了指负伤的王波和程彬。王波在他的挎包里取出的竟是一筒水果罐头！这是他在阵地上没舍得吃、专留给伤员的。王波含泪抽出刺刀，“噌噌”刺开罐头，送到他的嘴边。他轻轻却坚定地推开，两眼热切地盯着王波，直看到王波低头喝了一口果汁，终于露出满意的微笑。王波流着泪，将罐头再次送到他的唇边，可他那抹满意的微笑已经凝固。他带着对战友的深情厚谊永远地离去。

赵锦标牺牲后，他生前所在部队党委给他追记一等功，昆明军区授予他“神炮手”光荣称号。

钱灿贤

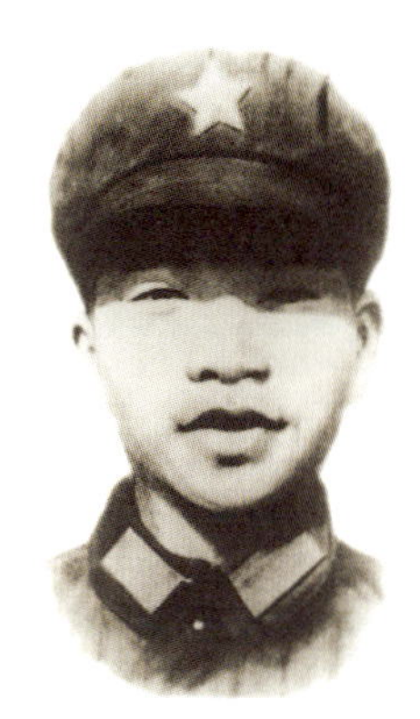

钱灿贤，1964年11月出生在靖江大觉乡。中学时期，他特别爱看一些战斗影片，董存瑞、黄继光、杨根思、王成等战斗英雄的事迹在他脑海中留下深深的印象。

1982年1月，钱灿贤被批准入伍，入伍第一年就入了团，并被评为优秀团员、学习标兵。1984年，上级决定在钱灿贤所在部队抽调部分思想作风好、军事技术过硬的战士开赴老山前线。钱灿贤先后三次打报告、两次写血书，强烈要求到前线去接受祖国和人民的考验。

1984年7月，钱灿贤和战友们一道接受了临战前3个月的军事技术训练，钱灿贤的军事技术考核获全连第二名。

1985年初，上级把攻打老山166阵地的任务交给钱灿贤所在的三连。为此，连党支部决定成立一支“党员敢死队”。钱灿贤虽然还只是一名共青团员，却先后5次主动找连队首长请战，恳求成为“敢死队”的一员。但连队第一次确定的“敢死队”名单中并没有他。论他的技术，他称得上是一位好兵。但能否成为一名“敢死队员”，还有一个极其重要的考虑，这就是有没有宁死不当俘虏、与敌人同归于尽的思想准备？

在一次军事民主会上，钱灿贤果断地回答了连首长提出的有关战法的问题。连首长突然又问：“假如你被敌人包围了，你打算怎么办？”钱灿贤毫不犹豫地回答：“与敌人拼。拼一个够本，拼两个赚一个，最后与敌人同归于尽！”

“敢死队”终于破格吸收了钱灿贤。于是，这支共产党员组成的队伍中，加入了一名共青团员。

3月8日凌晨，钱灿贤和战友们一道，仅用94分钟，就一举攻占了166主峰，他也成为第二个攻上主峰的敢死队员。战斗中，他毙敌5名、炸敌石洞1个。恶战之后，除了他和战友赵开洪外，“敢死队”的其他战友全都英勇牺牲。

这时，连指导员通过步话机呼叫：“你们已完成任务，快下阵地休整！”可钱灿贤看着阵地上战友们的鲜血，坚定地回答：“那么多同志牺牲了，我不能下去！”他与赵开洪相互激励，坚守在最危险、最重要的一号哨位上，当天夜里又击退了小股偷袭的敌人。

3月9日夜，敌军又出动一个排的兵力，三次对166阵地一号哨位进行反扑。钱灿贤和战友一次又一次地打退敌人的进攻。战友赵开洪牺牲了，防炮洞也被炸塌了。此时，敌军又一次向这只剩下他一个孤胆英雄的30米宽的哨位发起冲锋。面对强敌进逼，钱灿贤一会儿冲到这儿，一会儿冲到那儿，机智地阻击敌人。

他打完最后一颗子弹，敌人还在往上冲，钱灿贤抱起石头往下砸。敌人发现他已没有子弹，便“嗷嗷”怪叫着扑上来要“抓活的”。

在这生死关头，钱灿贤纵身跳入敌群，引爆了腰间最后一颗留给自己的“光荣弹”，与敌人同归于尽！

这是1985年3月10日的午夜时分。钱灿贤走完了他21年短暂而光辉的历程。

季和平

季和平，又名季小平，1966年2月生，靖江斜桥镇斜桥村人。1983年10月参军入伍。系南京军区后勤部第一船舶运输大队内河中队NI114船(83517部队)少尉，正排职船员。

1989年4月28日，季和平所在的NI114船在执行军事运输任务返航途中，突遭十级狂风和七八米高巨浪的袭击，跳板和缆绳被掀到船沿。

季和平为保护国家财产，主动冒险冲到船首固定跳板和帆缆器材，并检查船舱密封情况。突然，一个巨浪将他掀到四五米远的油舱甲板上，他紧紧抓住舱面输油管道才幸免卷入江中。随后，他积极协助船长加强瞭望，与战友一起准备救生器材，又冲向船顶，用信号旗向主航道上过往的船只发出求救信号。当船艇严重失控时，他根据船长指示，立即封闭机舱，以保持船尾浮力、延缓船体下沉速度。船上 8 人弃船下水，凭借唯一可以逃生的橡皮舟随风浪漂浮。橡皮舟超载，危及到 8 人的生命安全。季和平不顾自己水性较差、耐力不够的危险，发扬无私无畏的精神，主动弃舟下水，只身与狂涛恶浪抗争，终因体力不支而被巨浪吞没。是年5月，部队党委追认他为中国共产党党员。

郁建兴

郁建兴，1964 年生，靖江西来镇人。1980 年，16 岁的郁建兴以高分考取中国人民解放军防化指挥工程学院。毕业后直接考入该院工程系攻读硕士学位。1989 年考入北京医科大学攻读博士学位，由于成绩突出，1991 年获“光华奖”。1994 年，身为博士的郁建兴谢绝许多公司的高薪聘用，重新回到防化指挥工程学院，登上讲台。2001 年，郁建兴任该院化学防护系主任。执教期间，他为研究生、本科生、士官生等不同层次的培养对象授课，即使担任领导职务之后，每年授课也在 200 学时以上，为全军培养了一批高素质的新型防化人才。他编写出版近百万字的《有机立体化学》《核生化大辞典》等教材和图书，在国内外期刊和学术会议上发表、交流论文 30 多篇；数次承担国家和军队重要科研课题，并多次获奖。因工作成绩突出立三等功，并被评为“优秀教员”。为减少化学武器给人类带来的灾难，他倾尽 10 年心血，进行防化试剂的研究，终于在关键环节上获得重大突破，填补全军在这一研究领域的空白。

2002 年 12 月，郁建兴作为化学武器专家，受中国政府派遣，赴伊拉克执行联合国对伊武器核查任务，并任化学视察组组长。他和他的组员要核查伊拉克数百个设施，有的核查地点距他们的驻地巴格达四五百千米，乘坐直升机也需 3 个多小时，核查结束回来还要整理核查结果、书写核查报告，有的报告仅数据就达几十页，任务十分艰巨。最艰苦的是到化工厂核查，为确保安全，核查人员必须身穿气密性很强的防护服，在 30 多摄氏度的高温下工作。郁建兴每天要在这样的环境下工作 12 小时以上，一天下来衣服全被汗水湿透。由于长期战乱和经济制裁，伊拉克物资十分匮乏。郁建兴每次外出核查，都要自带饮水和干粮。即使在宾馆就餐，也只有撒点食盐的水煮蔬菜。

郁建兴烈士墓

2003 年 3 月初，伊拉克局势进一步恶化，战争一触即发。一些国家的核查人员纷纷撤离伊拉克，但郁建兴决定留下。他发给学院的电子报告中说："联合国监核会希望我工作到今年 6 月份，我恳请院首长同意我继续留在伊拉克，完成核查工作。"2003 年 3 月 13 日，郁建兴完成一次核查任务后返回巴格达。途中，他乘坐的越野车与一辆大卡车相撞。郁建兴头部受重伤，经抢救无效牺牲，年仅 39 岁！

郁建兴牺牲后，胡锦涛同志称赞他是中国优秀的武器核查专家。江泽民同志给他的家属发去唁电。时任联合国秘书长安南称赞他是联合国监核会一位忠于职守、深受赞誉的成员，对他为崇高的和平事业所做的贡献深表敬意。各个国家的核查人员一致决定：以后每一次化学武器核查报告上，都要签上郁建兴的名字，以纪念这位杰出的化学武器专家和国际和平卫士。

2003 年 3 月 24 日，民政部追认郁建兴为革命烈士。

革命烈士简介

靖城街道革命烈士

1942

汤定波 男，1912 年生，靖城街道人。1938 年 8 月参加新四军，1939 年 4 月加入中国共产党，新四军军部教导总队干事，1941 年 1 月在皖南事变中被捕。1942 年赤石暴动前夕的 6 月 16 日，被国民党秘密杀害于福建省崇安县（今武夷山市大安镇）。

瞿 淑 女，1912 年 5 月生，靖城街道东大街人。1937 年参加革命，1938 年在延安抗日军政大学加入中国共产党，1941 年 1 月在皖南事变中被捕。1942 年 6 月 19 日被国民党杀害于福建省崇安县（今武夷山市赤石镇）。

1943

陈安人 男，1909年生，靖城街道东郊村人。1936年8月参加革命，1939年10月加入中国共产党，历任中共靖江七区、城区委员会书记等职。1943年1月20日在五圩港东岸与敌作战时牺牲。

仇孝根 男，1923 年 3 月生，靖城街道进步村人。1940 年 8 月参加革命，1941 年加入中国共产党，县独立团侦察班班长。1943 年 4 月在生祠堂执行侦察任务时遇敌作战中牺牲。

曹焕镳 男，1914 年生，靖城街道人。1937 年 4 月参加革命，八路军 10 支队宣教队长。1943 年 5 月在山东省莒南县牺牲。

陈炳祥 男，1902 年 5 月生，靖城街道友仁村人。民兵。1943 年 7 月在马桥战斗中牺牲。

季少堂 男，1921 年 4 月生，靖城街道友仁村人。1941 年加入中国共产党，苏中第三军分区特务团 4 连连长。1943 年 8 月在如皋县作战时牺牲。

1944

瞿少生 男，1919 年 5 月生，靖城街道友仁村人。1939 年 9 月参加革命，1941 年加入中国共产党，侯河区龙王乡指导员。1944 年 3 月与下

乡“扫荡”的伪军作战时牺牲。

肖增荣 男，1922 年生，靖城街道汤家村人。1941 年参加革命，中国共产党党员，县独立团排长。1944 年 6 月在柏木区罗家桥作战时牺牲。

王汝荣 男，1924 年 9 月生，靖城街道汤家村人。1943 年 11 月参加革命，县独立团战士。1944 年 7 月 23 日在泰兴县霞幕圩战斗中牺牲。

侯百根 男，1926 年 9 月生，靖城街道进步村人。1941 年 10 月参加革命，1942 年加入中国共产党，县独立团 2 连班长。1944 年 7 月 23 日在泰兴县霞幕圩战斗中牺牲。

刘辉祖 男，1914 年 8 月生，靖城街道正西村人。1942 年 1 月参加革命，同年 10 月加入中国共产党，东兴区正新乡乡长。1944 年 8 月被敌杀害于当地。

卢梓根 男，1917 年 5 月生，又名卢子根，靖城街道东郊村人。1943 年参加革命，1944 年加入中国共产党，县独立团战士。1944 年 10 月在太和区新丰市作战时牺牲。

刘德培 男，1917 年 2 月生，靖城街道正西村人。东兴区正新乡村财政员。1944 年 11 月因征收公粮被敌杀害于城北真武殿。

刘海郎 男，1918 年 9 月生，靖城街道正西村人。1944 年 4 月加入中国共产党，东兴区正新乡村农会会长。1944 年 11 月因征收公粮被敌杀害于城北真武殿。

朱明川 男，1923 年生，又名朱名川，靖城街道东郊村人。1943 年参加革命，新四军 1 师 2 团战士。1944 年在南通县作战时牺牲。

1945

丁九位 男，1920 年 1 月生，靖城街道友仁村人。1943 年 8 月参加革命，县独立团战士。1945 年 6 月在马达河与敌作战时牺牲。

季少怀 男，1923 年 9 月生，靖城街道友仁村人。1941 年 7 月参加革命，同年加入中国共产党，苏中第一军分区特务团 2 营 5 连 1 排排长。1945 年 9 月 11 日在收复泰兴县城时牺牲。

季卫根 男，1923年10月生，靖城街道友仁村人。1941年参加革命，苏中第三军分区战士。1945年9月在如皋县分界战斗中牺牲。

1946

鞠永前　男，1926年5月生，靖城街道城西社区人。侯河区长里乡三村村长。1946年5月被敌投江杀害。

刘哲甫　男，1920年生，靖城街道汤家村人。1945年3月参加革命，县独立团侦察班长。1946年10月在斜桥执行侦察任务时牺牲。

季福林　男，1923年2月生，靖城街道友仁村人。1941年参加革命，1942年加入中国共产党，华东野战军11纵队95团3营7连排长。1946年11月在如（皋）（南）通线作战时牺牲。

陈金来　男，1922年生，靖城街道小关庙社区人。民兵。1946年被敌投江杀害。

1947

商金坤　男，1922年6月生，靖城街道龙王村人。1946年参加革命，中国共产党党员，县独立团连指导员。1947年2月在长安区长安市十皇殿被敌杀害。

黄少虎　男，1913年11月生，又名黄孝虎，靖城街道龙王村人。1942年参加革命，1943年加入中国共产党，侯河区游击队副队长。1947年4月1日遭敌杀害于泰兴县广陵镇。

费金荣　男，1928年生，靖城街道小关庙社区人。1943年参加革命，华东野战军11纵队电台工作人员。1947年5月在海安县李堡战斗中牺牲。

黄秀荣　男，1919年1月生，靖城街道龙王村人。1943年2月参加革命，1944年加入中国共产党，华东野战军11纵队32旅95团连长。1947年6月在泰兴县珊瑚庄战斗中牺牲。

杨根发　男，1922年2月生，靖城街道虹兴社区人。1944年11月参加革命，县公安局保卫员。1947年6月在泰兴县黄桥镇附近莲花庵战斗中牺牲。

刘炳康　男，1929年5月生，靖城街道靖西村人。1945年5月参加革命，华东野战军11纵队95团通讯员。1947年8月在兴化县作战时牺牲。

季网成　男，1923年8月生，靖城街道友仁村人。1943年加入中国共产党，华东野战军11纵队95团侦察班长。1947年8月在兴化县作战

时牺牲。

任佐勋 男，1928 年 8 月生，靖城街道龙王村人。1944 年参加革命，县独立团 2 营 4 连战士。1947 年 8 月在季（家市）黄（桥）路作战时牺牲。

侯根元 男，1926年5月生，靖城街道进步村人。1942年参加革命，1943年加入中国共产党，华东野战军67师199团2营战士。1947年11月在安徽省宿州褚兰镇作战时牺牲。

苏富庆 男，1923年生，靖城街道布市里社区人。1945年解放入伍，苏中第一军分区特务团战士。1947年在海门县作战时牺牲。

吕汉生 男，1931年生，靖城街道柏木村人。1944年参加革命，县独立团战士。1947年在孤山区作战时牺牲。

朱　毅 男，1927年生，靖城街道布市里社区人。1947年参加革命，东兴区区公所文书。1947年在坚持原地斗争中被敌杀害。

1948

沈　杰 男，1919年10月生，靖城街道龙王村人。1940年参加革命，中国共产党党员，县独立团1营3连连长、副营长，团作战参谋。1948年1月20日在泰兴县广陵区印家院战斗中牺牲。

季长根 男，1925 年 8 月生，靖城街道友仁村人。1943 年加入中国共产党，侯河区龙王乡民兵队长。1948 年 5 月在对敌斗争中牺牲。

刘鉴荣 男，1913 年 3 月生，又名刘建荣，靖城街道友仁村人。1943 年参加革命，同年加入中国共产党，侯河区龙王乡乡长。1948 年 6 月在孤山区桑木桥战斗中牺牲。

毕辉初 男，1908 年 9 月生，靖城街道龙王村人。1939 年 6 月参加革命，中国共产党党员，乡财政员。1948 年 7 月在海安县牺牲。

陈惠华 男，1927 年生，靖城街道布市里社区人。1943 年 2 月参加革命，1944 年加入中国共产党，华东野战军 11 纵队 32 旅 95 团副排长。1948 年 8 月在南通县新生港作战时牺牲。

刘银生 男，1920年6月生，靖城街道西郊村人。1940年参加革命，华中第一军分区特务团战士。1948年10月在紫石县白米战斗中牺牲。

徐楼成 男，1928年生，靖城街道北大街社区人。1944年参加革命，华中第一军分区特务1团2营5连6班战士。1948年10月在泰县姜堰战斗中牺牲。

朱立明 男，1923 年生，靖城街道人。1941 年参加革命，华东野战军某部战士。1948 年在山东省济南作战时牺牲。

孙凤祥 男，1921 年生，靖城街道柏木村人。1947 年参加革命，华东野战军某部战士。1948 年在淮海战役中牺牲。

卢 新 男，1924年5月生，靖城街道柏木村人。1947年解放入伍，华东野战军某部360团1连战士。1948年在淮海战役中牺牲。

赵富生 男，1926 年生，靖城街道东郊村人。1946 年参加革命，中国共产党党员，华东野战军某部战士。1948 年在淮海战役中牺牲。

1949

毛培郎 男，1925 年 9 月生，靖城街道光明村人。1946 年解放入伍，县独立团 1 连战士。1949 年 4 月在渡江战役中牺牲。

李聆音 男，1925 年生，靖城街道团结路社区人。1946 年参加革命，小学教师。1949 年 7 月在江阴县南闸夏征时牺牲。

黄锡荣 男，1916 年生，靖城街道龙王村人。1948 年 12 月参加革命，第三野战军 23 军 69 师 205 团 2 营 4 连机枪班长。1949 年 10 月遭敌机袭击牺牲。

许浩丰 男，1922 年 5 月生，靖城街道龙王村人。1948 年解放入伍，第三野战军 22 军 66 师 196 团战士。1949 年 10 月在浙江省舟山群岛战斗中牺牲。

丁炳成 男，1928 年 3 月生，靖城街道友仁村人。1948 年 6 月解放入伍，第三野战军 22 军 61 师 182 团战士。1949 年 11 月在浙江省舟山登步岛战役中牺牲。

1950—1959

刘 铠 男，1921 年 3 月生，靖城街道人。第三野战军某部 203 团战士。1950 年 6 月 29 日在浙江省舟山群岛战斗中牺牲。

刘荆根 男，1924 年 4 月生，又名刘金根，靖城街道龙王村人。1946 年 8 月参加革命，中国共产党党员，第三野战军 29 军 86 师 258 团

2 连指导员。1950 年 7 月在攻打金门附近的大担岛时牺牲。

林明基　男，1919 年 1 月生，靖城街道人。1940 年参加革命，1942 年加入中国共产党，中国人民志愿军第 9 兵团某部战士。1950 年 11 月 27 日在朝鲜咸镜南道长津湖战役中牺牲。

朱网根　男，1925 年 10 月生，靖城街道东郊村人。1948 年解放入伍，第三野战军 24 军 70 师 210 团 2 营 4 连战士。1951 年 9 月 11 日在浙江省平湖县牺牲。

孙德明　男，1926 年 6 月生，靖城街道城西社区人。1949 年 5 月参加革命，中国人民志愿军炮兵第 7 师 20 团炮手。1951 年 9 月在朝鲜战场上牺牲。

刘积堂　男，1931 年 2 月生，靖城街道靖西村人。1951 年 2 月入伍，中国人民志愿军 24 军 70 师高炮营战士。1952 年 12 月在朝鲜战场上牺牲。

瞿金芝　男，1928 年 12 月生，靖城街道友仁村人。1948 年 10 月参加革命，中国共产党党员，中国人民志愿军某部副连长。1953 年 1 月在朝鲜中坊洞战斗中牺牲。

瞿金芝烈士

陈凤林　男，1928 年 3 月生，靖城街道柏木村人。1951 年 7 月入伍，中国人民志愿军 24 军 72 师 216 团战士。1953 年 6 月在朝鲜战场上牺牲。

刘小和　男，1932 年生，靖城街道柏木村人。1951 年 7 月入伍，中国人民志愿军 24 军 70 师 209 团战士。1953 年 6 月在朝鲜上甘岭战斗中牺牲。

吴金荣　男，1934 年 3 月生，靖城街道汤家村人。1951 年 7 月入伍，中国人民志愿军 24 军 70 师 209 团战士。1953 年 6 月在朝鲜五里山战斗中牺牲。

吕林生　男，1928 年生，靖城街道柏木村人。1951 年 3 月入伍，中国人民志愿军 24 军 72 师 216 团战士。1953 年 7 月在朝鲜战场上牺牲。

孙金根　男，1930 年生，靖城街道虹兴社区人。1950 年加入中国共产党，1951 年 3 月入伍，中国人民志愿军 24 军 70 师 208 团 2 营 6 连司务长。

1955 年 7 月在朝鲜战场上牺牲。

其他年份

顾雷雄 男，1924 年 10 月生，靖城街道人。1943 年 1 月参加革命，1945 年加入中国共产党，山东省淄博市周村区人武部副政委。1967 年 11 月在当地牺牲。

盛旭云 男，1936 年 10 月生，靖城街道人。1951 年入伍，1954 年加入中国共产党，武汉军区炮兵司令部作战处副处长。1971 年 6 月在安徽省金寨县古碑地区牺牲。

何光华 男，1954 年生，靖城街道人。1975 年 1 月入伍，1978 年 8 月加入中国共产党，江苏省军区独立第 6 团 3 营 8 连班长。1978 年 8 月在常州市战备训练中牺牲。

季锐锋 男，1962 年 8 月生，靖城街道人。中国人民解放军 92138 部队领航主任，海军上校，一级飞行员。2004 年 5 月 6 日在执行任务时牺牲。

鞠小钱 男，生卒年及经历不详。

顾雷雄烈士

盛旭云烈士

季锐锋烈士

新桥镇革命烈士

1940

王恒益 男，1917年生，新桥镇三太村人。1939年8月参加革命，中国共产党党员，新四军新四旅1团3营7连班长。1940年2月在昆山县周庄作战时牺牲。

1942

贾发信 男，1919年3月生，新桥镇太东村贾家圩人。1940年7月加入中国共产党，县抗日自卫总队第一游击大队副大队长兼指导员。1942年6月在东兴区恒吉乡聚兴圩战斗中被捕遇害。

黄步荣 男，1920年生，新桥镇益民村人。1940年加入中国共产党，东兴区游击队员。1942年10月在东兴区正东圩作战时牺牲。

朱永富 男，1916年生，新桥镇太和村人。1942年参加革命，县独立团战士。1942年10月在孤山区作战时牺牲。

毛小章 男，1923年生，新桥镇务本村人。1941年参加革命，新四军1师1团通讯员。1942年11月在泰兴县黄桥与日军作战时牺牲。

1943

钱博萍 女，1922年1月生，新桥镇孝化村人。1938年4月参加革命，中国共产党党员，县民运工作队队长。1943年4月在当地大圣庄被敌杀害。

曹　宏 男，1917年11月生，新桥镇礼圣村人。1941年加入中国共产党，太和区游击队队长。1943年被敌杀害。

1944

陆光友 男，1922年9月生，新桥镇新桥村人。1941年9月参加革命，太和区游击队员。1944年1月被敌杀害于泰兴县城。

樊锡才 男，1923年生，新桥镇太和村人。1942年参加革命，中国共产党党员，县独立团战士。1944年3月在泰兴县与日军作战时牺牲。

刘炳贤 男，1923年生，新桥镇太东村人。1943年参加革命，县独立团副班长。1944 年 4 月在东兴区与日军作战时牺牲。

张春宝　男，1920 年生，新桥镇滨江村人。1942 年参加革命，县独立团 3 连 3 排 7 班战士。1944 年 8 月在柏木区五号桥作战时牺牲。

马利良　男，1921 年 4 月生，新桥镇滨江村人。1942 年 5 月参加革命，中国共产党党员，县独立团战士。1944 年 8 月在柏木区五号桥作战时牺牲。

陈金荣　男，1919 年生，新桥镇新柏村人。1944 年 3 月参加革命，县独立团战士。1944 年 9 月在东兴区二圩港战斗中牺牲。

毛跃堂　男，1924 年生，新桥镇双龙村人。船民。1944 年 9 月前往苏南接地下工作者时被日军打死在船上。

刘金春　男，1918 年生，新桥镇礼圣村人。1940 年参加革命，同年加入中国共产党，太和区游击队副队长。1944 年秋在江阴县西龙港滩牺牲。

李松林　男，1915 年 9 月生，新桥镇务本村人。1941 年 9 月参加革命，中国共产党党员，地下工作者。1944 年 11 月在八圩港被敌杀害。

1945

周士明　男，1920 年生，新桥镇水三村人。1944 年 8 月参加革命，新四军浙西纵队 9 支队战士。1945 年 2 月在浙江省瑞安县梅山作战时牺牲。

张书生　男，1925 年 6 月生，新桥镇五星村人。1944 年参加革命，县独立团战士。1945 年 2 月在二圩港袁家庄战斗中牺牲。

王纪富　男，1924 年 2 月生，新桥镇太东村人。1943 年参加革命，县独立团 3 连短枪班班长。1945 年 3 月在新港战斗中牺牲。

田国宾　男，1925 年 1 月生，新桥镇新柏村人。1945 年 2 月参加革命，太和区游击队员。1945 年 4 月在泰兴县城牺牲。

朱仁青　男，1923 年 10 月生，新桥镇礼士村人。1943 年参加革命，同年加入中国共产党，县独立团副班长。1945 年 7 月在公所桥战斗中牺牲。

陶　俊　男，1924 年生，新桥镇益民村人。1943 年参加革命，苏中第三军分区特务团战士。1945 年 8 月在泰兴县黄桥作战时牺牲。

李德龙 男，1921 年 2 月生，新桥镇水三村人。1944 年 10 月参加革命，新四军 1 师 1 团战士。1945 年 8 月在射阳县作战时牺牲。

陈圣富 男，1929 年 9 月生，新桥镇礼圣村人。1944 年 7 月参加革命，苏中第三军分区特务团战士。1945 年 8 月在海安县李堡战斗中牺牲。

曹胜先 男 1924 年生，新桥镇水三村人。1944 年 1 月参加革命，县独立团 2 连班长。1945 年 11 月在太和区太阳堂战斗中牺牲。

孙伯恒 男，1915 年 5 月生，新桥镇新柏村人。1939 年 8 月参加革命，中国共产党党员，苏中第三军分区主力部队班长。1945 年 12 月在泰兴县双码头战斗中牺牲。

管成凤 男，1923 年 1 月生，新桥镇三兴村人。1942 年参加革命，县独立团战士。1945 年在长安区弯腰沟作战时牺牲。

1946

陈志朋 男，1919 年 4 月生，新桥镇新柏村人。1945 年 7 月参加革命，太和区游击队员。1946 年 3 月牺牲于泰兴县城。

蔡兆林 男，1908 年 3 月生，新桥镇三太村人。1945 年参加革命，中国共产党党员，太和区游击队队长。1946 年 3 月被捕后牺牲。

秦茂盛 男，1898 年生，新桥镇五星村人。1944 年参加革命，中国共产党党员，三元乡支部书记、指导员。1946 年 3 月被敌杀害。

李景成 男，1922 年 1 月生，新桥镇孝化村人。1943 年 6 月参加革命，县独立团 1 连班长。1946 年 3 月在紫石县白米阻击战中牺牲。

黄克东 男，1929 年 4 月生，新桥镇务本村人。1945 年 8 月参加革命，中国共产党党员，新四军 1 师 8 团班长。1946 年 3 月在泰兴县黄桥作战时牺牲。

姜如国 男，1921 年 5 月生，新桥镇孝化村人。1944 年 8 月参加革命，新四军 1 师警卫团战士。1946 年 4 月在南通县观音山战斗中牺牲。

李荣堂 男，1929 年生，新桥镇水三村人。1944 年 3 月参加革命，太和区游击队侦察员。1946 年 4 月被敌杀害。

常栋庭 男，1923 年 4 月生，新桥镇太东村人。1944 年 9 月参加革命，苏中第一军分区特务团班长。1946 年 4 月在海安县李堡战斗中牺牲。

沈明尚 男，1928 年 7 月生，新桥镇太和村人。1944 年 8 月参加革命，县独立团短枪班战士。1946 年 4 月在新港战斗中牺牲。

姚桂林 男，1921 年生，新桥镇新桥村人。1944 年 9 月参加革命，县独立团战士。1946 年 5 月在如皋县分界作战时牺牲。

谭志福 男，1925 年 11 月生，新桥镇孝化村人。1944 年 6 月参加革命，新四军 1 师 9 团机枪手。1946 年 8 月在泰兴县黄桥作战时牺牲。

黄光明 男，1924 年 2 月生，新桥镇新桥村人。1942 年 7 月参加革命，华中野战军某部战士。1946 年 9 月在涟水县作战时牺牲。

贾发章 男，1917 年生，新桥镇五星村人。1944 年参加革命，县独立团战士。1946 年 11 月牺牲于当地西圩头。

贾发明 男，1920 年生，新桥镇五星村人。东兴区三元乡民兵队长。1946 年 11 月在当地被敌杀害。

贾其铭 男，1926 年生，新桥镇太东村贾家圩人。1944 年加入中国共产党，县独立团 6 连支部书记。1946 年 12 月 28 日在白衣堂战斗中牺牲。

杨怀德 男，1922 年生，又名丁尼，新桥镇礼圣村人。1940 年参加革命，中国共产党党员，苏中第一军分区公安局科长，宝应县公安局副局长。1946 年 12 月在宝应县牺牲。

杨怀德烈士

王永贵 男，1925 年生，新桥镇益民村人。1944 年 3 月参加革命，苏中第一军分区特务团战士。1946 年在紫石县作战时牺牲。

杨怀荣 男，1926 年生，新桥镇礼圣村人。1945 年解放入伍，华中野战军 6 纵队 18 师 53 团战士。1946 年在山东省作战时牺牲。

冯恒贵 男，1925 年生，新桥镇太和村人。1942 年 10 月参加革命，苏中第一军分区特务团战士。1946 年在曲（塘）海（安）线作战时牺牲。

黄小狗 男，1928 年生，新桥镇五星村人。1945 年参加革命，苏

中第一军分区特务团战士。1946 年在战斗中牺牲。

黄裕和 男，1923 年生，新桥镇五星村人。1944 年参加革命，县独立团 7 连战士。1946 年牺牲。

潘文才 男，1922 年生，新桥镇南街人。1943 年加入中国共产党，苏中军分区主力部队战士。1946 年牺牲。

1947

贾其铎 男，1914 年生，新桥镇太东村贾家圩人。1941 年参加革命，1943 年 10 月加入中国共产党，太和区东南作战区游击队长。1947 年 1 月 3 日在东兴区二圩港战斗中牺牲。

施仁广 男，1920 年生，新桥镇五星村人。1941 年参加革命，县独立团 1 连 3 排排长，参加高桥、老庄头、季南、歇轰桥、夹港口等数十次战斗，多次荣立战功。1947 年 2 月 14 日在太和区八字桥战斗中牺牲。

王锦章 男，1929 年 10 月生，新桥镇滨江村人。1945 年参加革命，县独立团班长。1947 年 2 月 14 日在太和区八字桥战斗中牺牲。

王树庭 男，1923 年 7 月生，新桥镇五星村人。1945 年 5 月参加革命，县独立团班长。1947 年 2 月 14 日在太和区八字桥战斗中牺牲。

何建根 男，1906 年 7 月生，新桥镇新合村人。中国共产党党员，民兵。1947 年 2 月 20 日在白衣堂遭敌杀害。

童国富 男，1912 年 2 月生，新桥镇三太村人。中国共产党党员，太和区三太乡仁义村村长。1947 年 2 月牺牲于当地杨家桥。

曹中明 男，1924 年生，新桥镇五星村人。1946 年参加革命，县独立团班长。1947 年 2 月被敌杀害。

王义伦 男，1923 年 2 月生，又名王怡伦，新桥镇三太村人。1942 年 2 月参加革命，1943 年加入中国共产党，泰县塘湾区地下工作者。1947 年 2 月被敌包围牺牲。

严升平 男，1924 年 5 月生，新桥镇礼圣村人。1943 年参加革命，同年加入中国共产党，太和区礼士乡治安员。1947 年 2 月在东兴区二圩港被敌投江杀害。

何建贤 男，1918年8月生，新桥镇新合村人。中国共产党党员，民兵。1947年2月被敌投江杀害。

丁昌恒 男，1917年2月生，新桥镇双龙村人。1945年参加革命，县独立团战士。1947年2月在泰兴县六圩港被敌杀害。

耿龙圣 男，1915年2月生，又名耿定邦，新桥镇滨江村人。1940年参加革命，县独立团战士。1947年2月在如皋县戴家堡作战时牺牲。

曹金友 男，1918年7月生，新桥镇三太村人。1945年参加革命，同年加入中国共产党，太和区游击队副队长。1947年2月为保护群众在泰兴县七圩乡牺牲。

丁纪成 男，1926年生，新桥镇太东村人。1944年11月参加革命，同年加入中国共产党，县独立团战士。1947年3月28日在泰县张莫天(今属海安市）战斗中牺牲。

顾炳华 男，1927年12月生，新桥镇三太村人。1945年8月参加革命，县独立团战士。1947年3月28日在泰县张莫天（今属海安市）战斗中牺牲。

高国良 男，1925年生，新桥镇孝化村人。1943年参加革命，中国共产党党员，县独立团连长。1947年3月在紫石县白米青明港战斗中牺牲。

蒋余宝 男，1914年4月生，新桥镇新柏村人。中国共产党党员，村长。1947年3月被敌杀害于当地西柏木桥。

印烈成 男，1924年4月生，新桥镇五星村人。1942年参加革命，中国共产党党员，苏中第一军分区特务团战士。1947年3月在家养伤时被敌杀害。

王小桥 男，1927年生，新桥镇礼士村人。1944年参加革命，1945年加入中国共产党，东兴区龙王乡指导员。1947年3月被敌杀害于当地。

陆仁福 男，1920年生，新桥镇益民村人。1944年加入中国共产党，东兴区旺稼乡民兵队长。1947年3月被敌杀害于上九圩万福桥。

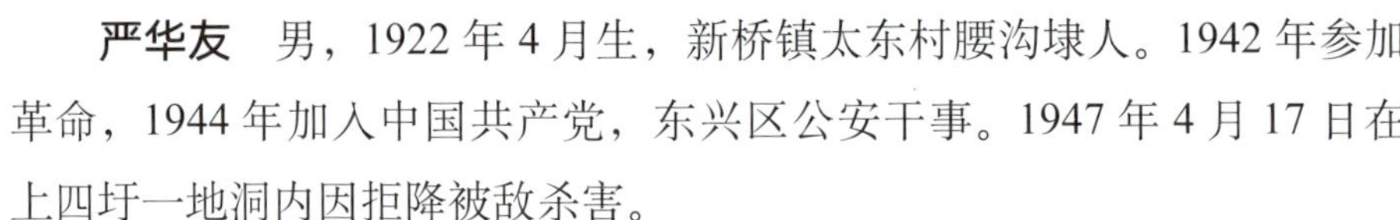

严华友 男，1922 年 4 月生，新桥镇太东村腰沟埭人。1942 年参加革命，1944 年加入中国共产党，东兴区公安干事。1947 年 4 月 17 日在上四圩一地洞内因拒降被敌杀害。

徐 震 男，1924 年 8 月生，新桥镇滨江村人。1942 年参加革命，1943 年加入中国共产党，历任县交通站站长、县独立团文化教员、东兴区六八乡乡长、太和区组织科副科长兼滨江乡指导员等职。1947 年 4 月 18 日被叛徒告密遭敌杀害。

范明浩 男，1915 年生，新桥镇益民村人。1944 年加入中国共产党，东兴区旺稼乡乡长。1947 年 4 月在反“清剿”斗争中被敌杀害于左家桥。

黄裕凤 男，1925 年 5 月生，新桥镇德胜村人。1943 年 4 月参加革命，中国共产党党员，县独立团战士。1947 年 4 月在泰县塔寺里战斗中牺牲。

黄德明 男，1917 年生，新桥镇太东村人。1944 年加入中国共产党，村民兵分队长。1947 年 4 月被敌杀害于上四圩港。

陶松亭 男，1930 年 9 月生，新桥镇务本村人。1946 年 10 月参加革命，县独立团侦察员。1947 年 5 月在泰兴县张家桥侦察敌情时牺牲。

石长富 男，1925 年 12 月生，新桥镇双龙村人。1944 年 10 月参加革命，华东野战军 11 纵队 32 旅 95 团战士。1947 年 6 月在紫石县作战时牺牲。

戴国正 男，1913 年 8 月生，新桥镇务本村人。1946 年 4 月参加革命，县独立团战士。1947 年 7 月在季（家市）黄（桥）路作战时牺牲。

刘光荣 男，1926 年生，新桥镇新桥村人。1944 年 3 月参加革命，新四军 1 师 9 团战士。1947 年 8 月在台北县干沟（今属盐城市大丰区）作战时牺牲。

崔明文 男，1925 年生，新桥镇礼圣村人。1944 年参加革命，中国共产党党员，县独立团战士。1947 年 8 月在如西县小马庄战斗中牺牲。

奚有桂 男，1926 年 6 月生，新桥镇文东村人。1942 年 12 月参加革命，中国共产党党员，苏中第一军分区特务团副排长。1947 年 9 月在盐城伍佑战斗中牺牲。

殷金林　男，1927 年 8 月生，新桥镇礼圣村人。1944 年参加革命，县独立团战士。1947 年 10 月 15 日在泰兴县香店头战斗中牺牲。

崔德贵　男，1920 年 9 月生，新桥镇德胜村人。1942 年 2 月参加革命，同年加入中国共产党，县独立团战士。1947 年 10 月被敌投江杀害。

蒋季洪　男，1923 年生，新桥镇礼圣村人。1947 年 4 月参加革命，县独立团战士。1947 年 12 月在下六圩战斗中牺牲。

冯永贵　男，1917 年生，新桥镇太和村人。1941 年参加革命，苏中第一军分区特务团战士。1947 年在紫石县白米作战时牺牲。

陈恒川　男，1918 年 3 月生，新桥镇务本村人。中国共产党党员，太和区宝塔乡民兵大队长。1947 年在当地被国民党杀害。

廖志同　男，1929 年 10 月生，新桥镇滨江村人。1945 年参加革命，华东野战军 11 纵队 32 旅 95 团战士。1947 年在泰兴县黄桥作战时牺牲。

1948

张汉成　男，1906 年生，新桥镇益民村人。1942 年参加革命，县独立团电话班战士。1948 年 1 月 18 日在泰兴县广陵区大王庄战斗中牺牲。

潘品武　男，1929 年生，新桥镇益民村人。1946 年参加革命，县独立团 1 连战士。1948 年 1 月 18 日在泰兴县广陵区大王庄战斗中牺牲。

徐纯礼　男，1920 年 9 月生，又名徐顺礼，新桥镇礼圣村人。1936 年 8 月参加革命，县独立团 1 连战士。1948 年 1 月 20 日在泰兴县广陵区印家院战斗中牺牲。

栾加义　男，1921 年 12 月生，新桥镇三太村人。1946 年 9 月参加革命，中国共产党党员，县独立团战士。1948 年 1 月在泰兴县广陵镇战斗中牺牲。

徐立根　男，1915 年 10 月生，新桥镇三太村人。1946 年加入中国共产党，村长。1948 年 4 月被敌投江杀害。

严德章　男，1919 年 8 月生，新桥镇三太村人。1943 年 3 月参加革命，中国共产党党员，太和区游击队员。1948 年 4 月被敌投江杀害。

陆仁太　男，1915 年 1 月生，新桥镇益民村人。1943 年参加革命，县独立团战士。1948 年 6 月在马桥战斗中牺牲。

严维敬 男，1931 年生，新桥镇滨江村人。1947 年参加革命，夹港税务所税收员。1948 年 7 月在当地征税时遇敌作战中牺牲。

姚纪福 男，1925 年生，新桥镇新柏村人。1943 年 8 月参加革命，县独立团战士。1948 年 8 月在朱大路旁庙宇港战斗中牺牲。

徐在堂 男，1922 年生，新桥镇三太村人。1944 年 1 月参加革命，县独立团战士。1948 年 8 月在泰兴县珊瑚庄作战时牺牲。

陈正洪 男，1908 年生，新桥镇三太村人。1944 年参加革命，华东野战军 11 纵队 32 旅 95 团战士。1948 年 9 月 22 日在如皋县石庄战斗中牺牲。

王俊帮 男，1928 年生，又名王俊邦，新桥镇太东村人。1945 年 3 月参加革命，华东野战军 11 纵队 85 师 253 团战士。1948 年 11 月在泰县塘头战斗中牺牲。

张满平 男，1923 年 4 月生，新桥镇务本村人。1943 年参加革命，华东野战军 6 纵队战士。1948 年 12 月在淮海战役中牺牲。

顾文清 男，1923 年 3 月生，新桥镇滨江村人。中国共产党党员，太和区滨江乡农会会长。1948 年在当地夹港袭击敌船时牺牲。

蔡载娣 女，1927 年 2 月生，新桥镇务本村人。1943 年 8 月参加革命，华东野战军 4 纵 15 师电台机要员。1948 年在淮海战役中牺牲。

杨富荣 男，1928 年生，新桥镇三兴村人。1947 年参加革命，县独立团战士。1948 年在白衣堂战斗中牺牲。

潘卜金 男，1921 年 10 月生，新桥镇太和村人。1943 年参加革命，华中第一军分区特务团战士。1948 年在泰兴县黄桥战斗中牺牲。

陈裕财 男，1932 年生，新桥镇务本村人。1946 年参加革命，中国共产党党员，华中第一军分区特务团班长。1948 年在无锡县牺牲。

1949

张汉明 男，1926 年生，新桥镇益民村人。1942 年参加革命，华中第一军分区特务团 2 营 5 连班长。1949 年 1 月在泰兴县周家园子作战时牺牲。

范玉成 男，1931 年生，新桥镇五星村人。1948 年参加革命，华中第一军分区特务团班长。1949 年 2 月在如皋县八户庄战斗中牺牲。

陈加明 男，1928 年生，新桥镇太和村人。1947 年 12 月参加革命，县独立团副班长。1949 年 3 月在泰兴县平安洲作战时牺牲。

吴荣华 男，1925 年 3 月生，新桥镇务本村人。1947 年 9 月参加革命，县独立团战士。1949 年 4 月在渡江战役中牺牲。

何纪顺 男，1918 年生，新桥镇滨江村人。1940 年 7 月参加革命，华中第一军分区卫生处室长，营级干部。1949 年 5 月 28 日在北江埝牺牲。

陈林宝 男，1923 年生，新桥镇水三村人。1942 年 8 月参加革命，第三野战军 30 军 90 师 268 团班长。1949 年 5 月在解放上海时牺牲。

吴根银 男，1923 年生，新桥镇五星村人。1943 年参加革命，第三野战军 29 军 85 师 253 团炊事员。1949 年 5 月在上海战役月浦战斗中牺牲。

吴长桂 男，1923 年生，新桥镇德胜村人。1943 年 8 月参加革命，第三野战军 30 军 90 师 268 团班长。1949 年 5 月在解放上海时牺牲。

徐贵生 男，1929 年 1 月生，新桥镇礼圣村人。1949 年 1 月参加革命，泰州军分区 3 营 8 连战士。1949 年 9 月在泰兴县放哨时被敌杀害。

1950—1959

郭邦贵 男，1916 年 10 月生，又名郭帮贵，新桥镇新柏村人。1949 年 9 月参加革命，中国人民志愿军 196 师 586 团 1 营机枪连战士。1950 年 11 月在朝鲜战场上牺牲。

郑开山 男，生年不详，新桥镇人。1949 年 5 月参加革命，中国人民志愿军 26 军 76 师 228 团战士。1951 年 4 月在朝鲜大洋谷西战斗中牺牲。

吴春林 男，1917 年生，新桥镇益民村人。1944 年参加革命，同年加入中国共产党，东兴区旺稼乡乡长。1951 年 8 月在当地牺牲。

朱刚元 男，1925 年 11 月生，新桥镇三太村人。1948 年 10 月参加革命，中国人民志愿军 26 军 77 师 229 团 7 连战士。1951 年 9 月在朝鲜战场上牺牲。

张　廷 男，1927 年 7 月生，新桥镇礼士村人。1948 年 11 月解放入伍，中国人民志愿军某部 94 团 2 营机炮连炮手。1951 年 10 月在朝鲜庆坡山战斗中牺牲。

葛如义　男，1927 年生，新桥镇文东村人。1948 年参加革命，同年加入中国共产党，中国人民志愿军某部战士。1952 年 3 月在朝鲜战场上牺牲。

顾朝宣　男，1920 年生，新桥镇新柏村人。1948 年 12 月解放入伍，中国共产党党员，中国人民志愿军 23 军 69 师 207 团侦察员。1953 年 3 月在朝鲜执行侦察任务时牺牲。

薛纪林　男，1923 年生，新桥镇滨江村人。1948 年 12 月参加革命，中国人民志愿军 23 军 68 师 205 团 1 连战士。1953 年 3 月在朝鲜战场上牺牲。

严生祥　男，1930 年 4 月生，新桥镇文东村人。1947 年 2 月参加革命，中国人民志愿军 24 军后勤部监工 1 连战士。1953 年 4 月在朝鲜战场遭敌机空袭牺牲。

徐章华　男，1930 年生，新桥镇太和村人。1948 年 2 月参加革命，新疆军区某部战士。1953 年在新疆剿匪时牺牲。

黄玉庭　男，1921 年 8 月生，新桥镇礼士村人。1949 年参加革命，中国人民志愿军某部班长。1954 年在朝鲜战场负重伤转镇江医治无效牺牲。

姚茂兰　男，1934 年 11 月生，新桥镇新柏村人。1954 年 3 月入伍，中国人民解放军 0087 部队 2 支队通信连话务员。1956 年 9 月在浙江省余姚县牺牲。

罗扣宝　男，1934 年生，新桥镇务本村人。1955 年入伍，江苏省军区警卫团战士。1957 年牺牲。

其他年份

吉安余　男，1946 年生，新桥镇礼士村人。1968 年 4 月入伍，1970 年 5 月加入中国共产党，中国人民解放军 5849 部队副排长。1975 年 2 月在军训中牺牲。

吴金国　男，1958 年 3 月生，新桥镇益民村人。1976 年 3 月参加革命，1978 年 6 月加入中国共产党，中国人民解放军 37392 部队 2 营 6 连副班长。1979 年 2 月牺牲。

生祠镇革命烈士

1941

薛　勇　男，1925 年 2 月生，生祠镇七一村人。1940 年 9 月参加革命，新四军主力部队某部战士。1941 年 1 月在海安县与日军作战时牺牲。

朱　月　男，1925 年生，生祠镇利珠村人。1940 年参加革命，同年加入中国共产党，海安县李堡税收员。1941 年 4 月在海安县李堡征税时被敌杀害。

1942

聂　品　男，1908 年生，生祠镇利珠村人。1942 年 3 月参加革命，苏中第三军分区特务团机枪手。1942 年 6 月在宝应县与日军作战时牺牲。

商务殷　男，1918 年生，生祠镇利珠村人。1939 年参加革命，同年加入中国共产党，历任苏中第三军分区独立团连指导员、营教导员等职。1942 年 6 月在泰兴县丁家桥战斗中牺牲。

朱金铭　男，1914 年生，生祠镇利珠村人。1940 年 7 月参加革命，中国共产党党员，苏中第三军分区特务团连长。1942 年在盐（城）东地区反“扫荡”战斗中牺牲。

1943

陈　平　男，1917 年生，原名孙继堂，生祠镇新义村人。1941 年参加革命，同年加入中国共产党，中共靖江太和区委宣传科干事。1943 年 4 月在当地反伪化斗争中被敌杀害于季阳港。

周博文　男，1916 年 10 月生，原名周国文，生祠镇三河村人。1941 年 7 月参加革命，中国共产党党员，曾任五区抗日自卫队副队长、太和区抗日自卫队副队长。1943 年 5 月 7 日组织民众包围敌生祠堂据点时牺牲。

朱秉忠　男，1918 年生，生祠镇大进村人。1937 年参加革命，1939 年加入中国共产党，岳北乡党支部书记。1943 年 7 月在当地牺牲。

刘士林　男，1919 年生，生祠镇涨公村人。1942 年 2 月参加革命，苏中第三军分区特务团战士。1943 年 8 月在泰兴县黄桥战斗中牺牲。

张继洪 男，1924年生，生祠镇涨公村人。1941年参加革命，苏中第三军分区特务团战士。1943年8月在泰兴县黄桥战斗中牺牲。

蒋纪坤 男，1922年生，生祠镇红英村人。1943年参加革命，太和区游击队侦察员。1943年8月在泰兴县毗卢市侦察敌情时被敌杀害。

吴少奇 男，1927年3月生，生祠镇三河村人。1940年参加革命，太和区游击队员。1943年9月在靖城天妃宫与日军作战时牺牲。

居振兴 男，1922年生，生祠镇三圩村人。1943年2月参加革命，县独立团战士。1943年12月在八圩区公所桥战斗中牺牲。

华根培 男，1919年生，生祠镇生祠村人。1941年参加革命，县独立团3连战士。1943年在城北薛家埭征粮时被日军杀害。

沈国卿 男，1919年生，生祠镇新义村人。中国共产党党员，太和区法喜乡民兵大队长。1943年被伪军杀害于泰兴县新镇市。

1944

周富章 男，1918年5月生，生祠镇东进村人。1942年参加革命，1943年加入中国共产党，新四军7师某部炮兵连连长。1944年2月在安徽省八角山与日军作战时牺牲。

周富章烈士

宋根山 男，1923年生，生祠镇新义村人。1943年参加革命，中国共产党党员，县独立团情报员。1944年3月在泰兴县毗卢市被捕后牺牲。

张碗林 男，1922年8月生，生祠镇涨公村人。1941年参加革命，县独立团班长。1944年5月在泰兴县新镇市战斗中牺牲。

杨富生 男，1922年生，生祠镇新跃村人。1942年3月参加革命，县独立团1营8连副班长。1944年6月在蔡家埭作战时牺牲。

江少先 男，1922年2月生，生祠镇七里村人。1941年4月参加革命，县独立团战士。1944年7月23日在泰兴县霞幕圩战斗中牺牲。

方　苏 男，1929年4月生，生祠镇东进村人。1943年8月参加革命，县独立团战士。1944年7月23日在泰兴县霞幕圩战斗中牺牲。

蒋恒太　男，1921 年 2 月生，生祠镇三圩村人。1941 年参加革命，中国共产党党员，县独立团司务长。1944 年 7 月 23 日在泰兴县霞幕圩战斗中牺牲。

顾雪坤　男，1919 年生，生祠镇利珠村人。1942 年 2 月参加革命，县独立团通信员。1944 年 7 月 23 日在泰兴县霞幕圩战斗中牺牲。

孙生根　男，1914 年生，生祠镇金星村人。1943 年参加革命，新四军 1 师 1 团战士。1944 年 10 月在宝应县作战时牺牲。

丁义俊　男，1917 年 7 月生，生祠镇三河村人。1941 年 2 月参加革命，1942 年 8 月加入中国共产党，新四军主力部队某部机枪手。1944 年 10 月在紫石县与日军作战时牺牲。

方桂根　男，1920 年生，生祠镇生祠村人。1944 年参加革命，县独立团战士。1944 年 12 月在如皋县分界作战时牺牲。

陈端庭　男，1922 年 10 月生，生祠镇老港村人。1944 年 3 月参加革命，县独立团战士。1944 年 12 月在六圩港作战时牺牲。

刘秉增　男，1923 年生，生祠镇新丰村人。1943 年 7 月参加革命，苏中第三军分区特务团战士。1944 年在兴化县作战时牺牲。

胡国才　男，1921 年 4 月生，生祠镇新义村人。1943 年参加革命，新四军主力部队某部班长。1944 年与日军作战时牺牲。

朱鹤鸣　男，1921 年生，生祠镇新义村人。1944 年加入中国共产党，太和区新义乡治安员。1944 年在泰兴县新镇市被敌杀害。

1945

陈志才　男，1920 年 4 月生，生祠镇七里村人。1944 年 8 月参加革命，新四军 1 师某部班长。1945 年 3 月在东台县作战时牺牲。

鞠礼成　男，1920 年 4 月生，生祠镇东进村人。1942 年 5 月参加革命，1943 年加入中国共产党，新四军 1 师警卫团班长。1945 年 3 月在如东县作战时牺牲。

鞠大元　男，1921 年 2 月生，生祠镇七里村人。1943 年 6 月参加革命，苏北第三军分区某部战士。1945 年 3 月在高邮县三垛战斗中牺牲。

张锦甫　男，1926 年 4 月生，生祠镇七一村人。1944 年 5 月参加革

命，中国共产党党员，新四军主力部队某部战士。1945 年 4 月在如皋县作战时牺牲。

臧满堂 男，1915 年 3 月生，生祠镇七一村人。1943 年加入中国共产党，新港游击队员。1945 年 4 月在新港被敌投江杀害。

戴满堂 男，1917 年 4 月生，生祠镇七一村人。1944 年 2 月参加革命，同年 12 月加入中国共产党，新港游击队员。1945 年 4 月在新港被敌投江杀害。

薄友章 男，1925 年 5 月生，生祠镇老港村人。1944 年 3 月参加革命，太和区游击队通信员。1945 年 5 月在当地吴家圩牺牲。

倪 洪 男，1914 年生，生祠镇大进村人。1943 年 9 月参加革命，1945 年 3 月加入中国共产党，苏中第一军分区某部战士。1945 年 6 月在如皋县作战时牺牲。

展邦进 男，1921 年 4 月生，生祠镇七里村人。1944 年 6 月参加革命，县独立团战士。1945 年 7 月在如皋县作战时牺牲。

徐狮子 男，1921 年生，又名徐小堂，生祠镇法喜村人。1944 年 2 月参加革命，县独立团 8 连班长。1945 年 7 月在下六圩与日军作战时牺牲。

汪冠堂 男，1926 年 1 月生，生祠镇新义村人。1943 年参加革命，县独立团 8 连侦察员。1945 年 8 月在公所桥作战时牺牲。

陆仕宏 男，1914 年生，生祠镇金星村人。1943 年 12 月参加革命，苏中第三军分区某部战士。1945 年 10 月在盐城战斗中牺牲。

张林川 男，1926 年生，生祠镇生祠村人。1942 年参加革命，中国共产党党员，苏中第三军分区 1 团 2 营副排长。1945 年在海门县作战时牺牲。

张胜青 男，1923 年 11 月生，生祠镇三河村人。1940 年 3 月参加革命，华中军区司令部工作。1945 年在山东省郯城县黄山牺牲。

薛品章 男，1920 年生，生祠镇生祠村人。1944 年参加革命，同年加入中国共产党，中共靖江县委土改工作队组长。1945 年在孤山区侦察敌情时被敌杀害。

吉春和 男，1921 年生，生祠镇涨公村人。1939 年 8 月参加革命，县独立团侦察班战士。1945 年在东兴区正东圩作战时牺牲。

1946

洪友富 男，1915 年生，生祠镇新生村人。1945 年参加革命，东兴区游击队员。1946 年 2 月在生祠堂被敌杀害。

汤老三 男，1912 年生，生祠镇南霄村人。中国共产党党员，东兴区新胜乡农会会长。1946 年 3 月在当地四圩港被敌杀害。

王文良 男，1919 年 4 月生，生祠镇新跃村人。1940 年参加革命，中国共产党党员，县独立团排长。1946 年 4 月在太和区转移伤员时被敌杀害。

叶 诚 男，1904 年 7 月生，原名咏南，生祠镇新跃村蔡家埭人。1940 年冬参加革命，中国共产党党员，曾任四区区长、县文教科科长、新港市市长。1946 年 4 月牺牲于常州市天宁寺。

倪浩成 男，1927 年 8 月生，生祠镇涨公村人。1944 年参加革命，中国共产党党员，新四军 6 师文化教员。1946 年 6 月在如皋县白蒲战斗中牺牲。

鞠细荣 男，1922 年 8 月生，生祠镇七里村人。1942 年 5 月参加革命，新四军某部战士。1946 年 7 月在如皋县分界战斗中牺牲。

汤岳钧 男，1919 年 8 月生，又名汤巧生，生祠镇三圩村人。1944 年加入中国共产党，民兵。1946 年 7 月被敌杀害。

王友堂 男，1923 年 5 月生，生祠镇红英村人。1944 年 3 月参加革命，县独立团班长。1946 年 8 月在上六圩港作战时牺牲。

陈国富 男，1919 年生，生祠镇法喜村人。1941 年参加革命，中国共产党党员，苏中第一军分区特务团副连长。1946 年 8 月在海门县白步地区作战时牺牲。

薛绍彬 男，1917 年 6 月生，生祠镇七里村人。1943 年 4 月参加革命，苏中第一军分区特务团班长。1946 年 9 月在泰兴县黄桥作战时牺牲。

刘汉文 男，1922年9月生，生祠镇七一村人。1944年4月参加革命，

新四军1师1旅1团2营5连卫生员。1946年9月在海安县作战时牺牲。

张强郎 男，1924年生，生祠镇老港村人。1944年参加革命，苏中第一军分区特务团战士。1946年10月在海安县李堡战斗中牺牲。

葛汉章 男，1928年生，生祠镇金星村人。1945年10月参加革命，县独立团新6连战士。1946年10月在四圩港战斗中牺牲。

陈茂堂 男，1924年6月生，生祠镇三河村人。1946年2月参加革命，同年8月加入中国共产党，县独立团机枪班班长。1946年10月在季家市三元桥战斗中牺牲。

邓玉清 男，1924年8月生，生祠镇东进村人。1944年6月参加革命，中国共产党党员，县独立团3连1排3班班长。1946年10月在马桥作战时牺牲。

陆思基 男，1914年生，生祠镇大进村人。1943年参加革命，侯河区联络员。1946年11月在坚持原地斗争中被敌杀害。

鞠立春 男，1914年生，生祠镇大进村人。1940年参加革命，中国共产党党员，华中野战军某部营长。1946年在山东枣庄作战时牺牲。

鞠立春烈士

卢锡山 男，1924年生，生祠镇地藏村人。1940年参加革命，中国共产党党员，华中野战军7纵队32旅95团连指导员。1946年在如皋县作战时牺牲。

蒋文忠 男，1921年生，生祠镇利珠村人。1943年参加革命，1944年加入中国共产党，地下交通员。1946年在当地张家埭被敌杀害。

薄云飞 男，1909年生，生祠镇金星村人。1941年参加革命，中国共产党党员，华中野战军7纵队32旅95团连指导员。1946年在射阳县作战时牺牲。

卢锡山烈士

丁士彬 男，1925年9月生，生祠镇三圩村人。1944年参加革命，1945年加入中国共产党，县独立团战士。1946年在季（家市）黄（桥）路作战时牺牲。

朱银和 男，1920年生，生祠镇大进村人。1944年8月参加革命，中国共产党党员，县独立团战士。1946 年在泰县姜堰作战时牺牲。

孔庆元 男，1920 年 1 月生，生祠镇东进村人。1946 年 4 月参加革命，县独立团战士。1946 年在泰县姜堰作战时牺牲。

顾碗林 男，1923 年生，生祠镇涨公村人。1940 年参加革命，县独立团战士。1946 年北撤途中作战时牺牲。

1947

刘德汉 男，1922 年 4 月生，生祠镇七一村自立庵埭人。刘德三烈士之弟。1941 年 4 月参加革命，1942 年 7 月加入中国共产党，县独立团 1 连排长。1947 年 1 月 19 日在夹港战斗中牺牲。

王定一 男，1916 年 10 月生，生祠镇新跃村人。1946 年参加革命，太和区区公所通信员。1947 年 1 月被敌杀害于太和区太阳堂。

孙国民 男，1924 年生，又名孙云飞，生祠镇新丰村人。1945 年参加革命，中国共产党党员，县独立团连长。1947 年 1 月在孤山区朱家长埭作战时牺牲。

高玉岗 女，1924 年生，生祠镇新跃村蔡家埭人。1940 年 2 月在江都关家桥新四军挺进纵队教导队学习，同年 9 月加入中国共产党，先后在五区（后改为侯河区）、太和区、长安区从事民运、妇救会工作。1947 年 2 月 3 日被国民党反动派杀害于大孙家圩。

展惠山 男，1906 年生，生祠镇新跃村人。1943 年参加革命，侯河区交通员。1947 年 2 月在当地九圩埭被敌杀害。

陶玉荣 男，1925 年生，生祠镇金星村人。1943 年参加革命，中国共产党党员，县独立团通信班班长。1947 年 2 月在家养伤时被敌杀害。

吴月球 男，1921 年生，生祠镇七里村人。1941 年参加革命，同年加入中国共产党。1947 年 2 月牺牲于生祠堂。

束伯其 男，1920 年生，生祠镇金星村人。1945 年 7 月参加革命，中国共产党党员，新胜乡指导员。1947 年 2 月被敌杀害于马桥。

吴荣华 男，1916 年 1 月生，生祠镇七里村人。1947 年 1 月参加革命，县独立团侦察员。1947 年 2 月在孤山区侦察敌情时牺牲。

薛宗汉 男，1922 年生，生祠镇生祠村人。1945 年加入中国共产党，

岳北乡民兵大队长。1947 年 2 月在坚持原地斗争中被敌杀害。

叶龙生 男，1923 年生，生祠镇涨公村人。1946 年加入中国共产党，太和区地藏乡通信员。1947 年 2 月在当地遇敌“扫荡”牺牲。

李士福 男，1909 年生，生祠镇新义村人。中国共产党党员，太和区新义乡斜埭村翻身委员。1947 年 2 月被敌杀害于泰兴县新镇市。

许克庭 男，1919 年生，生祠镇十六圩人。1944 年参加革命，1946 年加入中国共产党，太和区毗卢乡民兵大队长。1947 年 3 月 15 日北撤途中在如皋县江安区立沟头遭敌包围牺牲。

徐根郎 男，1926 年生，生祠镇生祠村人。1945 年参加革命，中国共产党党员，县独立团 3 连战士。1947 年 3 月 28 日在泰县张莫天（今属海安市）战斗中牺牲。

于继涛 男，1928 年生，生祠镇生祠村人。1945 年 5 月参加革命，县独立团 3 连班长。1947 年 3 月 28 日在泰县张莫天（今属海安市）战斗中牺牲。

周继如 男，1929 年 6 月生，生祠镇三河村人。1946 年 10 月参加革命，县独立团 3 连战士。1947 年 3 月 28 日在泰县张莫天（今属海安市）战斗中牺牲。

印茂哉烈士

印茂哉 男，1919 年 6 月生，生祠镇三圩村人。1941 年参加革命，同年加入中国共产党，历任中共靖江侯河区委副书记、靖西大区特派员等职。1947 年 3 月 29 日在北撤途中于泰兴县古溪遭国民党军突袭牺牲。

张老五 男，1919 年 3 月生，生祠镇三圩村人。1946年7月参加革命，中国共产党党员，蒋六村村长。1947 年 3 月在六圩港战斗中牺牲。

陈伯荣烈士

臧海郎 男，1916 年生，生祠镇生祠村人。1946 年加入中国共产党，岳北乡治安员。1947 年 3 月被敌杀害于当地。

陈伯荣 男，1913 年生，又名陈琛，生祠镇地藏村人。1943 年参加革命，1944 年加入中国共产党，中共靖江县委联络部科长。1947 年 3 月在坚持原地斗争中牺牲。

张贵堂 男，1918 年 1 月生，生祠镇利珠村人。1944 年 3 月参加革命，中国共产党党员，太和区情报站副站长。1947 年 3 月被敌杀害于靖城。

严在安 男，1920 年生，生祠镇利珠村人。1945 年参加革命，县独立团战士。1947 年 3 月在如皋县桃花山战斗中牺牲。

周征夫 男，1907 年生，又名周炳文，生祠镇新跃村人。1940 年参加革命，同年加入中国共产党，中共靖江县委联络部部长。1947 年 3 月在如皋县黄家市被捕牺牲。

王　倬 男，1915 年生，生祠镇新跃村王家埭人。1942 年参加革命，1943 年加入中国共产党，曾任太和区惜字乡乡长、孤山区区长、靖中游击大队大队长。1947 年 4 月 1 日被敌杀害于泰兴县广陵镇。

浦骊珠 男，1913 年 6 月生，生祠镇利珠村人。1939 年年底加入中国共产党，中共靖江太和区委书记、中共靖江县委委员。1947 年 4 月 1 日被敌杀害于泰兴县广陵镇。

叶富生 男，1916 年生，生祠镇利珠村人。1944 年加入中国共产党，太和区毗卢乡农会会长。1947 年 4 月在泰兴县新镇市被敌杀害。

江网生 男，1911 年 2 月生，生祠镇七里村人。1942 年 6 月加入中国共产党，三元乡农会会长。1947 年 4 月被敌杀害于季家市三元桥。

刘德书 男，1915 年生，生祠镇七一村自立庵埭人。刘德三烈士之兄。1940 年加入民兵组织，1945 年加入中国共产党。1947 年 4 月 30 日在离家百米处被敌杀害。

吴　振 男，1923 年 10 月生，生祠镇新跃村人。1944 年参加革命，同年加入中国共产党，县独立团战士。1947 年 4 月在泰县塔寺里战斗中牺牲。

倪金生 男，1913 年 10 月生，生祠镇三圩村人。中国共产党党员，太和区乡民兵大队长。1947 年 4 月被敌杀害于当地。

严金生 男，1919 年生，生祠镇地藏村人。1946 年参加革命，苏中

第一军分区特务团战士。1947 年 4 月在东台县作战时牺牲。

鞠金荣 男，1916 年 8 月生，生祠镇七里村人。1942 年 4 月参加革命，1943 年 5 月加入中国共产党，县独立团战士。1947 年 5 月在太和区新丰市执行任务时牺牲。

陆学礼 男，1919 年 2 月生，生祠镇金星村人。1944 年参加革命，县独立团副排长。1947 年 5 月在泰兴县蒋家桥作战时牺牲。

苏锦忠 男，1920 年 9 月生，生祠镇新义村人。1944 年参加革命，同年加入中国共产党，苏中第一军分区特务团班长。1947 年 6 月 19 日在海安县虹桥战斗中牺牲。

刘　俊 男，1919 年 2 月生，原名刘正卿，生祠镇七里村三埭人。1940 年 4 月参加革命，1941 年加入中国共产党，中共靖江县委联络部联络科长。1947 年 6 月在如（皋）靖（江）边界渡河时牺牲。

卢　群 男，1920 年生，生祠镇金星村人。1945 年参加革命，县独立团机枪手。1947 年 6 月在泰兴县珊瑚庄战斗中牺牲。

刘济民 男，1917 年生，生祠镇涨公村人。1945 年加入中国共产党，太和区涨公乡财经员。1947 年 6 月在泰兴县珊瑚庄战斗中牺牲。

陆茂堂 男，1925 年 6 月生，生祠镇三圩村人。1945 年参加革命，苏中第一军分区特务团战士。1947 年 6 月在泰县白米战斗中牺牲。

吴玉堂 男，1921 年 9 月生，生祠镇新跃村人。1941 年参加革命，1944 年加入中国共产党，县税务局税务员。1947 年 7 月在九圩港收税时遇敌作战牺牲。

杨明忠 男，1930 年 9 月生，生祠镇涨公村人。1945 年参加革命，县独立团班长。1947 年 7 月在十圩桥战斗中牺牲。

秦闰生 男，1926 年生，生祠镇三河村人。1944 年参加革命，中国共产党党员，华东野战军 10 纵队某部排长。1947 年 8 月在台北县干沟(今属盐城市大丰区）战斗中牺牲。

张正强 男，1922 年生，又名张振强，生祠镇三河村人。1946 年 6 月参加革命，同年 10 月加入中国共产党，华东野战军 11 纵队 32 旅 95 团 3 营 8 连机枪手。1947 年 8 月在射阳县作战时牺牲。

程金书烈士

程金书 男，1926年生，生祠镇七一村人。1940年6月参加革命，同年12月加入中国共产党，苏中第一军分区特务团连长。1947年8月在紫石县作战时牺牲。

冯正昌 男，1917年生，生祠镇法喜村人。1943年参加革命，中国共产党党员，苏中第一军分区专员公署干部。1947年8月在泰兴县广陵区秦家楼战斗中牺牲。

薛仁林 男，1923年6月生，生祠镇七一村人。1944年2月参加革命，县独立团1营1连副班长。1947年8月在季（家市）黄（桥）路作战时牺牲。

孙网庆 男，1916年生，生祠镇金星村人。1946年参加革命，同年加入中国共产党，县独立团战士。1947年9月1日在泰兴县丁家桥战斗中牺牲。

陆逸和 男，1927年生，生祠镇大进村人。1943年参加革命，中国共产党党员，县独立团2营司号员。1947年9月1日在泰兴县丁家桥战斗中牺牲。

刘月生 男，1909年5月生，生祠镇涨公村人。1943年加入中国共产党，太和区毗卢乡基干民兵队队长。1947年9月遇敌“扫荡”牺牲。

刘德三 男，1918年3月生，生祠镇七一村自立庵埭人。1941年参加革命，同年加入中国共产党，华东野战军11纵队32旅94团炮连政治指导员。1947年9月在台北县（今盐城市大丰区）作战时牺牲。

魏　进 男，1921年6月生，生祠镇七里村人。1942年7月参加革命，华东野战军某部战士。1947年9月在宝应县作战时牺牲。

杨昌廷 男，1919年7月生，生祠镇涨公村人。1947年2月参加革命，1948年加入中国共产党，县独立团3连班长。1947年10月4日在泰兴县李家圩战斗中牺牲。

顾龙章 男，1920年5月生，生祠镇七一村人。1943年10月参加革命，县独立团侦察员。1947年10月在马桥作战时牺牲。

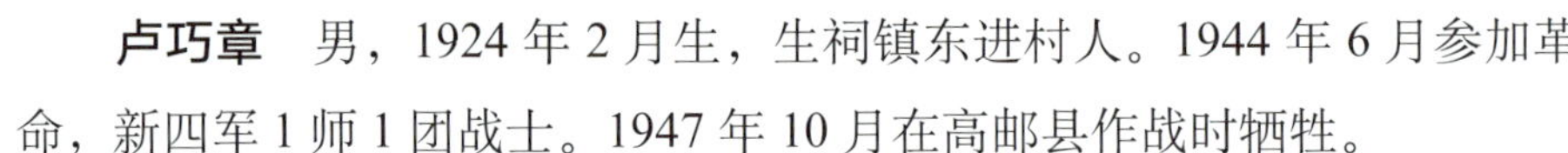

卢巧章 男，1924 年 2 月生，生祠镇东进村人。1944 年 6 月参加革命，新四军 1 师 1 团战士。1947 年 10 月在高邮县作战时牺牲。

印立州 男，1917 年生，生祠镇三圩村人。1941 年 8 月参加革命，华东野战军 6 纵队 18 师 53 团战士。1947 年 10 月在黄河燕尔湾战斗中牺牲。

徐唐庆 男，1926 年 3 月生，生祠镇三圩村人。1943 年参加革命，中国共产党党员，县独立团排长。1947 年 10 月在泰兴县岛石桥战斗中牺牲。

侯卫卿 男，1912 年 8 月生，又名侯位卿，生祠镇涨公村人。1943 年参加革命，1944 年加入中国共产党，太和区涨公乡乡长。1947 年 10 月被敌杀害于靖城。

侯翕根 男，1913 年生，生祠镇生祠村人。1944 年参加革命，1946 年 10 月加入中国共产党，华东野战军 11 纵队 32 旅 95 团 8 连 5 班副班长。1947 年 11 月在宝应县作战时牺牲。

陈义亭 男，1919 年生，又名陈义庭，生祠镇三河村人。1941 年参加革命，1943 年 3 月加入中国共产党，中共靖江东兴区委组织干事。1947 年 11 月被敌杀害于泰兴县广陵镇。

顾家顺 男，1926 年 4 月生，生祠镇涨公村人。1944 年 2 月参加革命，同年 7 月加入中国共产党，华中第一军分区特务团排长。1947 年 12 月在小白家庄战斗中牺牲。

赵明成 男，1919 年生，生祠镇新义村人。1945 年加入中国共产党，太和区新义乡治安员。1947 年 12 月在当地执行任务时被敌杀害。

钱鸿恩 男，1908 年 12 月生，生祠镇涨公村人。1939 年参加革命，同年加入中国共产党，太和区交通站副站长，1947 年 12 月在靖城被敌杀害。

鞠善林 男，1918 年生，生祠镇涨公村人。1944 年参加革命，1945 年加入中国共产党，太和区交通员。1947 年被敌杀害于泰兴县毗卢市。

张文彪 男，1929 年生，生祠镇新生村人。1944 年参加革命，同年加入中国共产党，县独立团战士。1947 年在泰兴县过老龙河时负重牺牲。

蒋卫明 男，1914 年 12 月生，生祠镇三圩村人。中国共产党党员，侯河区普正乡民兵大队长。1947 年在坚持原地斗争中被敌活埋。

卢凤明 男，1925 年 6 月生，生祠镇涨公村人。1943 年 8 月参加革命，1944 年加入中国共产党，苏中第一军分区特务团 8 连班长。1947 年在海安县李堡战斗中牺牲。

陈敏功 男，1915 年 12 月生，生祠镇法喜村人。民兵。1947 年在战斗中牺牲。

张金普 男，1919 年生，生祠镇生祠村人。1944 年参加革命，县独立团排长。1947 年牺牲。

1948

张金生 男，1919 年生，生祠镇利珠村人。1946 年 12 月参加革命，县独立团班长。1948 年 1 月 18 日在泰兴县广陵区大王庄战斗中牺牲。

刘贵芳 男，1926 年 2 月生，生祠镇三圩村人。1947 年 11 月参加革命，县独立团 2 营 8 连战士。1948 年 1 月 20 日在泰兴县广陵区印家院战斗中牺牲。

张翌卿 男，1924 年 8 月生，生祠镇七里村人。1946 年参加革命，中国共产党党员，县独立团战士。1948 年 1 月在海安县作战时牺牲。

蒋金培 男，1917 年生，生祠镇新义村人。1947 年 10 月参加革命，县独立团班长。1948 年 1 月在六圩港战斗中牺牲。

浦林川 男，1923 年生，生祠镇老港村人。1941 年参加革命，中国共产党党员，县独立团排长。1948 年 1 月在泰兴县桑木桥战斗中牺牲。

朱扣林 男，1913 年生，生祠镇利珠村人。1947 年 2 月参加革命，华中第一军分区特务团 3 营 9 连战士。1948 年 4 月在海安县李堡战斗中牺牲。

孙　骥 男，1929 年 2 月生，生祠镇新跃村人。1945 年 7 月参加革命，中国共产党党员，县独立团战士。1948 年 4 月在当地被敌杀害。

刘宗昌 男，1921 年 4 月生，生祠镇七一村人。1945 年 3 月参加革命，县独立团 1 连战士。1948 年 4 月在生祠堂执行任务时牺牲。

高金旺 男，1928 年 8 月生，生祠镇三河村人。1946 年 6 月参加革命，同年 10 月加入中国共产党，县独立团战士。1948 年 4 月在泰兴县何家湾作战时牺牲。

吴少堂 男，1924 年 3 月生，生祠镇七里村人。1943 年参加革命，1945 年加入中国共产党，县独立团侦察班长。1948 年 4 月在东兴区作战时牺牲。

姚浩昌 男，1917 年 5 月生，生祠镇七里村人。1948 年 2 月参加革命，县独立团战士。1948 年 5 月在泰兴县作战时牺牲。

邓明兴 男，1898年生，生祠镇三河村人。1939 年参加革命，中国共产党党员，中共东台县西场区委书记。1948年5月在东台县西场区作战时牺牲。

邓明兴烈士

丁国珍 男，1925年生，生祠镇利珠村人。1946 年10月参加革命，华中第一军分区特务团班长。1948 年6月在泰县姜堰战斗中牺牲。

黄　坤 男，1922 年 10 月生，生祠镇新义村人。1944 年解放入伍，1945 年加入中国共产党，华东野战军 11 纵队 32 旅 95 团排长。1948 年 7 月在涟水战役中牺牲。

肖学剑 男，1925 年 11 月生，生祠镇新义村肖家埭人。1943 年参加革命，1944 年加入中国共产党，历任曲霞区区长、县独立团作战参谋等职。1948 年 8 月 11 日在如皋县八户庄战斗中牺牲。

展兴生 男，1923 年 11 月生，生祠镇七一村人。1943 年 9 月参加革命，华东野战军某部侦察员。1948 年 8 月在溧阳县作战时牺牲。

李金玉 男，1924 年 2 月生，生祠镇东进村人。1942 年 4 月参加革命，1943 年 2 月加入中国共产党，华中第一军分区某部排长。1948 年 9 月 22 日在如皋县石庄战斗中牺牲。

周岐凤 男，1926 年生，生祠镇新跃村人。1946 年加入中国共产党，县独立团炊事员。1948 年 11 月在当地牺牲。

周祖昌 男，1927 年生，生祠镇三河村人。1948 年解放入伍，华东野战军某部战士。1948 年在淮海战役中牺牲。

陈伟侠 男，1925年生，生祠镇地藏村人。1938年参加革命，中国共产党党员，华东野战军某部营教导员。1948年在淮海战役中牺牲。

陈伟侠烈士

韩福堂 男，1925年9月生，生祠镇涨公村人。1943年参加革命，华东野战军29军86师257团战士。1948年在淮海战役中牺牲。

商正川 男，1923年生，生祠镇三圩村人。1944年参加革命，中国共产党党员，县独立团连长。1948年在泰兴县广陵镇作战时牺牲。

刘成培 男，1905年4月生，生祠镇涨公村人。1944年加入中国共产党，村长。1948年在当地天尊堂被敌杀害。

周永安 男，1904年生，生祠镇涨公村人。1936年参加革命，1947年加入中国共产党，泰县独立团修枪所所长。1948年在泰县姜堰下坝牺牲。

印玉修 男，1921年生，生祠镇新义村人。1945年参加革命，华中第一军分区特务团3连7班班长。1948年在海门县作战时牺牲。

陈铁和 男，1923年2月生，生祠镇七里村人。1943年6月参加革命，1944年2月加入中国共产党，历任苏中第三军分区特务团炮兵连指导员、华中野战军1师1团2营5连指导员。1948年在山东省济南作战时牺牲。

1949

薛荣新 男，1924年生，生祠镇生祠村人。1946年3月参加革命，中国共产党党员，第三野战军23军69师206团战士。1949年1月在宝应县作战时牺牲。

黄国成 男，1924年生，生祠镇老港村人。1944年参加革命，同年加入中国共产党，县独立团3连突击班班长。1949年4月在渡江战役中牺牲。

印学周 男，1930年生，生祠镇三河村人。1948年12月参加革命，第三野战军23军某部战士。1949年4月在渡江战役中牺牲。

王汉民 男，1925年4月生，生祠镇红英村人。1947年2月参加革命，华东军区警备6旅16团班长。1949年4月在渡江战役中牺牲。

陆文翰烈士

陆文翰 男，1918年8月生，生祠镇涨公村人。1943年参加革命，1944年加入中国共产党，第三野战军24军政治部宣传科科长。1949年4月在安徽省铜陵金家渡牺牲。

钱文彩 男，1933年2月生，生祠镇新义村人。1948年参加革命，华东军区警备6旅17团1连战士。1949年4月在宜兴县作战时牺牲。

朱庆生 男，1931年生，生祠镇法喜村人。1948年11月参加革命，第三野战军23军67师机炮连战士。1949年8月在浙江省舟山群岛遭敌机空袭牺牲。

顾德鸣 男，1920年2月生，生祠镇涨公村人。1944年参加革命，第三野战军23军68师20团3连战士。1949年8月在福建省牺牲。

朱鹤祥 男，1927年生，生祠镇法喜村人。1943年参加革命，第三野战军某部战士。1949年10月在浙江省舟山群岛作战时牺牲。

徐厚成 男，1928年8月生，生祠镇东进村人。1948年12月参加革命，1949年4月加入中国共产党，浙江第一军分区崇德县大队部战士。1949年12月在浙江省嘉兴剿匪时牺牲。

盛汉坤 男，1921年2月生，生祠镇涨公村人。1943年5月参加革命，中国共产党党员，华东军区警备6旅17团连指导员。1949年在常州市牺牲。

卞士勇 男，1924年12月生，生祠镇三圩村人。1940年参加革命，中国共产党党员，第三野战军某部战士。1949年在浙江省莫干山战斗中牺牲。

何德修 男，1923年7月生，生祠镇新丰村人。1945年7月参加革命，中国共产党党员，福建某部队医院门诊室长。1949年在福建省牺牲。

何德修烈士

褚金山 男，1920 年生，生祠镇地藏村人。县独立团战士。1949 年牺牲。

1950—1959

朱少庭 男，1926年6月生，生祠镇东进村人。1947年4月解放入伍，1950年加入中国共产党，中国人民解放军第6军46团副排长。1950年7月在新疆伊吾县剿匪时牺牲。

沈栋良 男，1923 年 6 月生，生祠镇金星村人。1950 年入伍，中国人民志愿军某部战士。1950 年在朝鲜战场上牺牲。

孙继文 男，1921 年生，生祠镇金星村人。1948 年 10 月参加革命，第三野战军某部战士。1950 年在浙江省台州一江山岛战斗中牺牲。

印　坤 男，1926 年生，生祠镇三河村人。1949 年 12 月入伍，第二野战军 18 军某部战士。1950 年在西藏昌都作战时牺牲。

庄　严 男，1912 年生，生祠镇七一村人。1941 年 5 月参加革命，中国共产党党员，中国人民志愿军 9 兵团政治部文工团战士。1951 年 6 月在朝鲜战场上牺牲。

孙志宏 男，1924 年 9 月生，生祠镇涨公村人。1944 年参加革命，1950 年加入中国共产党，中国人民志愿军某部 1 团 8 连战士。1951 年在朝鲜战场上牺牲。

鞠纪贤 男，1925 年 7 月生，生祠镇东进村人。1943 年 6 月参加革命，中国共产党党员，中国人民志愿军炮 7 师后勤运输连排长。1952 年 5 月在朝鲜战场上牺牲。

鞠　洪 男，1927 年生，生祠镇大进村人。1948 年 11 月解放入伍，中国人民志愿军 25 师 103 团 4 连班长。1952 年 6 月在朝鲜战场上牺牲。

展　宏 男，1924 年 4 月生，生祠镇七里村人。1948 年 10 月参加革命，1949 年 2 月加入中国共产党，县独立团班长。1952 年 9 月在苏州市执行任务时牺牲。

盛浩章 男，1929 年 9 月生，生祠镇涨公村人。1948 年参加革命，中国共产党党员，上海川沙县粮食局储运股股长。1953 年 2 月在运粮途中翻船落水牺牲。

孙银章 男，1926年生，生祠镇红英村人。1948年11月参加革命，中国人民志愿军23军69师205团1营战士。1953年4月在朝鲜战场上牺牲。

刘康华 男，1929年生，生祠镇七一村人。1948年11月参加革命，中国人民志愿军23军69师205团某营1连侦察班战士。1953年6月在朝鲜战场上牺牲。

其他年份

戴金明 男，1934年8月生，生祠镇七一村人。1959年3月入伍，中国人民解放军总参三部后勤部战士。1964年6月在黑龙江省嫩江县红丰农场牺牲。

张玉平 男，1943年生，生祠镇法喜村人。1964年12月入伍，中国共产党党员，中国人民解放军6527部队卫生员。1966年11月在南京方山国防施工中牺牲。

侯熙章 男，1926年10月生，生祠镇七一村人。1943年5月参加革命，1944年加入中国共产党，中国人民解放军总后勤部干部部干事。1969年12月在宁夏回族自治区首府银川总后五七学校牺牲。

孙松庆 男，1947年生，生祠镇金星村人。1968年3月入伍，1970年加入中国共产党，中国人民解放军5849部队班长。1972年9月在陕西省军训途中牺牲。

侯熙章烈士

孙松庆烈士

马桥镇革命烈士

1942

宋启周　男，1917 年生，马桥镇幸福村人。1941 年 3 月参加革命，县独立团 1 营 6 连副班长。1942 年 2 月在泰兴县作战时牺牲。

1943

仇少根　男，1923 年生，马桥镇侯河村人。1940 年 5 月参加革命，县独立团 6 连侦察班班长。1943 年 2 月在生祠堂朱家坝战斗中牺牲。

毛宗成　男，1916 年生，马桥镇福兴村人。1942 年 7 月参加革命，苏中第三军分区特务团战士。1943 年 4 月在紫石县白米战斗中牺牲。

刘　奇　男，1921 年 7 月生，马桥镇侯河村人。1941 年参加革命，1942 年加入中国共产党，县独立团 3 连班长。1943 年 5 月在如皋县东桥战斗中牺牲。

顾茂勤　男，1913 年 3 月生，马桥镇幸福村人。1943 年 4 月参加革命，新四军 1 师 3 团战士。1943 年在海安县作战时牺牲。

1944

商良生　男，1920 年 4 月生，马桥镇福兴村人。1941 年 3 月参加革命，1943 年加入中国共产党，县独立团 3 连 3 排排长。1944 年 3 月在朱大路旁庙宇港战斗中牺牲。

钱小林　男，1923 年生，马桥镇铭坤村人。1943 年参加革命，县独立团战士。1944 年 3 月在朱大路旁庙宇港战斗中牺牲。

钱范顺　男，1925 年 7 月生，马桥镇铭坤村人。1942 年 10 月参加革命，县独立团侦察班长。1944 年 3 月在马桥龙王乡战斗中牺牲。

陆锦山　男，1918 年 4 月生，马桥镇集福村人。1941 年 6 月参加革命，县独立团侦察班班长。1944 年 5 月在孤山区与日军作战时牺牲。

陆槐昌　男，1925 年 4 月生，马桥镇集福村人。1942 年 2 月参加革命，县独立团 3 连战士。1944 年 5 月在柏木区五号桥作战时牺牲。

李巧和　男，1922 年生，马桥镇栗树村人。1943 年参加革命，中国共产党党员，县独立团2连副排长。1944年7月23日在泰兴县霞幕圩战斗中牺牲。

周满机　男，1912年生，马桥镇朝西村人。1942年参加革命，县独立团3连战士。1944年7月23日在泰兴县霞幕圩战斗中牺牲。

李仲春　男，1923年9月生，马桥镇三爱村人。1943年参加革命，县独立团2营5连战士。1944年7月23日在泰兴县霞幕圩战斗中牺牲。

史振华　男，1925年5月生，马桥镇铭坤村人。1942年参加革命，中国共产党党员，县独立团3连排长。1944年7月在生祠堂典当埭与日军作战时牺牲。

陆小和　男，1923年生，马桥镇栗树村人。1943年参加革命，苏中第三军分区特务团战士。1944年7月在兴化县作战时牺牲。

刘成彬　男，1921年生，马桥镇迎祥村人。1944年7月参加革命，县独立团1连战士。1944年8月在柏木区五号桥作战时牺牲。

李文兴　男，1924年生，马桥镇迎祥村人。1944年7月参加革命，县独立团1连战士。1944年8月在柏木区五号桥作战时牺牲。

刘富培　男，1920年生，马桥镇横港村人。1942年参加革命，新四军主力部队某部战士。1944年在安徽省老龙河战斗中牺牲。

刘　俊　男，1920年生，马桥镇横港村人。1942年参加革命，新四军主力部队某部战士。1944年在安徽省老龙河战斗中牺牲。

何金根　男，1923年生，马桥镇福兴村人。1940年7月参加革命，中国共产党党员，苏中第三军分区特务团战士。1944年在海安县李堡战斗中牺牲。

秦全林　男，1924年生，马桥镇栗树村人。1941年2月参加革命，苏中第三军分区特务团战士。1944年在海安县李堡战斗中牺牲。

1945

左汉宏　男，1923年生，马桥镇侯河村人。1943年2月参加革命，苏中第三军分区特务5团2营5连战士。1945年3月在高邮县三垛战斗中牺牲。

黄学武　男，1923年3月生，马桥镇集福村人。1941年10月参加革命，1942年加入中国共产党，苏中第三军分区特务团2营5连2排排长。1945年3月在高邮县三垛战斗中牺牲。

何舜根 男，1924年9月生，马桥镇经伦村人。1943年6月参加革命，苏中第三军分区特务团2营5连战士。1945年3月在高邮县三垛战斗中牺牲。

姜子明 男，1926年4月生，马桥镇三爱村人。1943年参加革命，苏中第三军分区特务5团2营5连战士。1945年3月在高邮县三垛战斗中牺牲。

钱富生 男，1922年生，马桥镇马桥村人。1943年参加革命，苏中第三军分区特务团1连机枪班班长。1945年4月在如皋县白马垛战斗中牺牲。

高庭正 男，1918年1月生，马桥镇集福村人。1944年3月参加革命，县独立团侦察班班长。1945年4月在泰兴县蒋华桥战斗中牺牲。

高　岳 男，1924年3月生，马桥镇幸福村人。1944年参加革命，新四军浙西纵队联络员。1945年5月在浙江省天目山战斗中牺牲。

刘汝舟 男，1925年生，马桥镇九一村人。1944年参加革命，新四军浙西纵队某部班长。1945年5月在浙江省天目山战斗中牺牲。

邵兰生 男，1925年3月生，马桥镇福兴村人。1944年8月参加革命，县独立团3连战士。1945年8月在七圩港战斗中牺牲。

高　明 男，1919年3月生，马桥镇幸福村人。1944年4月参加革命，苏中第一军分区某部通信员。1945年8月在高邮县战斗中牺牲。

刘胜庆 男，1922年9月生，马桥镇侯河村人。1944年6月参加革命，新四军1师1团3连机枪手。1945年9月11日在收复泰兴县城战斗中牺牲。

陆金祥 男，1921年10月生，马桥镇集福村人。1941年参加革命，1944年加入中国共产党，华中野战军7纵队32旅95团战士。1945年10月在盐城伍佑战斗中牺牲。

刘何庆 男，1916年3月生，马桥镇朝西村人。1943年6月参加革命，县独立团战士。1945年11月被敌杀害于东兴区海坝村。

倪有春 男，1900年生，马桥镇铭坤村人。1943年参加革命，华中

野战军某部战士。1945 年在安徽省桃花园战斗中牺牲。

朱　荣　男，1920 年 2 月生，马桥镇新市村人。1943 年参加革命，新四军某部班长。1945 年在战斗中负重伤牺牲。

1946

钱士进　男，1918 年生，马桥镇正北村人。1942 年 8 月参加革命，中国共产党党员，县独立团排长。1946 年 2 月在靖城尤家桥侦察敌情时牺牲。

刘根和　男，1917 年生，马桥镇马桥村人。1942 年 8 月参加革命，县独立团班长。1946 年 2 月在马桥侦察敌情时牺牲。

高华正　男，1923 年生，马桥镇集福村人。1943 年加入中国共产党，县独立团 3 连侦察班班长。1946 年 2 月在家休养时被敌杀害。

何锡勋　男，1928 年生，马桥镇九一村人。1944 年参加革命，中国共产党党员，东兴区九一乡指导员。1946 年 2 月在三圩港被敌杀害。

江宗和　男，1924 年 6 月生，马桥镇祖师村人。1945 年 8 月参加革命，县警卫队战士。1946 年 3 月在新港战斗中牺牲。

刘　洪　男，1920 年生，马桥镇九一村人。1944 年参加革命，县独立团战士。1946 年 3 月在新港战斗中牺牲。

虞吉昌　男，1921 年生，又名于折昌，马桥镇迎祥村人。1942 年 4 月参加革命，县公安局短枪队副队长、县警卫团副连长。1946 年 4 月 15 日在新港战斗中牺牲。

刘光庭　男，1923 年生，马桥镇幸福村人。1944 年 3 月参加革命，新四军 1 师 3 团 2 营 6 连战士。1946 年 4 月在南通县观音山战斗中牺牲。

高振亚　男，1927 年 6 月生，马桥镇集福村人。1945 年 10 月参加革命，同年加入中国共产党，华中野战军 2 师 4 团卫生员。1946 年 5 月在山东省大汶口战斗中牺牲。

孙积根　男，1924 年 3 月生，马桥镇铭坤村人。1943 年参加革命，侯河区游击队员。1946 年 6 月在马桥战斗中牺牲。

陈玉琛　男，1926 年 5 月生，马桥镇祖师村人。1943 年 4 月参加革命，县独立团班长。1946 年 6 月在泰兴县岛石桥战斗中牺牲。

陈国庆　男，1924 年生，马桥镇迎祥村人。1945 年 8 月参加革命，县独立团战士。1946 年 6 月在蔡家市桥战斗中牺牲。

李汉堂 男，1926 年 11 月生，马桥镇幸福村人。1943 年 6 月参加革命，新四军 1 师 1 团班长。1946 年 7 月在泰兴县宣家堡战斗中牺牲。

王国俊 男，1892 年 3 月生，马桥镇幸福村人。1939 年 8 月参加革命，同年加入中国共产党，县独立团文书。1946 年 7 月在泰兴县城作战时牺牲。

钱于龙 男，1927 年生，马桥镇正北村人。1945 年参加革命，县独立团理发员。1946 年 7 月在泰兴县城作战时牺牲。

蔡永清 男，1929 年 8 月生，马桥镇三爱村人。1943 年参加革命，县独立团战士。1946 年 7 月在泰兴县城作战时牺牲。

陆立基 男，1911 年 8 月生，马桥镇福兴村人。1944 年 3 月参加革命，中国共产党党员，县独立团 3 连副排长。1946 年 7 月在侯河区商家湾战斗中牺牲。

陈福林 男，1924 年 10 月生，马桥镇白衣村人。1944 年 9 月参加革命，华中野战军 7 纵队突击班班长。1946 年 7 月在如（皋）黄（桥）公路鬼头街战斗中牺牲。

钱顺根 男，1922 年 1 月生，马桥镇铭坤村人。1943 年参加革命，县独立团班长。1946 年 8 月在柏木桥战斗中牺牲。

朱金荣 男，1922 年 7 月生，马桥镇福兴村人。1942 年 12 月参加革命，县独立团战士。1946 年 8 月在拦港坝被敌包围中牺牲。

刘银生 男，1907 年 12 月生，马桥镇正北村人。正新乡士进村农会会长。1946 年 9 月在当地被敌杀害。

严炳生 男，1915 年生，马桥镇铭坤村人。侯河区双店乡三村村长。1946 年 9 月在侯河区新市乡被敌杀害。

吴和庆 男，1919 年 3 月生，马桥镇迎祥村人。1946 年 7 月参加革命，新四军 1 师 1 团战士。1946 年 9 月在泰兴县黄桥战斗中牺牲。

陈栋烈士

陈　栋 男，1921 年生，马桥镇九一村人。

革命烈士简介

1941 年参加革命，1942 年加入中国共产党，历任城区交通站站长、县独立团 1 连副指导员、华中野战军七纵队 52 团连指导员等职。1946 年秋在盐城保卫战中牺牲。

陈钟琪 男，1903 年生，又名陈忠其，马桥镇马桥村人。1943 年参加革命，同年加入中国共产党，靖西情报站负责人。1946 年 10 月在被敌押往镇江的船上跳江牺牲。

陈来大 男，1903 年 8 月生，马桥镇马桥村人。1944 年 3 月参加革命，东兴区游击队员。1946 年 10 月在当地火烧庙被敌杀害。

刘汉清 男，1915 年生，马桥镇白衣村人。1943 年参加革命，同年加入中国共产党，双店乡指导员。1946 年 12 月被捕牺牲于城西三官殿桥。

张国栋 男，1919 年生，马桥镇朝西村人。1945 年参加革命，县独立团 3 连战士。1946 年 12 月在白衣堂作战时牺牲。

朱炳成 男，1924 年 3 月生，马桥镇侯河村人。1943 年 10 月参加革命，中国共产党党员，苏中第一军分区 1 团 4 连排长。1946 年 12 月在紫石县作战时牺牲。

孙再荣 男，1914 年生，马桥镇祖师村人。1941 年 12 月参加革命，中国共产党党员，县独立团联络员。1946 年 12 月在当地牺牲。

朱小银 男，1915 年生，马桥镇横港村人。1942 年 6 月参加革命，中国共产党党员，县独立团排长。1946 年 12 月在孤山区燕子桥作战时牺牲。

孙克成 男，1926 年 9 月生，马桥镇迎祥村人。1943 年参加革命，同年加入中国共产党，靖东税务所税务员。1946 年北撤时在泰县牺牲。

朱良松 男，1914 年生，马桥镇横港村人。1942 年 3 月参加革命，东兴区游击队员。1946 年在当地被敌杀害。

邵贵根 男，1924 年生，马桥镇九一村人。1942 年参加革命，东兴区游击队员。1946 年在当地朱家洋行开会遭敌袭击牺牲。

韩一堂 男，1926 年生，马桥镇栗树村人。1945 年参加革命，苏中第一军分区特务团战士。1946 年在兴化县作战时牺牲。

刘月秋 男，1927 年生，马桥镇九一村人。1941 年参加革命，中共靖江县委工作队队员。1946 年被敌杀害于柏木区罗家桥。

黄品根 男，1912 年 3 月生，马桥镇朝西村人。1945 年参加革命，苏北第一军分区情报总站情报员。1946 年被敌杀害。

蔡明荣 男，1923 年 4 月生，马桥镇新市村人。1943 年 6 月参加革命，县独立团 3 连副班长。1946 年在柏木区牺牲。

褚 克 男，1925 年 4 月生，马桥镇新市村人。1944 年 5 月参加革命，华中野战军 4 纵队 10 师 28 团卫生员。1946 年在山东省东平县赵庄战斗中牺牲。

1947

周银海 男，1933 年 3 月生，马桥镇幸福村人。1943 年参加革命，侯河区迎祥乡儿童团团长。1947 年 1 月 18 日在当地被国民党残杀。

孙国民 男，1924 年生，马桥镇幸福村人。1945 年 1 月参加革命，侯河区游击队侦察员。1947 年 1 月被敌杀害于生祠堂。

丁绍宗 男，1928 年 2 月生，马桥镇侯河村人。运送军需物资民工。1947 年 1 月在马桥皂角树埭被敌打成重伤牺牲。

朱 直 男，1924 年 4 月生，马桥镇幸福村人。1942 年参加革命，1943 年加入中国共产党，侯河区公安助理。1947 年 2 月 17 日在侯河区迎祥村三义庵牺牲。

孙宪章 男，1903 年生，马桥镇九一村人。1944 年加入中国共产党，九一乡四村村长。1947 年 2 月在当地刘子埭被敌杀害。

周中立 男，1912 年生，马桥镇祖师村人。1943 年参加革命，中国共产党党员，县独立团排长。1947 年 2 月在泰兴县广陵镇战斗中牺牲。

陆少兰 男，1924 年 5 月生，马桥镇福兴村人。1942 年参加革命，侯河区游击队员。1947 年 2 月牺牲于侯河区商家湾。

戴桂芳 男，1920 年 2 月生，马桥镇三爱村人。1943 年 4 月参加革命，县独立团战士。1947 年 2 月在家养伤时被敌杀害。

陈银和 男，1917 年生，马桥镇迎祥村人。1943 年 3 月参加革命，同年加入中国共产党，县独立团 3 连机枪手。1947 年 3 月 28 日在泰县张莫天（今属海安市）战斗中牺牲。

严继生 男,1921年7月生，马桥镇三爱村人。1943年9月参加革命，同年加入中国共产党，县独立团排长。1947年3月28日在泰县张莫天(今属海安市）战斗中牺牲。

孙伯奇 男，1923年8月生，马桥镇横港村人。1945年参加革命，县独立团3连文化教员。1947年3月28日在泰县张莫天（今属海安市）战斗中牺牲。

臧金满 男，1925年生，马桥镇三爱村人。1944年参加革命，1945年加入中国共产党，县独立团战士。1947年3月28日在泰县张莫天（今属海安市）战斗中牺牲。

钱文英 男，1929年生，马桥镇铭坤村人。1945年9月参加革命，县独立团通信员。1947年3月28日在泰县张莫天（今属海安市）战斗中牺牲。

陆建元 男，1920年4月生，马桥镇侯河村人。1945年加入中国共产党，侯河区侯河乡民兵大队长。1947年3月在泰兴县唐家庄战斗中牺牲。

吴 进 男，1921年5月生，马桥镇新市村人。1944年3月参加革命，侯河区游击队员。1947年4月被敌杀害于泰兴县广陵镇。

陈贵庭 男，1927年10月生，马桥镇幸福村人。1946年6月参加革命，1947年加入中国共产党，县独立团1连排长。1947年4月在泰县塔寺里战斗中牺牲。

费祖善 男，1924年生，马桥镇铭坤村人。1945年参加革命，侯河区游击队员。1947年6月在当地被敌杀害。

何春林 男，1927年生，马桥镇九一村人。1942年参加革命，华东野战军11纵队32旅95团战士。1947年6月在泰兴县珊瑚庄战斗中牺牲。

林芝香 男，1931年2月生，马桥镇白衣村人。1946年10月参加革命，苏北兵团某部战士。1947年6月在紫石县作战时牺牲。

陈锡庆 男，1916年生，马桥镇三爱村人。1940年参加革命，新四军1师1团战士。1947年7月在泰兴县营溪战斗中牺牲。

侯宝珠 男，1922年10月生，马桥镇经伦村人。1943年参加革命，

1945 年加入中国共产党，苏中第一军分区特务团机枪手。1947 年 8 月在东台县作战时牺牲。

王绍彬　男，1912 年 6 月生，马桥镇三爱村人。1947 年参加革命，侯河区游击队员。1947 年 8 月在当地战斗中牺牲。

刘网根　男，1924 年生，马桥镇九一村人。1946 年参加革命，东兴区游击队员。1947 年 8 月牺牲于当地何家半埭。

徐子彬　男，1926 年生，马桥镇迎祥村人。1943 年 6 月参加革命，华东野战军 6 纵队 18 师 52 团 2 营 5 连司号员。1947 年 8 月在河南省开封沙土集战役中牺牲。

吴　兴　男，1924 年 6 月生，马桥镇新市村人。1944 年 4 月参加革命，县独立团 3 连 2 排战士。1947 年 9 月 1 日在泰兴县丁家桥战斗中牺牲。

史铭坤　男，1920 年生，马桥镇铭坤村人。1943 年 4 月参加革命，中国共产党党员，侯河区双店乡乡长。1947 年 10 月被敌杀害于白衣堂。

史铭坤烈士

陈有祥　男，1916 年生，马桥镇马桥村人。1944 年 10 月参加革命，1946 年加入中国共产党，华东野战军 11 纵队 31 旅 91 团 6 连机枪手。1947 年 11 月在盐城伍佑作战时牺牲。

何汉堂　男，1929年12月生，马桥镇集福村人。1946年10月参加革命，县独立团机枪手。1947年12月1日在泰兴县张家六圩战斗中牺牲。

韩胜和　男，1905年10月生，马桥镇白衣村人。1942年8月参加革命，侯河区情报站情报员。1947年12月在白衣堂被敌杀害。

高永祥　男，1912 年 2 月生，马桥镇白衣村人。1940 年 10 月参加革命，侯河区情报站情报员。1947 年 12 月在白衣堂被敌杀害。

高炳基　男，1921 年 8 月生，马桥镇白衣村人。1941 年 1 月参加革命，1942 年加入中国共产党，侯河区情报站情报员。1947 年 12 月在白衣堂被敌杀害。

薛七斤　男，1925 年生，马桥镇幸福村人。1945 年参加革命，县独

立团 3 连战士。1947 年 12 月在涨公殿战斗中牺牲。

孙锦芬 男，1930 年 9 月生，马桥镇九一村人。1946 年参加革命，东兴区九一乡游击队员。1947 年 12 月在三圩港战斗中牺牲。

陈玉书 男，1908 年生，马桥镇横港村人。中国共产党党员，九一乡农会委员。1947 年在当地被敌杀害。

马三和 男，1909 年生，马桥镇祖师村人。1943 年参加革命，1945 年 7 月加入中国共产党，侯河区文武乡乡长。1947 年被敌杀害于白衣堂。

钱少清 男，1913 年生，马桥镇铭坤村人。1944 年参加革命，1946 年加入中国共产党，县独立团战士。1947 年在靖城西门外牺牲。

季庆郎 男，1913 年 1 月生，马桥镇经伦村人。1942 年加入中国共产党，侯河区游击队民兵中队长。1947 年被敌杀害于龙王乡赵家埭。

王　荣 男，1925 年生，马桥镇九一村人。1946 年参加革命，华东野战军 11 纵队 30 旅 98 团战士。1947 年在东台县作战时牺牲。

吴生庆 男，1911 年生，马桥镇迎祥村人。1944 年 10 月参加革命，苏中第一军分区特务团机枪连战士。1947 年在紫石县白米红板桥战斗中牺牲。

吴浩荣 男，1926 年 5 月生，马桥镇迎祥村人。1946 年参加革命，县独立团战士。1947 年在靖江、泰兴两县交界处作战时牺牲。

陈兰亭 男，1927 年 12 月生，马桥镇迎祥村人。1943 年参加革命，县独立团战士。1947 年在泰兴县广陵镇战斗中牺牲。

余小林 男，1927 年生，马桥镇三爱村人。1946 年参加革命，苏中第一军分区特务团战士。1947 年在泰兴县黄桥战斗中牺牲。

1948

高汉银 男，1928 年 7 月生，马桥镇迎祥村人。1944 年 10 月参加革命，同年加入中国共产党，县独立团 1 连副连长。1948 年 1 月 18 日在泰兴县广陵区大王庄战斗中牺牲。

马天保 男，1930 年 4 月生，马桥镇祖师村人。1946 年 3 月参加革命，县独立团 1 连通信员。1948 年 1 月 18 日在泰兴县广陵区大王庄战斗中牺牲。

赵筛庆 男，1917 年 10 月生，马桥镇幸福村人。1942 年参加革命，县独立团班长。1948 年 1 月 18 日在泰兴县广陵区大王庄战斗中牺牲。

何金堂 男，1926 年 9 月生，马桥镇经伦村人。1945 年 12 月参加革命，中国共产党党员，县独立团 1 营 3 连战士。1948 年 1 月 18 日在泰兴县广陵区大王庄战斗中牺牲。

孙有德 男，1931 年生，马桥镇迎祥村人。1947 年 11 月参加革命，县独立团战士。1948 年 1 月 18 日在泰兴县广陵区大王庄战斗中牺牲。

尤顺根 男，1926 年 4 月生，马桥镇幸福村人。1944 年参加革命，1947 年加入中国共产党。1948 年 1 月 20 日在泰兴县广陵区印家院战斗中牺牲。

吴巧奇 男，1924 年 5 月生，马桥镇白衣村人。1948 年 8 月解放入伍，县独立团 1 连战士。1948 年 1 月 20 日在泰兴县广陵区印家院战斗中牺牲。

孙满德 男，1924 年生，马桥镇迎祥村人。1944 年 6 月参加革命，县独立团战士。1948 年 1 月在侯河区祁家港反“扫荡”中牺牲。

金芝福 男，1919 年 9 月生，马桥镇白衣村人。1947 年 12 月参加革命，县独立团 6 连班长。1948 年 2 月在公所桥与敌作战时牺牲。

徐宗庶 男，1922 年 8 月生，马桥镇祖师村人。1942 年 2 月参加革命，1947 年加入中国共产党，某税务所主任。1948 年 2 月在江边征税时被敌包围牺牲。

何友祥 男，1927 年生，马桥镇九一村人。1942 年参加革命，县独立团 1 营 3 连副班长。1948 年 2 月在五圩港战斗中牺牲。

顾根和 男，1923 年 10 月生，马桥镇九一村人。东兴区九一乡五村农会委员。1948 年 3 月被敌杀害于城西三官殿。

朱同包 男，1920 年生，马桥镇铭坤村人。1945 年参加革命，侯河区游击队通信员。1948 年 4 月牺牲于当地水洞港。

何福基 男，1925 年 7 月生，马桥镇侯河村人。1945 年 10 月加入中国共产党，华东野战军 11 纵队 32 旅 95 团 3 营 7 连副排长。1948 年 5

月在东台县下仓战斗中牺牲。

高荣庭 男，1903 年生，马桥镇横港村人。1943 年参加革命，1944 年加入中国共产党，九一乡乡长。1948 年 6 月被国民党抓至靖城杀害。

陆顺山 男，1920 年 5 月生，马桥镇集福村人。1944 年 3 月解放入伍，县独立团 2 营 4 连战士。1948 年 7 月在季（家市）黄（桥）路战斗中牺牲。

张鲁红 男，1912 年 10 月生，又名张鲁洪，马桥镇白衣村人。1941 年 2 月参加革命，县独立团 1 营 1 连 5 班班长。1948 年 8 月在泰兴县珊瑚庄战斗中牺牲。

宋烈乡 男，1919 年生，马桥镇九一村人。1946 年 8 月参加革命，华中第一军分区特务团 1 营 3 连 2 排战士。1948 年 8 月在泰兴县庙头庄战斗中牺牲。

蔡东元 男，1926 年 4 月生，马桥镇祖师村人。1945 年参加革命，华东野战军 11 纵队 32 旅 95 团 1 营 1 连卫生员。1948 年 8 月在陇海铁路线作战时牺牲。

周同海 男，1930 年生，马桥镇幸福村人。1947 年 8 月解放入伍，县独立团战士。1948 年 9 月在泰兴县蒋华桥战斗中牺牲。

羊汉如 男，1915 年生，马桥镇祖师村人。1942 年 12 月参加革命，中国共产党党员，华中第一军分区特务团战士。1948 年 10 月在泰县姜堰战斗中牺牲。

陆保成 男，1925 年 8 月生，马桥镇福兴村人。1941 年 3 月参加革命，县独立团班长。1948 年 10 月在泰县姜堰战斗中牺牲。

蔡进元 男，1931 年 3 月生，马桥镇三爱村人。1944 年 11 月参加革命，县独立团 6 连战士。1948 年 11 月在侯河区封头坝战斗中牺牲。

何凯其 男，1918 年 8 月生，马桥镇侯河村人。1941 年 1 月参加革命，1945 年加入中国共产党，华东野战军 11 纵队 32 旅 95 团 7 连机枪手。1948 年 12 月在盐城石夹仓战斗中牺牲。

周　延 男，1927 年 2 月生，马桥镇幸福村人。1944 年参加革命，同年加入中国共产党，华东野战军 11 纵队 31 旅 93 团 1 营 1 连文化教员。1948 年 12 月在淮海战役中牺牲。

高政元 男，1921 年生，马桥镇栗树村人。1944 年参加革命，华东野战军 11 纵队 32 旅 95 团战士。1948 年 12 月在淮海战役中牺牲。

商林生 男，1925 年 6 月生，马桥镇侯河村人。1943 年 8 月参加革命，华东野战军 11 纵队 32 旅 95 团 2 营 4 连战士。1948 年 12 月在淮海战役中牺牲。

何金国 男，1928 年 2 月生，马桥镇集福村人。1946 年 12 月参加革命，华东野战军 11 纵队 32 旅 95 团 2 营 4 连战士。1948 年在涟水县战斗中牺牲。

何　刚 男，1929 年生，马桥镇九一村人。1943 年 7 月参加革命，1947 年加入中国共产党，华东野战军 11 纵队 31 旅 257 团 2 营 6 连副指导员。1948 年在山东省韦灶战斗中牺牲。

何刚烈士

1949

沈定明 男，1922 年 4 月生，马桥镇幸福村人。1941 年参加革命，1943 年加入中国共产党，县独立团战士。1949 年 2 月在六圩港战斗中牺牲。

何维芝 男，1920 年 3 月生，马桥镇集福村人。1948 年 5 月参加革命，县独立团司号员。1949 年 3 月在泰县行军途中遭敌机轰炸牺牲。

刘汉银 男，1928 年 10 月生，马桥镇新市村人。1948 年 10 月参加革命，第三野战军 23 军 69 师 206 团骑兵队战士。1949 年 3 月在江都县宜陵遭空袭牺牲。

侯金郎 男，1922 年生，马桥镇经伦村人。1942 年参加革命，第三野战军某部战士。1949 年 4 月在渡江战役中牺牲。

吴志成 男，1930 年 4 月生，马桥镇新市村人。1948 年 10 月参加革命，1949 年 4 月加入中国共产党，第三野战军 23 军 69 师 206 团 1 营 2 连战士。1949 年 4 月在渡江战役中牺牲。

杨银宝 男，1925 年生，马桥镇横港村人。1945 年参加革命，第三

野战军 35 军某部战士。1949 年 4 月在解放南京时牺牲。

朱翕官 男，1899 年生，马桥镇祖师村人。支前民工。1949 年 5 月牺牲于浙江省临安县河桥。

顾 钦 男，1909 年生，马桥镇九一村人。1941 年参加革命，苏北粮食调运指挥所总务股长。1949 年 6 月在八圩港落水牺牲。

刘天根 男，1912 年 6 月生，马桥镇祖师村人。1945 年参加革命，打入敌方的情报员。1949 年 6 月翻船牺牲。

何豫怀 男，1924 年 7 月生，马桥镇经伦村人。1948 年 4 月参加革命，9 月加入中国共产党，第三野战军 23 军 69 师 206 团 3 营战士。1949 年 6 月在溧阳县作战时牺牲。

顾官堂 男，1923 年 5 月生，马桥镇福兴村人。1949 年 2 月参加革命，支前民工。1949 年 7 月在上海闵行战斗中牺牲。

周 馥 女，1928 年生，马桥镇幸福村人。县江海公司总账会计。1949 年 8 月 27 日因病逝世。

印贵修 男，1926 年 8 月生，又名印贵西，马桥镇祖师村人。1943 年 3 月参加革命，1944 年加入中国共产党，第三野战军 29 军 86 师 257 团 3 营 8 连班长。1949 年在福建省厦门战斗中牺牲。

何立杰 男，1929 年 3 月生，马桥镇经伦村人。1946 年 12 月参加革命，第三野战军 23 军 69 师 206 团司号员。1949 年在福建省作战时牺牲。

1950—1959

沈志成 男，1927 年 8 月生，马桥镇幸福村人。1948 年 4 月参加革命，中国人民志愿军 9 兵团 3 军话务员。1950 年 11 月在朝鲜咸镜南道长津湖战役中牺牲。

肖德元 男，1921 年生，马桥镇迎祥村人。1948 年 2 月参加革命，同年加入中国共产党，第三野战军土改工作队队员。1950 年在安徽省肥西县搞土改时被特务杀害。

陆玉祥 男，1931 年 3 月生，马桥镇福兴村人。1947 年参加革命，中国人民志愿军 23 军 63 师 205 团 1 营 2 连通信员。1950 年在朝鲜战场上牺牲。

朱汉祥 男，1926年4月生，马桥镇马桥村人。1944年9月参加革命，中国共产党党员，中国人民志愿军23军67师200团政治处干事。1952年2月在朝鲜战场上牺牲。

朱汉祥烈士

朱 霖 男，1927年3月生，马桥镇经伦村人。1950年10月入伍，中国人民志愿军38军112师335团1营1连战士。1952年9月在朝鲜战场上牺牲。

刘 成 男，1924年8月生，马桥镇幸福村人。1948年12月参加革命，1951年加入中国共产党，中国人民志愿军23军69师205团1营3连话务员。1953年4月在朝鲜迂守洞牺牲。

刘汉珊 男，1932年10月生，马桥镇新市村人。1948年11月参加革命，1949年加入中国共产党，中国人民解放军空军2742部队中队长。1959年9月在山东省潍坊市飞行演习因发生故障牺牲。

刘汉珊烈士

其他年份

钱保根 男，1939年生，马桥镇铭坤村人。1957年入伍，1960年2月加入中国共产党，中国人民解放军3613部队55分队班长。1963年1月在江西省南昌市南昌县向塘镇牺牲。

东兴镇革命烈士

1941

顾友贵 男，1923 年生，东兴镇上六村人。1940 年 8 月参加革命，县警卫大队战士。1941 年 8 月在下四圩港战斗中牺牲。

1942

吴彩云 男，1910 年生，东兴镇上六村人。1941 年 3 月参加革命，县独立团战士。1942 年 9 月在上九圩港作战时牺牲。

祝自坤 男，1918 年生，又名祝志坤，东兴镇旺稼村人。1941 年参加革命，同年加入中国共产党，县独立团连长。1942 年 9 月在靖广公路查岗时牺牲。

祝自坤烈士

徐品高 男，1917 年生，东兴镇东兴村人。1941 年参加革命，县独立团战士。1942 年 10 月在东兴区与日伪军作战时牺牲。

张德圣 男，1917 年生，东兴镇上六村人。1940 年参加革命，苏中第三军分区特务团战士。1942 年 10 月在泰兴县天星桥战斗中牺牲。

1943

严发荣 男，1912 年 7 月生，东兴镇惠盛村人。1942 年参加革命，中国共产党党员，澄西县地下工作者。1943 年 1 月在江阴县老街头被日军杀害。

宦锄坤 男，1923 年生，东兴镇成德村人。1940 年参加革命，1941 年加入中国共产党，东兴区抗日游击队副班长。1943 年 3 月在八圩公路埋地雷时牺牲。

宦锄坤烈士

郭　银 男，1924 年 2 月生，东兴镇克成村人。1941 年 9 月参加革命，1943 年 1 月加入中国共产党，县公安局短枪队队员。1943 年 4 月在靖城西门外执行任务时被敌杀害。

姜立志 男，1923年4月生，东兴镇惠龙村人。1942年4月参加革命，东兴区抗日游击队班长。1943年4月在华兴桥与日军作战时牺牲。

王永贵 男，1921年生，东兴镇成德村人。1940年参加革命，1942年加入中国共产党，县独立团战士。1943年5月在生祠堂作战时牺牲。

姜纪法 男，1911年12月生，东兴镇克成村人。1942年参加革命，东兴区抗日游击队员。1943年8月牺牲于当地美人港。

施正桂 男，1920年8月生，东兴镇东兴村人。1941年参加革命，新四军1师1旅2团2营4连战士。1943年在兴化县作战时牺牲。

朱秀章 男，1924年生，东兴镇旺稼村人。1941年参加革命，中国共产党党员，县抗日自卫总团独立营副营长。1943年被敌杀害。

瞿庭法 男，1924年生，东兴镇旺稼村人。1941年参加革命，县独立团战士。1943年在五圩港关帝庙站岗时牺牲。

1944

佘其元 男，1921年5月生，东兴镇克成村人。1940年8月参加革命，同年加入中国共产党。历任苏中第三军分区独立团参谋、如皋县独立团连长。1944年2月在如西县新四圩战斗中牺牲。

陈　震 男，1917年生，又名陈正，东兴镇成德村人。1941年参加革命，同年加入中国共产党，历任成德乡副乡长、东兴区公安助理、柏木区公安助理等职。1944年4月在执行任务时被敌逮捕杀害于八圩港口。

陈震烈士

陈纪成 男，1925年6月生，东兴镇克成村人。1940年4月参加革命，县独立团战士。1944年4月在柏木桥战斗中牺牲。

徐根林 男，1926年5月生，东兴镇克成村人。1943年3月参加革命，县独立团战士。1944年4月在八圩港口战斗中牺牲。

魏本顺 男，1918年12月生，东兴镇惠丰村人。中国共产党党员，东兴区惠涉乡村长。1944年5月被日军杀害于靖江城。

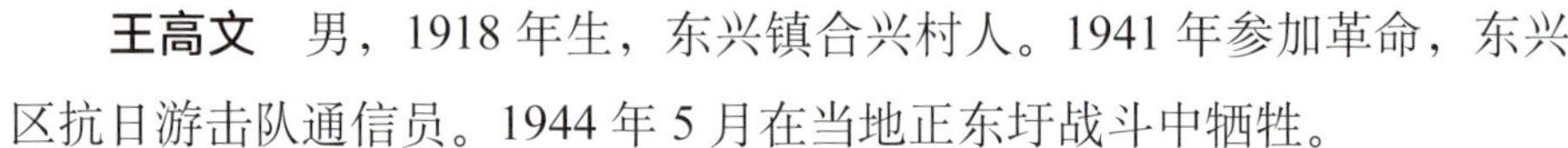

王高文 男，1918 年生，东兴镇合兴村人。1941 年参加革命，东兴区抗日游击队通信员。1944 年 5 月在当地正东圩战斗中牺牲。

朱永龙 男，1924 年 4 月生，东兴镇惠盛村人。1943 年 8 月参加革命，县独立团 2 连 2 排 5 班战士。1944 年 5 月在朱大路旁庙宇港战斗中牺牲。

秦恒林 男，1918 年 6 月生，东兴镇惠盛村人。1943 年 11 月参加革命，中国共产党党员，地下工作者。1944 年 5 月牺牲于西来镇。

解天章 男，1921 年 9 月生，东兴镇上六村人。1944 年参加革命，东兴区抗日游击队班长。1944 年 6 月在当地与敌作战时牺牲。

陈　岗 男，1918 年 9 月生，东兴镇东兴村人。东兴区东兴乡游击队队长。1944 年 6 月被敌投入下四圩港杀害。

顾广才 男，1919 年 11 月生，东兴镇东兴村人。1943 年参加革命，中国共产党党员，县独立团排长。1944 年 7 月 23 日在泰兴县霞幕圩战斗中牺牲。

毛道生 男，1920 年生，东兴镇上六村人。1943 年 5 月参加革命，县独立团战士。1944 年 7 月 23 日在泰兴县霞幕圩战斗中牺牲。

蔡华太 男，1920 年生，东兴镇万盛村人。1944 年参加革命，县独立团 1 连 3 排 7 班战士。1944 年 7 月 23 日在泰兴县霞幕圩战斗中牺牲。

朱永林 男，1915 年生，东兴镇上六村人。1943 年参加革命，苏中第三军分区特务团 7 连战士。1944 年 7 月在紫石县作战时牺牲。

陆达良 男，1927 年生，东兴镇旺稼村人。1944 年参加革命，县独立团机枪手。1944 年 10 月在江阴县申港战斗中牺牲。

张有才 男，1916 年 5 月生，东兴镇惠龙村人。1942 年参加革命，县独立团 3 连机枪手。1944 年 11 月在孤山区作战时牺牲。

褚裕章 男，1914 年生，东兴镇旺稼村人。1942 年参加革命，县独立团 3 连 3 排 8 班战士。1944 年 12 月在如皋县分界战斗中牺牲。

范　坤 男，1914 年生，东兴镇上六村人。1940 年参加革命，同年加入中国共产党，历任中共靖江东兴区上六乡支部书记，中共靖江东兴区委组织科长、书记等职。长期带病工作，1944 年病故。

蒋福根 男，1917年7月生，东兴镇惠盛村人。民兵。1944年在东兴区被日军杀害。

1945

朱文林 男，1913年10月生，又名朱贵生，东兴镇上六村人。1941年参加革命，中国共产党党员，历任靖西区抗日自卫大队大队长、县独立团2连连长、东兴区游击队队长等职。1945年1月奉命去泰兴县新镇市伪据点做策反工作被捕牺牲。

王 义 男，1922年生，东兴镇合兴村人。1942年参加革命，中国共产党党员，县公安助理。1945年1月牺牲于长安区长安市。

张兰庆 男，1920年生，东兴镇东兴村人。1943年参加革命，1945年加入中国共产党，县独立团7连指导员。1945年2月在泰兴县毗卢市战斗中牺牲。

朱志南 男，1919年1月生，东兴镇惠丰村人。1944年9月参加革命，苏中第三军分区特务2团战士。1945年8月在兴化县与日军作战时牺牲。

孙鞋子 男，1920年9月生，东兴镇惠丰村人。1943年8月入伍，苏中第三军分区特务团战士。1945年8月在兴化县与日军作战时牺牲。

许加林 男，1920年生，东兴镇万盛村人。东兴区上六乡五圩村村长。1945年8月被敌杀害。

刘民洪 男，1921年1月生，东兴镇万盛村人。1944年10月参加革命，县独立团战士。1945年8月在如皋县分界战斗中牺牲。

董留章 男，1919年4月生，东兴镇东兴村人。1944年参加革命，县独立团战士。1945年在靖城作战负伤撤到孤山区后牺牲。

朱长富 男，1915年生，东兴镇上六村人。1943年参加革命，苏中第三军分区特务团战士。1945年在紫石县唐河地区作战时牺牲。

洪克祥 男，1919年生，东兴镇上六村人。1942年参加革命，中国共产党党员，苏中第三军分区特务团连长。1945年在东台县作战时牺牲。

季余根 男，1917年生，东兴镇海镇村人。1942年参加革命，东北野战军某部战士。1945年在吉林省长春市四平街战斗中牺牲。

1946

印　勃　男，1924 年 8 月生，又名印宏儒，东兴镇东兴村人。1940 年 4 月参加革命，中国共产党党员，县独立团连指导员、警卫大队指导员。1946 年 4 月 10 日在新港战斗中牺牲。

陈国瑞　男，1921 年生，东兴镇万盛村人。1944 年 10 月参加革命，县独立团战士。1946 年 6 月在如皋县分界战斗中牺牲。

朱兴发　男，1905 年 11 月生，东兴镇成德村人。1939 年参加革命，1940 年加入中国共产党，历任县独立团 3 连连长、8 连连长、教育参谋等职。1946 年 4 月在新港战斗中被俘，6 月被敌杀害于常州天宁寺。

朱　刚　男，1923 年生，东兴镇惠龙村人。1944 年参加革命，同年加入中国共产党，华中第一军分区特务团教导员。1946 年 7 月在如皋县搬经战斗中牺牲。

朱均和　男，1927 年 9 月生，东兴镇万盛村人。1944 年参加革命，县独立团 1 连 1 排 3 班战士。1946 年 11 月 30 日在下五圩港战斗中牺牲。

陆继文　男，1923 年生，东兴镇上六村人。1942 年参加革命，县独立团卫生员。1946 年 11 月在新港作战时牺牲。

印志林　男，1921 年生，东兴镇旺稼村人。1944 年参加革命，县独立团 4 连 2 班班长。1946 年 12 月在夹港战斗中牺牲。

朱友庆　男，1910 年生，东兴镇东兴村人。1945 年 8 月参加革命，县独立团炊事员。1946 年在孤山区作战时牺牲。

朱志高　男，1921 年生，东兴镇东兴村人。1945 年参加革命，苏中第一军分区特务团战士。1946 年在兴化县三垛河伏击战中牺牲。

戴正法　男，1917 年生，东兴镇成德村人。1942 年参加革命，苏中第一军分区特务团战士。1946 年在兴化县作战时牺牲。

陈帮元　男，1918 年生，东兴镇何德村人。1944 年参加革命，苏中第一军分区特务团战士。1946 年在兴化县作战时牺牲。

景福元　男，1918 年生，东兴镇何德村人。1944 年 8 月参加革命，苏中第一军分区特务团战士。1946 年在兴化县作战时牺牲。

1947

倪金根　男，1919 年 6 月生，东兴镇惠龙村人。1943 年参加革命，1944 年加入中国共产党，县独立团 1 连副排长。1947 年 1 月 1 日在泰兴县蒋华桥战斗中牺牲。

吕华根　男，1923 年 1 月生，东兴镇上六村人。中国共产党党员，东兴区上六乡副乡长。1947 年 1 月 14 日在上五圩港桥东遇敌被捕，被敌杀害于惠丰吉祥寺桥港西。

朱　明　男，1922 年 2 月生，东兴镇惠丰村人。1943 年参加革命，1944 年 3 月加入中国共产党，历任中共靖江东兴区惠涉乡支部书记、东兴区委宣传科副科长，中共靖江江边渔民工作委员会宣传科长等职。1947 年 1 月被敌杀害于惠丰吉祥寺。

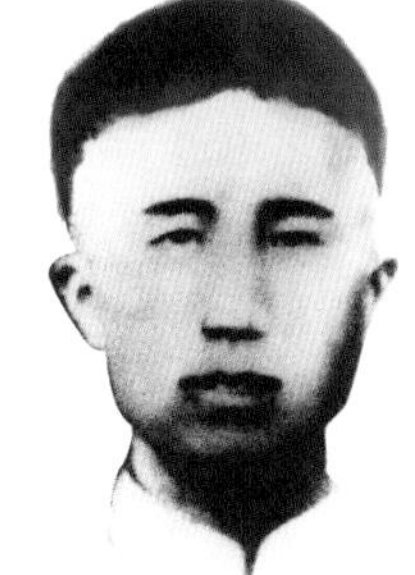
朱明烈士

陈祥宝　男，1923 年生，东兴镇东兴村人。1945 年参加革命，苏中第一军分区特务团战士。1947 年 1 月被敌投入下四圩港杀害。

李纪成　男，1927 年 12 月生，东兴镇惠丰村人。1944 年 2 月参加革命，县独立团三连机枪班班长。1947 年 2 月 14 日在太和区八字桥战斗中牺牲。

吴银宝　男，1923 年生，东兴镇成德村人。1945 年参加革命，县独立团 1 连 1 班机枪手。1947 年 2 月 14 日在太和区八字桥战斗中牺牲。

陈孝全　男，1913 年 9 月生，东兴镇旺稼村人。1943 年加入中国共产党，东兴区隆旺乡农会会长。1947 年 2 月被敌杀害于东兴区左家桥。

徐加善　男，1921 年 12 月生，东兴镇东兴村人。1942 年 2 月参加革命，同年 8 月加入中国共产党，东兴区东兴乡乡长。1947 年 2 月被下乡“扫荡”的敌人杀害。

陈纪章　男，1918 年生，东兴镇合兴村人。1945 年参加革命，同年加入中国共产党，东兴区东兴乡乡长。1947 年 2 月随军北撤在泰兴县城黄公路作战时牺牲。

赵开华　男，1911 年生，东兴镇合兴村人。中国共产党党员，东兴

区东兴乡财经员。1947 年 2 月在泰兴县丁家桥战斗中牺牲。

许德清烈士

许德清　男，1924 年生，东兴镇上六村人。1940 年加入中国共产党，历任中共靖江东兴区委宣传科副科长、组织科科长，区委副书记。1947 年 2 月在包家小圩被捕牺牲。

黄顺贵　男，1921 年生，东兴镇旺稼村人。1944 年加入中国共产党，东兴区旺稼乡民兵大队长。1947 年 2 月因叛徒出卖被敌杀害于东兴区左家桥。

陆网金　男，1926 年 5 月生，东兴镇克成村人。1945 年 4 月加入中国共产党，东兴区丰秋乡民兵队长。1947 年 2 月被敌杀害于当地封头坝。

魏洪保　男，1928 年生，东兴镇惠丰村人。1945 年参加革命，县独立团 1 连 3 排战士。1947 年 3 月 28 日在泰县张莫天（今属海安市）战斗中牺牲。

郑道甫　男，1921 年 7 月生，东兴镇旺稼村人。1941 年参加革命，1943 年加入中国共产党，县独立团 3 连副连长。1947 年 3 月 28 日在泰县张莫天（今属海安市）战斗中牺牲。

张明也　男，1909 年生，东兴镇上六村人。1944 年参加革命，县独立团 3 连战士。1947 年 3 月 28 日在泰县张莫天(今属海安市)战斗中牺牲。

王希贤　男，1920 年 3 月生，东兴镇惠龙村人。1942 年参加革命，1943 年加入中国共产党，县独立团 1 连连长。1947 年 3 月 28 日在泰县张莫天（今属海安市）战斗中牺牲。

张向山　男，1925 年 4 月生，东兴镇惠龙村人。1945 年 10 月参加革命，东兴区游击队员。1947 年 3 月在五圩港战斗中牺牲。

陈永贵　男，1917 年 2 月生，东兴镇上六圩人。1946 年参加革命，中国共产党党员，东兴区上六乡基干民兵队员。1947 年 3 月在上四圩作战时牺牲。

陆善政　男，1918 年生，又名陆庭根，东兴镇上六村人。1943 年参加革命，同年加入中国共产党，东兴区四六乡乡长。1947 年 3 月在上四圩被捕牺牲。

印洪坤 男，1918 年 8 月生，东兴镇惠丰村人。1946 年参加革命，中国共产党党员，东兴区惠涉乡指导员。1947 年 3 月被敌杀害。

陶达章 男，1925 年 3 月生，东兴镇惠龙村人。1945 年参加革命，同年加入中国共产党，东兴区游击队员。1947 年 3 月在七圩港作战时牺牲。

刘希舜 男，1927 年生，东兴镇惠龙村人。1944 年 8 月参加革命，县独立团 5 连战士。1947 年 4 月在泰县塔寺里战斗中牺牲。

王纪林 男，1919 年 6 月生，东兴镇惠丰村人。1944 年 3 月参加革命，县独立团战士。1947 年 4 月在泰县塔寺里战斗中牺牲。

张相林 男，1924 年 4 月生，东兴镇惠盛村人。1945 年参加革命，县独立团 3 连副班长。1947 年 4 月在泰县塔寺里战斗中牺牲。

石来章 男，1919 年生，东兴镇东兴村人。1945 年 7 月参加革命，县独立团司号员。1947 年 4 月在泰县塔寺里战斗中牺牲。

施有富 男，1923 年 7 月生，东兴镇上六村人。1943 年 5 月参加革命，同年加入中国共产党，澄西县政府警卫连连长。1947 年 5 月被敌杀害于江阴县于门桥。

顾学军 男，1916 年生，原名顾友才，东兴镇上六村人。1940 年参加革命，同年加入中国共产党，历任县警卫大队大队长、警卫团 1 营营长、县独立团参谋等职，1943 年从事抗日根据地教育工作。1947 年 6 月在去上海执行任务途中被捕，押于东台县牺牲。

顾学军烈士

何桂成 男，1925 年生，东兴镇合兴村人。1942 年 6 月参加革命，县独立团班长。1947 年 6 月在泰兴县珊瑚庄战斗中牺牲。

徐玉琴 男，1927 年 7 月生，东兴镇东兴村人。1944 年 6 月参加革命，县独立团 4 连 3 排 2 班副班长。1947 年 7 月在战斗中牺牲。

祝书成 男，1927 年生，东兴镇海镇村人。1946 年参加革命，苏中第一军分区特务团 1 连通信班班长。1947 年 8 月 17 日在泰兴县周家园

子战斗中负重伤牺牲。

徐崇友 男，1913 年 12 月生，东兴镇东兴村人。1946 年参加革命，中国共产党党员，苏中第一军分区特务团战士。1947 年 8 月 17 日在泰兴县周家园子战斗中牺牲。

刘福其 男，1922 年 4 月生，东兴镇克成村人。1945 年 2 月参加革命，县独立团新 6 连战士。1947 年 8 月 17 日在泰兴县周家园子战斗中牺牲。

莫克贵 男，1925 年 3 月生，东兴镇克成村人。1944 年 5 月加入中国共产党，县独立团 3 连副班长。1947 年 9 月在生祠堂老鞠家埭作战时牺牲。

刘如才 男，1914 年生，东兴镇东兴村人。1945 年加入中国共产党，东兴区惠涉乡财经员。1947 年 9 月被敌投江杀害。

王　荣 男，1926 年 1 月生，东兴镇惠龙村人。1945 年 5 月参加革命，1946 年加入中国共产党，县独立团 1 连排长。1947 年 10 月 15 日在泰兴县香店头战斗中牺牲。

张国彬 男，1925 年生，东兴镇东兴村人。1945 年 8 月参加革命，县独立团班长。1947 年 12 月在斜桥药师庵作战时牺牲。

王林章 男，1917 年生，东兴镇合兴村人。1942 年参加革命，苏中第一军分区特务团战士。1947 年在如皋县石庄战斗中牺牲。

沙启宇 男，1922 年生，东兴镇合兴村人。1942 年参加革命，中国共产党党员，苏中第一军分区特务团排长。1947 年在海安县李堡战斗中牺牲。

张小维 男，1924 年生，东兴镇合兴村人。1942 年参加革命，苏中第一军分区特务团战士。1947 年在海安县李堡战斗中牺牲。

1948

张柳祥 男，1919 年生，东兴镇何德村人。1943 年参加革命，县独立团 1 连战士。1948 年 1 月 18 日在泰兴县广陵区大王庄战斗中牺牲。

周秀保 男，1926 年生，东兴镇何德村人。1945 年 8 月参加革命，县独立团 1 连 3 排班长。1948 年 1 月 18 日在泰兴县广陵区大王庄战斗中牺牲。

王维章 男，1923年8月生，东兴镇克成村人。1942年12月参加革命，1943年加入中国共产党，县独立团6连班长。1948年1月18日在泰兴县广陵区大王庄战斗中牺牲。

施正龙 男，1923年8月生，东兴镇惠盛村人。1947年参加革命，东兴区游击队机枪手。1948年1月在下四圩作战时牺牲。

张　勇 男，1927年生，东兴镇东兴村人。1945年参加革命，县独立团战士。1948年1月在北四圩战斗中牺牲。

徐桂保 男，1923年生，东兴镇惠丰村人。民兵。1948年2月被敌杀害于东兴区。

周祥伦 男，1928年生，东兴镇万盛村人。1946年参加革命，县独立团2营4连战士。1948年2月在太平桥战斗中负伤后转至太和区五百亩牺牲。

季洪章 男，1912年生，东兴镇惠丰村人。中国共产党党员，东兴区惠涉乡治安员。1948年2月在三圩港被敌杀害。

杨国平 男，1904年生，东兴镇海镇村人。1946年解放入伍，县独立团1营3连战士。1948年4月23日在孤山区朱家长埭战斗中牺牲。

徐玉坤 男，1917年生，东兴镇东兴村人。1943年参加革命，同年加入中国共产党，靖西区联络站站长。1948年4月从上海搞擦枪油返回途中，在泰兴县天星桥被敌查获遭杀害。

朱学成 男，1921年生，东兴镇成德村人。1943年参加革命，华中第一军分区特务团2营5连班长。1948年8月11日在如皋县八户庄战斗中牺牲。

陈洪富 男，1923年生，东兴镇上六村人。1944年10月参加革命，县独立团3连3排7班副班长。1948年9月22日在如皋县石庄战斗中牺牲。

吴克成 男，1913年4月生，东兴镇克成村人。1939年加入中国共产党，历任靖中区特派员、太和区区长、县特派员等职。1948年10月12日在靖城北门外杨太乡李园子附近遇敌负伤，因失血过多于当日在县独立团驻地太和区水三圩牺牲。

徐志林　男，1921年生，东兴镇成德村人。1944年参加革命，中国共产党党员，华中第一军分区特务团排长。1948年10月在泰县姜堰战斗时牺牲。

王少国　男，1931年生，东兴镇合兴村人。1947年参加革命，华中第一军分区特务团5连战士。1948年10月在泰县姜堰战斗中牺牲。

姚有泉　男，1930年2月生，东兴镇上六村人。1948年参加革命，县独立团1营1连机枪手。1948年12月在下六圩港战斗中牺牲。

陈永如　男，1914年生，东兴镇海镇村人。1943年7月参加革命，1945年加入中国共产党，第三野战军29军85师253团连长。1948年在陇海铁路线作战时牺牲。

陈永如烈士

张维德　男，1924年生，东兴镇海镇村人。1947年解放入伍，县独立团战士。1948年在泰兴县三河庄渡河时牺牲。

张华美　男，1921年生，东兴镇海镇村人。1943年7月参加革命，中国共产党党员，华东野战军11纵队某部排长。1948年在东台县大中集（今属盐城市大丰区）战斗中牺牲。

黄辅民　男，1923年生，东兴镇合兴村人。1940年参加革命，同年加入中国共产党，历任苏北中学党支部书记、中共靖江四区委员会书记、中共靖江县委秘书、《东北日报》记者等职。1948年在辽沈战役前线采访时牺牲。

1949

樊富林　男，1918年5月生，东兴镇何德村人。1945年加入中国共产党，中共靖江东兴区上四圩乡支部书记，华中一地委渔（船）民工作委员会地下工作者。1949年1月在柏木区罗家桥执行任务时被敌投江杀害。

陈武敏　男，1914年生，东兴镇何德村人。1940年参加革命，澄西县政府通信员，在苏南执行任务时被捕。1949年3月在江阴县夏港被敌杀害。

耿华山 男，1900年生，东兴镇何德村人。1946年1月参加革命，华中一地委长江渔（船）民工作委员会地下工作者，在苏南执行任务时被捕。1949年3月牺牲于江阴县青阳镇。

季有根 男，1914年2月生，东兴镇何德村人。1949年2月参加革命，华中一地委长江渔（船）民工作委员会地下工作者，在策反江阴炮台国民党营长时被捕。1949年3月牺牲于江阴县青阳镇。

陆继文 男，1926年生，东兴镇何德村人。1946年11月参加革命，以教师身份从事地下工作，因身份暴露被捕。1949年4月被敌活埋于靖城天妃宫。

万国彬 男，1927年2月生，东兴镇惠丰村人。1948年4月参加革命，第三野战军7兵团23军68师政治部干事。1949年4月在渡江战役中牺牲。

朱锦顺 男，1921年10月生，东兴镇上六村人。支前民工，1949年4月随解放军渡江。1949年5月牺牲于上海北桥镇。

王主善 男，1921年7月生，东兴镇克成村人。1940年4月参加革命，1944年6月加入中国共产党，第三野战军29军85师253团2营6连连长。1949年10月在攻打金门岛战斗中牺牲。

张 勇 男，1928年7月生，东兴镇克成村人。1948年9月参加革命，1949年4月加入中国共产党，第三野战军29军85师253团战士。1949年12月在浙江省舟山群岛战斗中牺牲。

祁德荣 男，1929年6月生，东兴镇惠盛村人。1947年12月参加革命，第三野战军29军85师253团战士。1949年12月在浙江省舟山群岛战斗中牺牲。

1950—1959

范志良 男，1925年4月生，东兴镇克成村人。1944年参加革命，1946年加入中国共产党，第二野战军28军后勤部政治处记者。1950年在福建省南平县章湖板村战斗中牺牲。

姚明余 男，1928年生，东兴镇海镇村人。1947年参加革命，1950年加入中国共产党，第三野战军7兵团23军69师205团警卫连班长。1951年在浙江省舟山群岛战斗中牺牲。

吴国瑾 男，1925年1月生，东兴镇克成村人。1941年10月参加革命，1943年8月加入中国共产党，中国人民志愿军9兵团20军58师172团3营9连排长。1952年12月在朝鲜战场上牺牲。

朱锦章 男，1927年生，东兴镇东兴村人。1948年参加革命，中国人民志愿军第9兵团20军74师209团战士。1952年在朝鲜战场上牺牲。

夏炳龙 男，1927年10月生，东兴镇东兴村人。1949年4月解放入伍，中国人民志愿军第7兵团23军68师204团战士。1952年在朝鲜战场上牺牲。

奚华明 男，1914年生，东兴镇上六村人。1950年入伍，中国人民志愿军24军70师209团炊事员。1953年5月在朝鲜战场遭空袭牺牲。

李盛祥 男，1937年生，东兴镇惠丰村人。1957年1月入伍，中国人民解放军1230部队轮机兵。1959年9月在山东省青岛市军训中牺牲。

孤山镇革命烈士

1942

王树槐　男，1920 年 5 月生，孤山镇山东村人。1940 年 8 月参加革命，县独立团文书。1942 年 8 月在如皋县丁家桥突围时牺牲。

何国丰　男，1917 年 3 月生，孤山镇广陵村人。孤山区广陵乡农抗会会长。1942 年 10 月在泰兴县港湾被敌杀害。

孙荣海　男，1916 年 5 月生，孤山镇联东村人。1942 年 5 月参加革命，孤山区游击队侦察员。1942 年 10 月牺牲于当地缪家埭。

1943

倪浩生　男，1918 年 9 月生，孤山镇常胜村人。1943 年 2 月参加革命，县独立团 2 连战士。1943 年 9 月在泰县雅周庄(今属海安市)战斗中牺牲。

范连富　男，1922 年生，孤山镇李王村人。1940 年 4 月参加革命，苏中第三军分区特务团战士。1943 年在兴化县作战时牺牲。

1944

黄满生　男，1920 年生，孤山镇李王村人。1942 年 6 月参加革命，县独立团 2 连战士。1944 年 3 月在孤山区作战时牺牲。

黄翕堂　男，1924 年生，孤山镇李王村人。1943 年 4 月参加革命，县独立团 2 连战士。1944 年 3 月在孤山区作战时牺牲。

陈少生　男，1911 年 6 月生，又名陈帮华，孤山镇新一社区人。1941 年参加革命，中国共产党党员，县独立团排长。1944 年 7 月 23 日在泰兴县霞幕圩战斗中牺牲。

陈根庆　男，1922 年生，孤山镇广陵村人。1941 年 4 月参加革命，县独立团班长。1944 年 7 月 23 日在泰兴县霞幕圩战斗中牺牲。

黄根祥　男，1923 年生，孤山镇李王村人。1943 年 4 月参加革命，县独立团 1 连 2 排战士。1944 年 7 月 23 日在泰兴县霞幕圩战斗中牺牲。

刘少堂　男，1925 年 8 月生，又名刘小堂，孤山镇新联村人。1944 年 3 月参加革命，县独立团 3 连战士。1944 年 7 月 23 日在泰兴县霞幕

圩战斗中牺牲。

闻继生 男，1918 年生，孤山镇杨太村人。1943 年参加革命，中国共产党党员，县独立团 3 连战士。1944 年 7 月 23 日在泰兴县霞幕圩战斗中牺牲。

刘积祥 男，1924 年 12 月生，孤山镇常胜村人。1944 年参加革命，县独立团战士。1944 年 7 月 23 日在泰兴县霞幕圩战斗中牺牲。

刘筛郎 男，1926 年 12 月生，孤山镇石桥村人。支前民工，1944 年 7 月 23 日在泰兴县霞幕圩战斗中牺牲。

潘玉华 男，1922 年 8 月生，孤山镇常胜村人。1942 年参加革命，同年加入中国共产党，县独立团 2 连 3 排 8 班班长。1944 年 7 月 23 日在泰兴县霞幕圩战斗中牺牲。

严金如 男，1925 年 5 月生，孤山镇通太村人。1944 年 4 月参加革命，苏中第三军分区特务团战士。1944 年 8 月在东台县遭敌空袭时牺牲。

范广照 男，1918 年生，孤山镇石桥村人。1942 年参加革命，中国共产党党员，县独立团侦察班长。1944 年 12 月在孤山区赵家埭牺牲。

毛仲明 男，1918 年生，孤山镇土桥村人。1943 年 11 月参加革命，县独立团 3 连战士。1944 年 12 月在五圩港战斗中牺牲。

陈友堂 男，1920 年生，孤山镇杨太村人。1941 年参加革命，同年加入中国共产党，县独立团 3 连通信员。1944 年在城北真武殿作战时牺牲。

张永和 男，1919 年生，孤山镇石桥村人。1942 年参加革命，孤山区游击队员。1944 年攻打敌孤山据点时牺牲。

陈帮华 男，1920 年生，孤山镇新一社区人。1940 年 8 月参军。1944 年在西来区新华战斗中牺牲。

薛灿余 男，1923 年 2 月生，孤山镇山东村人。1941 年 12 月参加革命，苏中第三军分区特务团 1 连 1 排 3 班班长。1944 年在如皋县城作战时牺牲。

1945

毛小和 男，1921 年 3 月生，孤山镇土桥村人。1944 年参加革命，县独立团1连侦察班战士。1945年3月在靖城侦察敌情时被日军杀害。

范福庆 男，1922年7月生，孤山镇勇进村人。1940年参加革命，同年加入中国共产党，县独立团侦察班长。1945年3月在柏木区六号桥被敌杀害。

范广进 男，1920年9月生，孤山镇勤丰村人。1942年2月参加革命，县独立团1连班长。1945年3月在当地八角井埭与日军作战时牺牲。

宋满松 男，1924年9月生，孤山镇通太村人。1943年参加革命，中国共产党党员，县独立团战士。1945年3月在如皋县宋家桥作战时牺牲。

朱文蔚 男，1921年生，孤山镇土桥村人。1944年参加革命，县独立团侦察员。1945年4月在新港战斗中牺牲。

祁金余 男，1918年生，孤山镇通太村人。1943年3月参加革命，县独立团战士。1945年4月在生祠堂作战时牺牲。

张小进 男，1924年生，孤山镇广陵村人。1943年8月参加革命，县独立团3连战士。1945年4月在生祠堂作战时牺牲。

黄保根 男，1919年生，孤山镇通太村人。1943年参加革命，县独立团班长。1945年4月在生祠堂作战时牺牲。

顾富根 男，1927年5月生，孤山镇山东村人。1943年3月参加革命，县独立团3连副班长。1945年4月在孤山区作战时牺牲。

范筛郎 男，1921年生，孤山镇勇进村人。1943年6月参加革命，苏中第三军分区特务团炮手。1945年5月在海门县作战时牺牲。

印余兴 男，1918年10月生，孤山镇孤山村人。1943年参加革命，中国共产党党员，苏中第三军分区特务团连长。1945年6月在东台县狗子庄战斗中牺牲。

吴金根 男，1916年12月生，孤山镇镇南村人。1944年3月参加革命，同年6月加入中国共产党，县独立团3连连长。1945年7月在柏木桥战斗中牺牲。

徐公鲁 男，1913年生，又名徐慕生，孤山镇人。1932年加入中国共产党，中共镇金县委宣传部部长，茅东县（镇金县改建）抗日民主政

府县长。1945 年 10 月 15 日在北撤途中随“中安”轮遇难。

丁久如 男，1916 年 2 月生，孤山镇勤丰村人。1944 年参加革命，长安区游击队员。1945 年 11 月在弯腰沟遭捕，被敌押到南通县杀害。

秦桂荣 男，1921 年 5 月生，又名秦臻荣，孤山镇山东村人。1943 年 2 月参加革命，同年 8 月加入中国共产党，县独立团侦察员。1945 年 12 月在八圩港遭敌空袭时牺牲。

刘德明 男，1923 年生，孤山镇镇南村人。1942 年加入中国共产党，孤山区乡民兵大队长。1945 年被敌杀害于当地陈家埭。

花金保 男，1927 年 3 月生，孤山镇新一社区人。1943 年参加革命，县独立团警卫员。1945 年在泰兴县广陵镇作战时牺牲。

1946

刘培庆 男，1921 年生，孤山镇乐稼村人。孤山区乐稼乡民兵大队长。1946 年 1 月被敌杀害于靖城西门外。

钱培生 男，1918 年 9 月生，孤山镇杨太村人。乡农会会长，中国共产党党员。1946 年 2 月被敌杀害于当地缪家埭。

常周贤 男，1924 年 2 月生，孤山镇新联村人。1942 年加入中国共产党，中共靖江柏木区委组织科长。1946 年 3 月在柏木区三号桥被捕牺牲。

常周贤烈士

沈大和 男，1928 年生，孤山镇勤丰村人。1946 年参加革命，孤山区游击队员。1946 年 3 月在泰兴县杜子桥作战时牺牲。

褚可章 男，1901 年 5 月生，孤山镇王庄村人。1945 年 8 月参加革命，柏木区区公所通信员。1946 年 5 月被敌杀害于唐家土地庙。

宋文治 男，1921 年 3 月生，孤山镇通太村人。1943 年 3 月参加革命，县独立团战士。1946 年 5 月在生祠堂作战时牺牲。

张子忠 男，1922 年生，孤山镇城北村人。1945 年参加革命，1946 年加入中国共产党，如皋县独立团 1 营 1 连副连长。1946 年 6 月在如皋县丁家沙战斗中牺牲。

刘汉祥 男，1927年生，孤山镇李王村人。1945年3月参加革命，苏中第一军分区特务团通信员。1946年6月在紫石县作战时牺牲。

展金城 男，1920年生，孤山镇镇南村人。1943年参加革命，1944年加入中国共产党，县独立团班长。1946年7月在泰兴县宁界市战斗中牺牲。

丁汉章 男，1921年生，孤山镇联华村人。1945年8月参加革命，1946年加入中国共产党，县独立团3连班长。1946年7月在泰兴县宁界市战斗中牺牲。

范大满 男，1927年8月生，孤山镇石桥村人。1945年4月参加革命，县独立团战士。1946年7月在孤山区陈家埭作战时牺牲。

张国均 男，1922年生，孤山镇新一社区人。1944年参加革命，1946年4月加入中国共产党，县独立团副班长。1946年7月在季（家市）黄（桥）路战斗中牺牲。

陈满庆 男，1920年7月生，孤山镇杨太村人。1943年参加革命，中国共产党党员，孤山区陆甲乡指导员。1946年8月被敌杀害于当地侯家埭。

郑凤英 女，1924年2月生，孤山镇杨太村人。1945年加入中国共产党，孤山区杨太乡妇救会会长。1946年8月被敌杀害于当地侯家埭。

赵掌庆 男，1923年生，孤山镇石桥村人。1944年6月加入中国共产党，孤山区游击队员。1946年8月被敌杀害于当地。

缪根元 男，1926年生，孤山镇勤丰村人。1945年参加革命，华中野战军7纵队32旅95团战士。1946年8月在泰兴县分界战斗中牺牲。

杜泉郎 男，1925年生，孤山镇镇南村人。1944年参加革命，县独立团战士。1946年8月被敌杀害于当地陈家埭。

杜和尚 男，1907年生，孤山镇孤山村人。孤山区准提乡民兵队长。1946年8月被敌杀害于当地。

杜保根 男，1914年生，孤山镇孤山村人。1945年加入中国共产党，孤山区准提乡村翻身委员。1946年8月被敌杀害于当地。

刘志余 男，1919年生，又名刘志如，孤山镇镇南村人。刘志明烈士之弟。1943年加入中国共产党，1944年秋参加新四军，1945年被评为战斗英雄。1946年6月负伤，8月24日在后方医院牺牲。

刘巧生 男，1926年生，孤山镇李王村人。1944年7月参加革命，新四军浙西纵队7支队战士。1946年8月在浙江省屋古山牺牲。

邵祥官 男，1912年生，孤山镇孤山村人。村翻身委员。1946年9月被敌杀害于当地兜包湾。

姚金保 男，1923年生，孤山镇联华村人。1946年2月加入中国共产党，孤山区黄庄乡民兵中队长。1946年9月被敌杀害于当地兜包湾。

顾卯生 男，1910年10月生，孤山镇山东村人。1946年8月加入中国共产党，孤山区孤山乡农会会长。1946年10月被敌杀害于当地潘家埭。

缪经典 男，1922年生，孤山镇石桥村人。1946年3月参加革命，孤山区游击队炊事员。1946年10月在城北桥被敌杀害。

陈林生 男，1926年9月生，孤山镇新联村人。1945年3月参加革命，苏中第一军分区特务团战士。1946年10月在海门县作战时牺牲。

顾新荣 男，1924年生，孤山镇新联村人。1944年9月参加革命，1945年加入中国共产党，华中野战军7纵队54团班长。1946年11月在江都县邵伯战斗中牺牲。

陈儒生 男，1928年生，孤山镇土桥村人。1944年9月参加革命，县独立团6连战士。1946年11月在孤山区兜包湾战斗中牺牲。

钱铁生 男，1922年5月生，孤山镇王庄村人。1944年5月加入中国共产党，柏木区三乡民兵大队长。1946年11月被敌杀害于孤山区邵家市。

龚正先 男，1907年8月生，孤山镇新庄村人。民工。1946年11月牺牲于长安区。

黄国治 男，1929年5月生，孤山镇新庄村人。1945年6月参加革命，县独立团战士。1946年12月在东兴区二圩港作战时牺牲。

朱小春 男，1930年8月生，孤山镇勤丰村人。村儿童团团长。1946年12月被敌杀害于当地。

刘如生 男，1894年生，孤山镇勤丰村人。1945年参加革命，中国共产党党员，村翻身委员。1946年被敌杀害于当地。

黄小林 男，1924年1月生，孤山镇李王村人。1945年8月参加革命，苏中第一军分区特务团战士。1946年在东台县张有庄战斗中牺牲。

闻铁庆 男，1903年生，孤山镇杨太村人。1945年参加革命，中国共产党党员，地下工作者。1946年在靖城西门外被敌杀害。

范广生 男，1921年生，孤山镇李王村人。1940年4月参加革命，中国共产党党员，县独立团副连长。1946年在斜桥药师庵战斗中牺牲。

1947

闻耀先 男，1901年生，孤山镇杨太村人。杨太乡闻家村村长。1947年1月1日因拒向敌人纳粮遭杀害。

常流礼 男，1912年5月生，孤山镇新联村人。1944年加入中国共产党，大善乡九村村长。1947年1月在当地被敌杀害。

陈洪如 男，1928年生，孤山镇常胜村人。1945年6月参加革命，县独立团班长。1947年1月在东兴区二圩港作战时牺牲。

闻雨田 男，1923年3月生，孤山镇杨太村人。1941年参加革命，1944年加入中国共产党，华中野战军7纵队32旅95团副连长。1947年1月在东台县下仓战斗中牺牲。

闻雨田烈士

陈锡山 男，1920年生，孤山镇新联村人。1943年参加革命，华中第一军分区特务团班长。1947年1月在东台县下仓战斗中牺牲。

毛德官 男，1926年生，孤山镇勤丰村人。1944年8月参加革命，中国共产党党员，华东野战军6纵队18师53团1连副排长。1947年1月在山东省莱芜战役中牺牲。

钱士林 男，1926年生，孤山镇广陵村人。1945年4月参加革命，县独立团1营3连战士。1947年2月14日在太和区八字桥战斗中牺牲。

刘志明 男，1914年生，孤山镇镇南村人。1941年10月加入中国共产党，文桥乡（山南乡）乡长、中共靖江孤山区委组织科副科长。

1947年2月在当地被敌人绑在稻床上烧死。

杜炳生　男，1923年4月生，孤山镇镇南村人。1943年参加革命，1944年加入中国共产党，县独立团排长。1947年2月在马桥作战时牺牲。

缪希生　男，1919年2月生，孤山镇石桥村人。石桥村村长。1947年2月在当地缪家埭被敌杀害。

李良生　男，1903年生，孤山镇勇进村人。1946年8月参加革命，孤山区游击队司务长。1947年2月在准提庵战斗中牺牲。

季位烈　男，1916年1月生，孤山镇广陵村人。1939年参加革命，1940年加入中国共产党，孤山区联络站情报员。1947年2月被敌杀害于当地。

钱炳坤　男，1922年生，孤山镇新庄村人。1943年加入中国共产党，长安区老庄乡民兵中队长。1947年2月被捕后牺牲于孤山区。

何汉生　男，1919年10月生，孤山镇勇进村人。中国共产党党员，孤山区大善乡民兵大队长。1947年2月在坚持原地斗争中被敌活埋。

常仁兴　男，1900年8月生，孤山镇新联村人。孤山区大善乡常家埭农会会长。1947年2月在当地赵家埭被敌杀害。

范志成　男，1887年1月生，又名范子成，孤山镇新联村人。孤山区大善乡农会逆产委员。1947年2月被敌杀害于当地赵家埭。

孙文明　男，1907年生，孤山镇勤丰村人。1946年7月参加革命，县独立团情报员。1947年2月被敌杀害于当地郑家埭。

高子春　男，1924年9月生，孤山镇勤丰村人。孤山区善缘乡朱家埭村长，中国共产党党员。1947年2月被敌杀害于榆木桥。

朱伯郎　男，1897年3月生，孤山镇广陵村人。村翻身委员。1947年2月被敌杀害于当地烟灯埭。

弓国林　男，1918年12月生，孤山镇新庄村人。1940年10月参加革命。1947年3月28日在泰县张莫天（今属海安市）战斗中牺牲。

刘立根　男，1906年7月生，孤山镇常胜村人。1943年参加革命，县独立团3连战士。1947年3月28日在泰县张莫天（今属海安市）战斗中牺牲。

范广平 男，1928年3月生，孤山镇李王村人。1943年7月参加革命，县独立团侦察班长。1947年3月28日在泰县张莫天（今属海安市）战斗中牺牲。

高永华 男，1919年生，孤山镇广陵村人。1945年2月参加革命，县独立团战士。1947年3月28日在泰县张莫天(今属海安市)战斗中牺牲。

陈　浩 男，1918年10月生，孤山镇新联村人。1946年8月参加革命，中国共产党党员，县独立团1连战士，1947年3月28日在泰县张莫天（今属海安市）战斗中牺牲。

张金桂 男，1926年生，孤山镇新联村人。1946年8月参加革命，县独立团1营1连班长。1947年3月28日在泰县张莫天（今属海安市）战斗中牺牲。

毛明善 男，1920年生，孤山镇土桥村人。1944年10月参加革命，县独立团1营3连班长。1947年3月在二圩港作战时牺牲。

闻汉东 男，1923年生，孤山镇杨太村人。1945年参加革命，同年加入中国共产党，孤山区游击队班长。1947年3月在当地殷家桥战斗中牺牲。

朱玉明 男，1919年生，孤山镇石桥村人。1940年7月参加革命，中国共产党党员，县独立团新6连排长。1947年3月在泰兴县唐家庄战斗中牺牲。

陈振华 男，1915年生，孤山镇石桥村人。1944年6月参加革命，中国共产党党员，县独立团新6连战士。1947年3月在泰兴县唐家庄战斗中被敌捕押至靖江杀害。

徐兴成 男，1926年生，孤山镇勤丰村人。1946年8月参加革命，中国共产党党员，县独立团新6连指导员。1947年3月在泰兴县唐家庄战斗中牺牲。

严顺庆 男，1928年6月生，孤山镇土桥村人。1945年3月参加革命，华东野战军11纵队32旅95团3营7连7班战士。1947年3月在海安县李堡战斗中牺牲。

陈巧松 男，1912年生，孤山镇广陵村人。1946年参加革命，华东

野战军11纵队32旅95团8连2班战士。1947年3月在海安县李堡战斗中牺牲。

范铁生 男，1928年生，孤山镇孤山村人。1943年参加革命，苏中第一军分区特务团战士。1947年3月在海安县李堡战斗中牺牲。

范迪修 男，1927年3月生，孤山镇石桥村人。1944年7月参加革命，苏中第一军分区特务团战士。1947年3月在海安县李堡战斗中牺牲。

钱　江 男，1923年5月生，又名钱钢，孤山镇勤丰村人。1941年参加革命，1942年加入中国共产党，县独立团情报站通信员、孤山分站站长。1947年3月被敌活埋于泰兴县宁界市。

闻友生 男，1922年6月生，孤山镇杨太村人。1945年参加革命，同年加入中国共产党，杨太乡游击队队长，1946年底随军北撤至紫石县。1947年4月12日在紫石县白甸乡遇敌牺牲。

黄少培 男，1930年9月生，孤山镇新庄村人。1945年11月参加革命，1946年加入中国共产党，县独立团排长。1947年4月在泰县塔寺里战斗中牺牲。

吴友生 男，1926年生，孤山镇孤山村人。1945年参加革命，1946年加入中国共产党，苏中第一军分区特务团排长。1947年4月在海安县作战时牺牲。

常周昌 男，1925年生，孤山镇新联村人。1941年参加革命，中国共产党党员，华东野战军6纵队18师53团营医务室主任。1947年5月在山东省临沂市蒙阴县孟良崮战役中牺牲。

常周昌烈士

江银生 男，1926年生，孤山镇石桥村人。1942年参加革命，苏中第一军分区特务团战士。1947年7月在泰兴县珊瑚庄战斗中牺牲。

王春荣 男，1928年生，孤山镇常胜村人。1942年8月参加革命，县独立团班长。1947年9月1日在泰兴县丁家桥战斗中牺牲。

曹　希 男，1928年12月生，孤山镇广陵村人。1944年8月参加革命，中国共产党党员，县独立团5连班长。1947年9月在太和区新丰市战斗中牺牲。

刘金堂 男，1922年1月生，孤山镇镇南村人。1943年参加革命，中国共产党党员，县独立团政工干事。1947年9月在靖江、泰兴边界作战时牺牲。

高志林 男，1924年生，孤山镇广陵村人。1942年参加革命，中国共产党党员，县独立团3连副连长。1947年10月15日在泰兴县香店头战斗中牺牲。

陈孝堂 男，1924年生，又名陈少堂，孤山镇新联村人。1945年参加革命，县独立团1连战士。1947年10月15日在泰兴县香店头战斗中牺牲。

范庭华 男，1928年1月生，孤山镇李王村人。1945年4月参加革命，中国共产党党员，苏中第一军分区特务团战士。1947年10月在东台县沈灶战斗中牺牲。

钱鼎坤 男，1923年生，孤山镇新庄村人。1945年参加革命，1946年加入中国共产党，华东野战军11纵队某部1营2连指导员。1947年11月在泰兴县伢儿庄战斗中牺牲。

戴福生 男，1920年9月生，孤山镇勤丰村人。1946年参加革命，县独立团1营3连战士。1947年11月在泰兴县张家桥作战时牺牲。

常金富 男，1928年生，孤山镇勤丰村人。1943年1月参加革命，华东野战军11纵队32旅95团3营6连战士。1947年11月在盐（城）南战斗中牺牲。

缪祖基 男，1923年4月生，孤山镇勇进村人。1946年5月加入中国共产党，孤山区准提乡副乡长。1947年12月被敌杀害于季（家市）南田家弄。

蔡有生 男，1925年4月生，孤山镇勇进村人。1946年8月参加革命，同年加入中国共产党，孤山区准提乡指导员。1947年12月被敌杀害于季（家市）南田家弄。

张福祥 男，1905年生，孤山镇常胜村人。1943年参加革命，中国共产党党员，县独立团3连战士。1947年12月被敌杀害于当地徐家埭。

叶金华 男，1924年2月生，孤山镇乐稼村人。1943年5月参加革命，华东野战军4纵队10师30团战士。1947年12月在安徽省蚌埠作战时牺牲。

高祥郎 男，1911年生，孤山镇孤山村人。1945年参加革命，孤山区游击队班长。1947年在当地石桥头作战时牺牲。

钱网庆 男，1929年生，孤山镇勇进村人。1946年参加革命，孤山区游击队侦察员。1947年因敌“扫荡”牺牲于生祠堂。

徐立功 男，1905年5月生，孤山镇广陵村人。村翻身委员。1947年在靖城侦察敌情时被敌杀害。

范 辉 男，1925年生，又名范灰，孤山镇石桥村人。1945年参加革命，县独立团战士。1947年在东兴区五圩港战斗中牺牲。

陈德明 男，1920年2月生，孤山镇石桥村人。乡农会会长，中国共产党党员。1947年北撤时在紫石县牺牲。

范迪元 男，1924年生，孤山镇新联村人。1945年参加革命，县独立团战士。1947年在泰兴县秦家楼作战时牺牲。

朱善庆 男，1929年生，孤山镇常胜村人。1946年8月参加革命，苏中第一军分区特务团6连战士。1947年在盐城作战时牺牲。

刘灿林烈士

刘灿林 男，1921年3月生，孤山镇通太村人。1944年参加革命，中国共产党党员，华东野战军6纵队18师53团连副政治指导员。1947年在山东省胶东地区作战时牺牲。

1948

范兰生 男，1926年生，孤山镇广陵村人。1945年4月参加革命，县独立团1营1连班长。1948年1月18日在泰兴县广陵区大王庄战斗中牺牲。

范迪银 男，1917年2月生，孤山镇李王村人。1939年8月加入中国共产党，孤山区杨太乡农会会长。1948年1月被敌杀害。

常玉坤 男，1930年生，孤山镇新联村人。1945年加入中国共产党，县独立团3连1排排长。1948年1月在东兴区二圩港战斗中牺牲。

常汉生 男，1923年生，孤山镇勤丰村人。1942年2月参加革命，中国共产党党员，华东野战军11纵队32旅95团排长。1948年1月在东台县卞仓战斗中牺牲。

吴开元 男，1921年12月生，孤山镇李王村人。1943年参加革命，中国共产党党员，华中第一军分区特务团班长。1948年1月在海安县李堡战斗中牺牲。

韩富生 男，1908年生，孤山镇土桥村人。1947年参加革命，孤山区游击队侦察员。1948年2月被敌杀害于当地张家埭。

韩伯生 男，1911年生，孤山镇土桥村人。1947年参加革命，孤山区交通站联络员。1948年2月牺牲于当地。

陈旭平 男，1918年3月生，孤山镇常胜村人。1939年参加革命，中国共产党党员，县独立团3连战士。1948年2月在孤山区被敌活埋。

闻殿华 男，1923年生，孤山镇杨太村人。1946年8月参加革命，中国共产党党员，县独立团重机枪班班长。1948年3月在泰兴县古溪作战时牺牲。

刘祖根 男，1925年生，孤山镇杨太村人。1942年参加革命，县独立团战士。1948年4月7日在东兴区正东圩战斗中牺牲。

陆品成 男，1928年7月生，孤山镇勇进村人。孤山区游击队侦察员。1948年6月在侦察敌情时被敌杀害于印家埭。

何满生 男，1908年10月生，孤山镇勇进村人。孤山区准提乡治安员。1948年6月被敌杀害于靖城。

刘吉祥 男，1919年10月生，孤山镇新庄村人。1945年12月参加革命，县独立团6连战士。1948年7月在泰兴县口岸战斗中牺牲。

刘梓和 男，1926年8月生，孤山镇李王村人。1946年6月参加革命，孤山区游击队员。1948年7月在当地张家埭港边遭敌袭击牺牲。

吕坤和 男，1925年生，孤山镇联华村人。1948年5月参加革命，县独立团战士。1948年8月在当地徐家半埭被捕后牺牲。

杜汉彬 男，1923年10月生，孤山镇镇南村人。1934年加入中国共产党，孤山区常胜乡副乡长。1948年8月在当地被敌杀害。

陈子和 男，1906年8月生，孤山镇杨太村人。村长，中国共产党党员。1948年10月在当地被敌杀害。

陈友芝 男，1926年生，孤山镇广陵村人。1947年参加革命，县独立团2连班长。1948年10月在公所桥作战时牺牲。

陈如海 男，1926年生，孤山镇通太村人。1947年参加革命，华中第一军分区特务团战士。1948年10月在泰县姜堰战斗中牺牲。

印小如 男，1926年8月生，孤山镇孤山村人。1945年10月参加革命，孤山区区公所通信员。1948年11月在孤山区被敌杀害。

刘汉余 男，1928年1月生，孤山镇石桥村人。1947年参加革命，第二野战军某部战士。1948年11月在安徽省宿县县城战斗中牺牲。

范福庆 男，1928年生，孤山镇广陵村人。1946年6月参加革命，华东野战军29军85师253团班长。1948年11月在淮海战役中牺牲。

沈明芝 男，1926年4月生，孤山镇山东村人。1944年参加革命，1945年2月加入中国共产党，华东野战军29军85师253团参谋长，先后5次立功，其中二等功一次。1948年11月在淮海战役中牺牲。

沈明芝烈士

季锦荣 男，1927年生，孤山镇勇进村人。1942年8月参加革命，中国共产党党员，华东野战军29军85师255团连长。1948年11月在淮海战役中牺牲。

叶树滋 男，1921年3月生，又名叶树芝，孤山镇勤丰村人。1942年加入中国共产党，1944年入伍，华东野战军29军85师255团3连指导员，屡立战功。1948年11月在淮海战役中牺牲，被追认为“优秀指导员”。

陆少善 男，1920年生，孤山镇勤丰村人。1943年参加革命，华东野战军29军85师253团战士。1948年11月在淮海战役中牺牲。

沈福庆 男，1921年生，孤山镇勤丰村人。1946年参加革命，华东野战军29军86师257团3营8连战士。1948年11月在淮海战役中牺牲。

毛金保 男，1924年生，孤山镇勇进村人。1948年参加革命，孤山区游击队员。1948年12月在当地被敌杀害。

殷品高 男，1922年生，孤山镇联华村人。1946年3月参加革命，8月加入中国共产党，华东野战军29军86师257团3营8连2排5班副班长。1948年12月在东台县卞仓战斗中牺牲。

缪老三 男，1901年生，孤山镇土桥村人。1947年参加革命，中国共产党党员，地下交通员。1948年被敌杀害于当地。

杨增元 男，1927年6月生，孤山镇勤丰村人。1945年参加革命，1946年加入中国共产党，在敌季家市据点内从事地下工作。1948年年底在季家市被敌活埋。

刘小和 男，1928年6月生，孤山镇人。1948年3月参加革命，孤山区游击队员。1948年在当地史家埭战斗中牺牲。

朱和尚 男，1925年生，孤山镇孤山村人。1946年参加革命，华中第一军分区特务团侦察员。1948年在泰兴县黄桥战斗中牺牲。

季茂堂 男，1919年生，孤山镇新庄村人。1940年参加革命，1943年加入中国共产党，华中第一军分区特务团8连2排排长。1948年在台北县（今盐城市大丰区）与敌作战时牺牲。

顾满生 男，1919年生，孤山镇广陵村人。1939年7月参加革命，中国共产党党员，华东野战军29军85师253团营长。1948年在淮海战役中牺牲。

陈满恺 男，1928年生，孤山镇勤丰村人。1945年参加革命，中国共产党党员，华东野战军29军85师253团排长。1948年在陇海铁路线作战时牺牲。

顾满生烈士

刘　毅 男，1923年10月生，孤山镇广陵村人。1947年2月参加革命，华东野战军11纵队某部战士。1948年在山东省诸城县作战时牺牲。

陆炳生 男，1924年3月生，孤山镇石桥村人。1944年参军，华东

野战军 11 纵队某部战士。牺牲时间、地点不详。

1949

徐网庆 男，1925 年生，孤山镇石桥村人。1943 年参加革命，中国共产党党员，县独立团班长。1949 年 2 月在泰兴县作战时抢救伤员牺牲。

刘汉章 男，1916 年生，孤山镇联东村人。民兵，1947 年加入中国共产党。1949 年 3 月被敌杀害于当地。

陆玉坤 男，1909 年 8 月生，孤山镇乐稼村人。支前民工。1949 年 3 月在泰兴县战斗中牺牲。

朱小春 男，1930 年 8 月生，孤山镇王庄村人。1947 年 5 月解放入伍,1948 年 2 月加入中国共产党，第三野战军 23 军 69 师 206 团 6 连战士。1949 年 4 月在渡江战役中牺牲。

1950—1959

史吉根 男，1916 年 12 月生，孤山镇山东村人。1940 年 10 月参加革命，战士。1950 年 3 月牺牲。

陆柱根 男，1920 年生，又名陆桂根，孤山镇石桥村人。1943 年 3 月参加革命，中国共产党党员，第三野战军 29 军 86 师 258 团 5 连排长。1950 年 7 月在攻打大担岛时牺牲。

周弟生 男，1932 年 8 月生，又名周地生，孤山镇土桥村人。1950 年 3 月入伍，中国人民志愿军 24 军 72 师 216 团 3 连战士。1952 年 11 月在朝鲜 404 高地战斗中牺牲。

马立生 男，1929 年 6 月生，孤山镇新庄村人。1951 年 3 月入伍，中国人民志愿军 24 军 70 师 209 团 2 营 4 连战士。1952 年 12 月在朝鲜战场上牺牲。

钱根泉 男，1932 年 8 月 16 日生，又名钱根祥，孤山镇城北村人。1947 年 3 月参加革命，中国人民志愿军 24 军 72 师 215 团 2 营 4 连战士。1953 年 3 月在朝鲜上甘岭战斗中牺牲。

刘桂明 男，1930 年生，孤山镇镇南村人。1951 年 7 月入伍，中国共产党党员，中国人民志愿军 24 军 72 师 215 团 1 营 1 连战士。1953 年 3 月在朝鲜上甘岭战斗中牺牲。

闻林根 男，1931年生，孤山镇杨太村人。1949年3月参加革命，中国共产党党员，中国人民志愿军某部5大队战士。1953年4月在朝鲜宁边郡战斗中牺牲。

周顺根 男，1926年生，孤山镇广陵村人。1951年入伍，中国人民志愿军24军70师208团5连战士。1953年6月在朝鲜上甘岭战斗中牺牲。

季振邦 男，1931年8月生，孤山镇通太村人。1951年7月入伍，中国人民志愿军24军70师209团3营6连战士。1953年6月在朝鲜上甘岭战斗中牺牲。

刘银红 男，1934年4月生，孤山镇通太村人。1951年7月入伍，中国人民志愿军24军70师209团5连战士。1953年6月在朝鲜城岩里275高地战斗中牺牲。

肖修芝 男，1933年生，孤山镇新一社区人。1951年3月入伍，中国人民志愿军24军70师208团2营4连战士。1953年6月在朝鲜城岩里275高地战斗中牺牲。

陈和尚 男，1932年7月生，孤山镇常胜村人。1951年3月入伍，中国人民志愿军24军70师208团3连战士。1953年6月在朝鲜城岩里275高地战斗中牺牲。

史成祖 男，1926年9月生，孤山镇常胜村人。1951年2月入伍，中国人民志愿军24军70师208团2营4连战士。1953年6月在朝鲜城岩里275高地战斗中牺牲。

陈于德 男，1931年3月生，孤山镇石桥村人。1951年3月入伍，中国人民志愿军24军72师216团2连副班长。1953年7月在朝鲜战场上牺牲。

朱富保 男，1930年生，孤山镇新联村人。1951年3月入伍，中国人民志愿军24军72师215团战士。1953年7月在朝鲜战场上牺牲。

朱少初 男，1927年9月生，孤山镇山东村人。1951年3月入伍，中国人民志愿军24军72师215团战士。1953年在朝鲜战场上牺牲。

赵桂泉 男，1929年生，孤山镇孤山村人。1951年7月参加革命，1952年加入中国共产党，中国人民志愿军24军72师215团战士。1953

年在朝鲜战场上牺牲。

卢纪明 男，1931 年生，孤山镇广陵村人。1953 年 5 月入伍，中国人民解放军 1011 部队 6 支队 1 营 3 连战士。1955 年 8 月在山东省长山要塞区牺牲。

何余根 男，1935 年 4 月生，孤山镇王庄村人。1954 年 12 月入伍，中国共产党党员，中国人民解放军 4229 部队 2 连雷达操纵手。1956 年 8 月在浙江省嵊泗县为抢救台风袭击下的国防器材而牺牲。

沈金松 男，1932 年生，孤山镇山东村人。1953 年入伍，同年 9 月加入中国共产党，中国人民解放军 1851 部队 1 营 3 连副班长。1956 年 10 月在国防施工中牺牲。

史积根 男，1924 年生，孤山镇常胜村人。1940 年参加革命，中国人民解放军驻西藏部队战士。1957 年 12 月在西藏打击叛乱武装分子时牺牲。

其他年份

吕林根 男，1945 年 2 月生，孤山镇常胜村人。1963 年 3 月入伍，中国人民解放军 6310 部队战士。1965 年 6 月在吴县光福地区牺牲。

郑　洪 男，1945 年 4 月生，孤山镇勇进村人。1968 年 4 月入伍，中国人民解放军 8815 部队战士。1969 年 3 月在四川省德昌县国防施工中牺牲。

许子荣 男，1945 年 3 月生，孤山镇山东村人。1962 年入伍，1967 年加入中国共产党，中国人民解放军南京军区工程兵修理所战士。1969 年 6 月在南京牺牲。

何　晔 男，1954 年 1 月生，孤山镇勇进村人。1973 年 12 月入伍，1977 年 10 月加入中国共产党，中国人民解放军某部宣传科副营级干事。1986 年 8 月 20 日执行空运任务时牺牲。

季市镇革命烈士

1940

钱如林 男，1917 年 4 月生，季市镇季市村人。1939 年 7 月参加革命，新四军主力部队某部战士。1940 年在泰县姜堰作战时牺牲。

1941

唐吉三 男，1918 年生，季市镇季市村人。1940 年参加革命，如皋县独立团班长。1941 年 7 月在如皋县水洞口作战时牺牲。

1942

刘益洲 男，1924 年 4 月生，季市镇关桥村人。1940 年 7 月参加革命，同年 9 月加入中国共产党，县独立团短枪班班长。1942 年 8 月在靖城西门与日伪军作战时牺牲。

朱荣庆 男，1907 年生，季市镇长安村人。1942 年参加革命，西来区游击队炊事员。1942 年 11 月在西来区被日军杀害。

1943

陈希生 男，1922 年生，季市镇长安村人。1940 年参加革命，县独立团侦察班长。1943 年 2 月在斜桥作战时牺牲。

许来洲 男，1924 年生，季市镇井圩村人。1942 年参加革命，县独立团炊事员。1943 年 3 月在长安区长埭战斗中牺牲。

朱荀林 男，1921 年生，季市镇长安村人。1942 年参加革命，苏中第三军分区特务团战士。1943 年 5 月 24 日在东台县大中集（今属盐城市大丰区）作战时牺牲。

丁金元 男，1919 年生，季市镇勤盛村人。1941 年参加革命，中国共产党党员，县独立团侦察排班长。1943 年 9 月在靖城被捕后牺牲。

刘贵芳 男，1916 年生，季市镇新安村人。1943 年参加革命，靖东区警卫班班长。1943 年在靖城西门三官殿与日军作战时牺牲。

1944

瞿昌禄 男，1921 年生，季市镇利民村人。1943 年 8 月参加革命，

县独立团战士。1944 年 1 月在大木桥战斗中牺牲。

吴保金　男，1921 年生，季市镇利民村人。1943 年参加革命，县独立团 3 连 1 班战士。1944 年 5 月在如皋县宋家庄作战时牺牲。

丁士林　男，1924 年生，季市镇长安村人。1941 年参加革命，中国共产党党员，县独立团 3 连排长。1944 年 7 月 23 日在泰兴县霞幕圩战斗中牺牲。

张　坤　男，1919 年生，季市镇利民村人。1941 年 7 月参加革命，中国共产党党员，县独立团二连排长。1944 年 7 月 23 日在泰兴县霞幕圩战斗中牺牲。

张玉成　男，1922 年生，季市镇利民村人。1943 年参加革命，中国共产党党员，苏中第三军分区特务团 3 营 8 连班长。1944 年 7 月 23 日在泰兴县霞幕圩战斗中牺牲。

沈培荣　男，1924 年生，季市镇利民村人。1944 年参加革命，中国共产党党员，县独立团班长。1944 年 7 月 23 日在泰兴县霞幕圩战斗中牺牲。

盛仁庆　男，1928 年生，季市镇大庆村人。1943 年 11 月参加革命，县独立团 2 连战士。1944 年 7 月 23 日在泰兴县霞幕圩战斗中牺牲。

夏秀芳　男，1916 年生，季市镇长安村人。1942 年参加革命，新四军 1 师 1 旅 3 团 2 营 4 连 3 班副班长。1944 年 7 月在兴化县与日军作战时牺牲。

陈南峰　男，1925 年生，季市镇季市村人。1943 年参加革命，新四军江浙军区第 4 纵队 10 支队战士。1944 年 10 月在浙江省吴兴县双林镇战斗中牺牲。

佘炳清　男，1929 年生，季市镇长安村人。1943 年 8 月参加革命，中国共产党党员，苏中第三军分区特务团班长。1944 年 10 月在如皋县九龙口作战时牺牲。

唐余忠　男，1919 年生，季市镇安武村人。1942 年参加革命，县独立团战士。1944 年 12 月在土桥与日军作战时牺牲。

吴宗林　男，1927 年生，季市镇利民村人。1943 年参加革命，华中野战军 7 纵队 32 旅 95 团战士。1944 年 12 月在江都县邵伯战斗中牺牲。

徐兵荣 男，1920 年 8 月生，季市镇季新村人。1942 年参加革命，县独立团 1 连战士。1944 年在新港与日军作战时牺牲。

吴荣郎 男，1923 年生，季市镇庄帜村人。1941 年参加革命，县独立团侦察员。1944 年在靖城北门被日军杀害。

汤顺生 男，1923 年生，季市镇大庆村人。1941 年参加革命，新四军某部机枪班班长。1944 年在启东县作战时牺牲。

朱桂荣 男，1924 年生，季市镇文嘉村人。1943 年参加革命，新四军 1 师 2 团班长。1944 年在如皋县太平桥战斗中牺牲。

1945

张筛保 男，1918 年生，季市镇庄帜村人。长安区长安乡基干民兵。1945 年 3 月在当地埋雷时牺牲。

张浩荣 男，1919 年生，季市镇大庆村人。1941 年参加革命，县独立团战士。1945 年 4 月在柏木区五号桥战斗中牺牲。

沈付成 男，1921 年生，季市镇关桥村人。1945 年参加革命，中国共产党党员，县独立团 6 连班长。1945 年 4 月在生祠堂作战时牺牲。

戴根郎 男，1925 年生，季市镇利民村人。1945 年 3 月参加革命，县独立团 3 连 2 排战士。1945 年 7 月在朱大路旁庙宇港作战时牺牲。

黄金生 男，1925 年生，季市镇利民村人。1941 年参加革命，中国共产党党员，华中野战军 6 师 18 旅 53 团战士。1945 年 7 月在泰县马沟战斗中牺牲。

刘巧官 男，1907 年生，季市镇长安村人。1943 年参加革命，中国共产党党员，县独立团战士。1945 年 8 月被日军杀害于靖城。

褚然一 男，1924 年生，季市镇井圩村人。1944 年参加革命，苏中第三军分区特务团 2 营 4 连战士。1945 年 8 月在泰县黄极港战斗中牺牲。

张明球 男，1923 年生，季市镇裕福村人。1942 年参加革命，同年加入中国共产党。1945 年牺牲于扬州。

缪士荣 男，1923 年生，季市镇横河村人。1944 年 4 月参加革命，苏中第三军分区特务团战士。1945 年在如皋县作战时牺牲。

1946

夏唯一 男，1925 年生，季市镇横河村人。1943 年参加革命，同年加入中国共产党。历任中共靖江柏木区委组织干事，组织科副科长、科长等职。1946 年 2 月 19 日遭叛徒出卖被捕，后被敌投江杀害。

夏唯一烈士

师永根 男，1926 年 2 月生，季市镇季东村人。1946 年 1 月参加革命，县独立团战士。1946 年 3 月在新港战斗中牺牲。

江友春 男，1921 年生，季市镇长安村人。1943 年参加革命，苏中第一军分区特务团战士。1946 年 6 月在盐城伍佑战斗中牺牲。

刘虎大 男，1921 年生，季市镇长安村人。1944 年参加革命，苏中第一军分区特务团战士。1946 年 6 月在盐城伍佑战斗中牺牲。

陶友生 男，1926 年生，季市镇石榴村人。1944 年 4 月参加革命，县独立团战士。1946 年 6 月在泰兴县宣家堡战斗中牺牲。

郑吉余 男，1928 年生，季市镇季市村人。1944 年参加革命，泰县独立团供给干事。1946 年 6 月在泰兴县宣家堡战斗中牺牲。

张金桂 男，生年不详，季市镇季东村人。1941 年参加革命，中国共产党党员，孤山区宁界乡乡长。1946 年 6 月在泰兴县官庄战斗中牺牲。

刘士生 男，1886 年生，季市镇长安村人。1943 年参加革命，县独立团 4 连炊事员。1946 年 6 月在泰兴县北草场遭敌机空袭牺牲。

周庆生 男，1921 年生，季市镇大庆村人。1945 年 3 月参加革命，中国共产党党员，新四军 1 师 1 旅 2 营通信员。1946 年 6 月在泰兴县作战时牺牲。

姚根郎 男，1930 年生，季市镇季新村人。1946 年 3 月参加革命，县独立团战士。1946 年 6 月在泰兴县宁界市作战时牺牲。

印秀生 男，1925 年生，季市镇新安村人。1944 年 3 月参加革命，华中野战军 6 师 18 旅 53 团班长。1946 年 6 月在黄河一带执行任务时牺牲。

朱贵生 男，1925年生，季市镇祁安村人。1942年10月参加革命，华中野战军7纵队32旅95团2营4连战士。1946年7月在如皋县宋家桥作战时牺牲。

张有荣 男，1915年生，季市镇庄帜村人。支前民工。1946年7月在泰兴县城作战时牺牲。

张玉成 男，1919年生，季市镇季西村人。1940年参加革命，新四军1师1团战士。1946年8月在泰兴县作战时牺牲。

倪坤治 男，1924年生，季市镇廉尚村人。1944年参加革命，华中野战军7纵队6团战士。1946年8月在江都县邵伯战斗中牺牲。

陈炳生 男，1928年生，季市镇季新村人。1942年参加革命，苏中第一军分区特务团通信员。1946年8月在海安县李堡战斗中牺牲。

陈网生 男，1920年生，季市镇宁界村人。1946年加入中国共产党，孤山区大善乡治安员。1946年9月遭敌杀害。

吴网生 男，1919年生，季市镇安武村人。1942年参加革命，中国共产党党员，县独立团8连连长。1946年9月在当地老庄头破拆敌人碉堡时牺牲。

刘宏培 男，1911年生，季市镇安武村人。1944年参加革命，中国共产党党员，长安区游击队队长。1946年9月被敌杀害于孤山区。

吴灿生 男，1922年10月生，季市镇祁安村人。1946年8月加入中国共产党，长安区祁安乡农会会长。1946年9月在当地与敌作战时牺牲。

佘有林 男，1922年生，季市镇长安村人。1944年参加革命，县独立团3连机枪手。1946年9月在柏木桥战斗中牺牲。

顾鸿庆 男，1927年生，季市镇长安村人。1945年参加革命，县独立团3连4班战士。1946年10月在泰兴县宁界市作战时牺牲。

张　遗 男，1923年生，季市镇大庆村人。长安区治保员。1946年11月被敌杀害于孤山区。

杨忠岳 男，1923年4月生，季市镇曙光村人。1942年2月参加

革命，中国共产党党员，长安区情报员。1946 年 12 月被敌杀害于孤山区北土桥。

陈如生 男，1920 年生，季市镇长安村人。村基干民兵队长。1946 年 12 月在斜桥作战时牺牲。

唐小清 男，1908 年生，季市镇安武村人。1944 年加入中国共产党，长安区安武乡通信员。1946 年 12 月在唐家埭遇敌作战时牺牲。

张继生 男，1927 年生，季市镇季新村人。1943 年参加革命，县独立团战士。1946 年 12 月在唐家埭遇敌作战时牺牲。

丁兰生 男，1910 年 11 月生，季市镇关桥村人。1944 年参加革命，1945 年加入中国共产党，长安区联络员。1946 年 12 月被敌杀害于生祠堂镰刀港。

唐根保 男，1917 年生，季市镇大庆村人。1946 年 11 月参加革命，长安区游击队侦察员。1946 年 12 月在执行侦察任务时被敌杀害于季家市。

弓士尊 男，1921 年生，季市镇利民村人。1942 年参加革命，中国共产党党员，县公安局小队长。1946 年 12 月在送密件途中被敌杀害。

羊松普 男，1922 年生，季市镇庄帜村人。1946 年参加革命，县独立团侦察员。1946 年在斜桥执行侦察任务时牺牲。

范金祥 男，1925 年生，季市镇石榴村人。1945 年参加革命，中国共产党党员，靖东区情报站通信员。1946 年在季家市左家埭被敌杀害。

周友堂 男，1923 年生，季市镇大庆村人。1943 年参加革命，苏中第一军分区特务团战士。1946 年在如皋县作战时牺牲。

汤筛郎 男，1924 年 3 月生，季市镇大庆村人。1943 年参加革命，苏中第一军分区特务团战士。1946 年在如皋县作战时牺牲。

王大鲁 男，1928 年 6 月生，季市镇大庆村人。1946 年参加革命，县独立团 3 连战士。1946 年在太和区夹港侦察敌情时牺牲。

田武庆 男，1924 年生，季市镇井圩村人。1943 年 2 月参加革命，县独立团班长。1946 年在孤山区作战时牺牲。

刘大生 男，1905 年生，季市镇大庆村人。1944 年参加革命，孤山区元庆乡指导员。1946 年被敌杀害于孤山区。

王勇祥 男，1925年生，季市镇大庆村人。1944年参加革命，中国共产党党员，长安区游击队员。1946年被敌杀害于孤山区。

佘有富 男，1923年生，季市镇长安村人。1943年3月参加革命，县独立团班长。1946年在北撤途中作战时牺牲。

1947

范海林 男，1925年生，季市镇新安村人。1944年参加革命，县独立团战士。1947年1月11日在普济庵战斗中牺牲。

刘维荣 男，1920年生，季市镇祁安村人。1941年参加革命，1942年加入中国共产党，祁安乡民兵队长。1947年1月15日被敌活埋。

祝礼生 男，1921年生，季市镇安武村人。1945年参加革命，长安区游击队员。1947年1月在当地通太市被敌杀害。

刘汉先 男，1926年生，季市镇廉尚村人。1941年8月参加革命，县独立团侦察班班长。1947年1月在涨公殿被敌杀害。

姚友余 男，1928年生，季市镇石榴村人。1945年8月加入中国共产党，长安区石榴乡民兵队长。1947年1月与敌作战时牺牲。

缪培生 男，1898年生，季市镇文嘉村人。1942年参加革命，县公安局炊事员。1947年1月在太和区王家腰沟被捕后牺牲。

徐满庆 男，1918年生，季市镇星光村人。1943年2月参加革命，华东野战军4纵队1师班长。1947年1月在山东省台儿庄战斗中牺牲。

季召文 男，1920年生，季市镇关桥村人。中国共产党党员，村农会会长。1947年1月被敌杀害于季家市。

陈荣庆 男，1910年生，季市镇陈唐村人。1945年2月参加革命，同年加入中国共产党，长安区情报员。1947年2月被敌杀害于九圩埭。

陈忠和 男，1913年生，季市镇横河村人。1943年参加革命，中国共产党党员，长安区廉让乡乡长。1947年2月在如皋县爱民乡反“清剿”斗争中牺牲。

刘汉兴 男，1919年生，季市镇长安村人。1942年参加革命，县独立团文书。1947年2月在如皋县卢庄战斗中被捕后遭敌投海杀害。

范网根 男，1924年生，季市镇宁界村人。1946年参加革命，孤山

区游击队通信员。1947 年 2 月在泰兴县广陵镇战斗中牺牲。

徐余庆 男，1925 年生，季市镇文嘉村人。1946 年参加革命，县独立团战士。1947 年 2 月在季家市南面三圩埭战斗中牺牲。

丁凤祥 男，1928 年 12 月生，季市镇祁安村人。1943 年加入中国共产党，长安区祁安乡民兵队长。1947 年 2 月在孤山区被敌活埋。

刘文才 男，1924 年生，季市镇祁安村人。1941 年参加民兵组织，1942 年加入中国共产党，历任祁安乡农会会长、中共靖江长安区委组织科副科长等职。1947 年 2 月被敌绑至斜桥北首倪家埭一棵杨树上活活砍死。

张保生 男，1920 年生，季市镇石榴村人。1946 年 8 月参加革命，县独立团 8 连班长。1947 年 3 月 28 日在泰县张莫天（今属海安市）战斗中牺牲。

钱金荣 男，1925 年生，季市镇横河村人。1944 年参加革命，县独立团 3 连战士。1947 年 3 月 28 日在泰县张莫天（今属海安市）战斗中牺牲。

吴小网 男，1922 年生，季市镇利民村人。1943 年 12 月参加革命，县独立团 3 连班长。1947 年 3 月 28 日在泰县张莫天（今属海安市）战斗中牺牲。

严顺林 男，1928 年 8 月生，季市镇廉尚村人。1946 年参加革命，县独立团 1 连战士。1947 年 3 月 28 日在泰县张莫天（今属海安市）战斗中牺牲。

孙桂荣 男，1911 年生，季市镇安武村人。1942 年加入中国共产党，长安区安武乡基干民兵队长。1947 年 3 月在季家市南街被敌杀害。

曹汉文 男，1925 年 2 月生，季市镇安武村人。1942 年参加革命，同年加入中国共产党，华东野战军 6 纵队 18 师 53 团 7 连指导员。1947 年 4 月在山东省莱芜作战时牺牲。

曹汉文烈士

袁荣林 男，1927 年生，季市镇石榴村人。1943

年2月参加革命，县独立团1连班长。1947年4月在泰县塔寺里战斗中牺牲。

江继盛 男，1930年3月生，季市镇安武村人。1946年8月参加革命，苏中第一军分区特务团战士。1947年4月在紫石县北庄战斗中牺牲。

史富田 男，1922年7月生，季市镇祁安村人。1945年加入中国共产党，如皋县独立团侦察排战士。1947年5月在如皋县四眼井地区执行侦察任务时被敌捕杀。

吴金荣 男，1917年生，季市镇季市村人。季家市民兵大队长，中国共产党党员。1947年6月在泰兴县珊瑚庄战斗中牺牲。

王　鹏 男，1922年生，季市镇季西村人。1944年5月参加革命，中国共产党党员，新四军1师1团战士。1947年6月在泰兴县珊瑚庄战斗中牺牲。

卢保生 男，1923年生，季市镇横河村人。1946年参加革命，中国共产党党员，县独立团排长。1947年7月在侯河区作战时牺牲。

肖银龙 男，1923年生，季市镇利民村人。1944年参加革命，中国共产党党员，华东野战军11纵32旅95团6连战士。1947年7月在如皋县斜三官殿作战时牺牲。

丁具傲 男，1925年生，季市镇长安村人。1944年1月参加革命，华东野战军11纵队32旅95团班长。1947年7月在泰兴县分界战斗中牺牲。

周达生 男，1916年生，季市镇文嘉村人。1946年参加革命，中国共产党党员，苏中第一军分区特务团1营2连班长。1947年8月在泰兴县大兴庄作战时牺牲。

陆裕修 男，1926年生，季市镇安武村人。1941年参加革命，县独立团1营3连战士。1947年8月在泰县袁家桥战斗中牺牲。

王林章 男，1909年生，季市镇宁界村人。1946年参加革命，苏中第一军分区特务团战士。1947年10月在泰兴县朱家港战斗中牺牲。

夏道郎 男，1919年生，季市镇长安村人。1944年3月参加革命，县独立团班长。1947 年 10 月在泰兴县张家桥战斗中牺牲。

夏斐然烈士

夏斐然　男，1917 年 8 月生，季市镇长安村人。1942 年参加革命，同年加入中国共产党，长安区公安干事。1947 年 10 月在如皋县周庄立沟头突围时牺牲。

盛继生　男，1912 年 8 月生，季市镇大庆村人。1946 年 11 月参加革命，苏中第三军分区特务团战士。1947 年 10 月在东台县作战时牺牲。

唐炳梓　男，1910 年生，季市镇长安村人。长安区安武乡民兵队长。1947 年 12 月遭敌杀害。

毛广德烈士

毛广德　男，1922 年生，季市镇安武村人。1945 年加入中国共产党，华东野战军 6 纵队 18 师 52 团连指导员。1947 年 12 月在徐州作战时牺牲。

刘月忠　男，1929 年生，季市镇安武村人。1946 年参加革命，县独立团 5 连班长。1947 年 12 月在六圩港战斗中牺牲。

张根祥　男，1921 年 10 月生，季市镇陈唐村人。民兵。1947 年在孤山区拆桥备战时牺牲。

郑金荣　男，1925 年生，季市镇廉尚村人。1944 年参加革命，中国共产党党员，苏中第一军分区特务团 4 连排长。1947 年在东台县作战时牺牲。

1948

佘义生　男，1920 年生，季市镇长安村人。1943 年参加革命，同年加入中国共产党，历任长安区抗日游击队指导员、县独立团 8 连指导员、如皋县独立团党总支副书记等职。1948 年 1 月 15 日在如皋县李三圩战斗中牺牲。

佘义生烈士

沈　彬　男，1921 年 11 月生，季市镇横河村人。1947 年参加革命，县独立团 1 连战士。1948 年 1 月

20 日在泰兴县广陵区印家院战斗中牺牲。

朱顺松 男，1931 年生，季市镇长安村人。1947 年参加革命，长安区游击队员。1948 年 1 月在当地唐家埭被敌杀害。

范培生 男，1909 年生，季市镇花家村人。1947 年 10 月参加革命，县独立团交通员。1948 年 2 月在执行送信任务时遭敌杀害。

叶志龙 男，1920 年 2 月生，季市镇横河村人。1943 年参加革命，县独立团战士。1948 年 2 月在如皋县周家庄战斗中牺牲。

张葵生 男，1923 年生，季市镇裕福村人。1946 年参加革命，中国共产党党员，华东野战军某部战士。1948 年 4 月在徐州战场上牺牲。

唐锡俊 男，1925 年 8 月生，季市镇季市村人。1943 年参加革命，1946 年加入中国共产党，华东野战军 23 军 198 团 8 连排长。1948 年 6 月在睢杞战役中牺牲于河南省睢县龙王店。

刘有祥 男，1916 年生，季市镇石榴村人。1947 年参加革命，1948 年加入中国共产党，苏中第一军分区特务团 1 连战士。1948 年 7 月被敌杀害于靖城东门外。

陶　锡 男，1924 年生，季市镇曙光村人。1946 年参加革命，长安区游击队员。1948 年 8 月被敌投入界河杀害。

严先明 男，1913 年生，季市镇廉尚村人。1942 年参加革命，中国共产党党员，华中第一军分区特务团机炮连排长。1948 年 9 月 22 日在如皋县石庄战斗中牺牲。

缪俊余 男，1928 年生，季市镇廉尚村人。1948 年参加革命，中国共产党党员，中共靖江县委训练班学员。1948 年 9 月在通过季（家市）靖（城）公路时落水而献身。

陈卫生 男，1926 年生，季市镇季新村人。1943 年参加革命，县独立团战士。1948 年 9 月在泰县姜堰战斗中牺牲。

杜浩元 男，1905 年生，季市镇勤盛村人。孤山区宁界乡财政员。1948 年 10 月被敌杀害于裕福庵。

邹锡其 男，1920 年生，季市镇庄帜村人。1941 年 6 月参加革命，华东野战军 29 军 85 师 253 团班长。1948 年 11 月在淮海战役中牺牲。

姚顺生 男，1926 年生，季市镇季新村人。1943 年参加革命，华东野战军某部战士。1948 年 11 月在淮海战役中牺牲。

姚巧林 男，1921 年生，季市镇星光村人。1943 年 2 月参加革命，华东野战军某部 1 团 1 营 3 连 3 班班长。1948 年 11 月在淮海战役中牺牲。

唐淦滨 男，1920 年生，季市镇陈唐村人。1943 年参加革命，长安区游击队通信员。1948 年被敌杀害于当地通太市。

李和生 男，1925 年生，季市镇季市村人。中国共产党党员，孤山区洋巷乡村翻身委员。1948 年在当地参加土改时被敌杀害。

盛锡龙 男，1928 年生，季市镇大庆村人。1939 年参加革命，中国共产党党员，华中第一军分区特务团 1 连排长。1948 年在兴化县作战时牺牲。

朱锦希 男，1920 年生，季市镇长安村人。1943 年参加革命，华东野战军 23 军 67 师 299 团 4 连 1 班班长。1948 年在河南省开封作战时牺牲。

顾龙寿 男，1921 年生，季市镇廉尚村人。1944 年参加革命，如皋县独立团机枪手。1948 年在如皋县磨头战斗中牺牲。

许金芳 男，1927 年生，季市镇庄帜村人。1944 年参加革命，华东野战军 23 军 69 师 206 团炊事员。1948 年在山东省渡黄河战斗中牺牲。

1949

张网庆 男，1923 年生，季市镇星光村人。1945 年 9 月参加革命，县独立团 3 营 8 连通信班长。1949 年 1 月在高桥战斗中牺牲。

盛德庆 男，1929 年生，季市镇大庆村人。1945 年参加革命，县独立团 2 营 4 连副班长。1949 年 1 月在五圩港战斗中牺牲。

严何方 男，1929 年 6 月生，季市镇陈唐村人。1947 年参加革命，县独立团 8 连班长。1949 年 4 月在渡江战役中牺牲。

许　英 男，1922 年生，季市镇井圩村人。1943 年参加革命，县独立团卫生员。1949 年 4 月在渡江战役中牺牲。

许少钟 男，1931 年生，季市镇庄帜村人。1949 年 2 月参加革命，长安区区公所通信员。1949 年 5 月在靖城牺牲。

姚二保 男，1927年生，季市镇陈塘村人。1948年8月解放入伍，福建军区某部战士。1949年9月在福建省厦门战役中牺牲。

1950—1959

刘明芳 男，1924年生，季市镇新安村人。1948年11月参加革命，华东军区警备6旅17团战士。1950年7月在镇江市试射礼炮时牺牲。

朱学才 男，1929年生，季市镇廉尚村人。1946年参加革命，中国共产党党员，中国人民志愿军航空兵104部队排长。1951年1月在飞行作战编队训练中牺牲。

朱 洪 男，1920年生，季市镇廉尚村人。1949年解放入伍，中国人民志愿军60军180师540团1连战士。1951年3月在朝鲜淮阳郡战斗中牺牲。

郑伯荣 男，1925年生，季市镇长安村人。1946年3月参加革命，中国人民志愿军9兵团某部3营1连7班班长。1951年9月在朝鲜战场上牺牲。

汤建春 男，1932年9月生，季市镇大庆村人。1950年3月入伍，中国共产党党员，中国人民志愿军某部骑兵团副排长。1952年6月在朝鲜上甘岭战斗中牺牲。

陈士元 男，1929年生，季市镇裕福村人。1951年入伍，1952年加入中国共产党，中国人民志愿军24军70师209团班长。1952年10月在朝鲜上夹山战斗中牺牲。

朱友根 男，1924年2月生，季市镇祁安村人。1948年11月参加革命，中国共产党党员，中国人民志愿军23军69师206团班长。1953年5月在朝鲜战场上牺牲。

郭桂荣 男，1935年10月生，季市镇星光村人。1951年7月入伍，中国人民志愿军24军70师208团2营6连通信员。1953年6月在朝鲜上甘岭战斗中牺牲。

黄锡培 男，1932年5月生，季市镇曙光村人。1951年7月入伍，中国人民志愿军24军70师209团2营6连战士。1953年6月在朝鲜城岩里275高地战斗中牺牲。

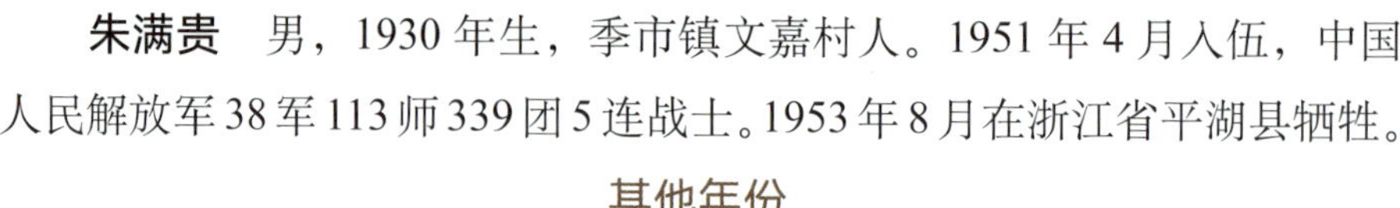

朱满贵 男，1930 年生，季市镇文嘉村人。1951 年 4 月入伍，中国人民解放军 38 军 113 师 339 团 5 连战士。1953 年 8 月在浙江省平湖县牺牲。

其他年份

郭桂兴 男，1954 年生，季市镇星光村人。1973 年 1 月入伍，中国人民解放军 1516 部队特务连战士。1973 年 2 月在河北省丰宁县战备施工中牺牲。

戴承理 男，1924 年生，季市镇利民村人。1944 年 2 月参加革命，同年加入中国共产党，中国人民解放军 89209 部队师政委。1979 年 1 月 8 日在内蒙古自治区赤峰市病逝。

顾云稼 男，1962 年 12 月生，季市镇裕福村人。1979 年 7 月入伍，中国人民解放军沈阳空军第七航校 4 团飞行 2 大队飞行员。1982 年 6 月 5 日在辽宁省开原县飞行训练中牺牲。

王铭飞 男，1980 年 9 月生，季市镇文嘉村人。1996 年入伍，中国共产党党员，中国人民解放军 92138 部队飞行 2 大队士官。2004 年 5 月 6 日在执行军事任务时牺牲。

斜桥镇革命烈士

1939

陆银培 男，1904 年生，斜桥镇筱山村人。支前民工。1939 年 4 月为新四军侦察班带路被日军杀害于斜桥药师庵。

1940

卞网根 男，1920 年生，斜桥镇新木村人。1939 年参加革命，新四军苏北指挥部 2 纵队 9 团战士。1940 年在泰县姜堰战斗中牺牲。

秦富保 男，1917 年 3 月生，斜桥镇五圩村人。1939 年 12 月参加革命，西来区游击队员。1940 年 3 月被日军杀害于靖城。

1941

洪有培 男，1919 年生，斜桥镇江平村人。1940 年参加革命，新四军 1 师 2 团机枪手。1941 年 4 月在安徽省广德县周桥镇作战时牺牲。

夏积根 男，1913 年 10 月生，斜桥镇创新村人。1940 年 1 月参加革命，1941 年 8 月在海安县曲塘战斗中牺牲。

缪汉松 男，1918 年 4 月生，斜桥镇六助村人。1940 年参加革命，新四军 1 师 2 团战士。1941 年 9 月在如皋县作战时牺牲。

1942

周海林 男，1918 年 2 月生，斜桥镇创新村人。1940 年 7 月参加革命，新四军 1 师 8 团 3 营 7 连战士。1942 年 12 月在盐城上岗战斗中牺牲。

王兴孝 男，1911 年生，斜桥镇江平村人。1941 年参加革命，新四军 1 师 1 团机枪手。1942 年在盐城作战时牺牲。

1943

周大邦 男，1924 年生，斜桥镇旺桥村人。1943 年参加革命，中国共产党党员，柏木区井兴乡指导员。1943 年 12 月被伪军杀害于当地万福桥。

卜炳坤 男，1921 年 10 月生，斜桥镇新港村人。1940 年参加革命，西来区情报员。1943 年被日军杀害。

项国初　男，1923 年 3 月生，斜桥镇六助村人。1942 年参加革命，县独立团班长。1943 年在泰县姜堰战斗中牺牲。

1944

杜梓彬　男，1920 年生，斜桥镇荷花村人。1943 年 3 月参加革命，中国共产党党员，新四军主力部队某部班长。1944 年 3 月在安徽省广德县独树街作战时牺牲。

顾金祥　男，1914 年 9 月生，斜桥镇黄普村人。1941 年参加革命，新四军 1 师 2 团班长。1944 年 4 月在泰县姜堰战斗中牺牲。

刘汝贤　男，1922 年生，斜桥镇江平村人。1943 年 6 月参加革命，同年加入中国共产党，柏木区民兵。1944 年 5 月在六助乡被日军杀害。

吉　余　男，1918 年生，斜桥镇新华村人。1943 年 3 月参加革命，县独立团战士。1944 年 7 月 23 日在泰兴县霞幕圩战斗中牺牲。

包小伯　男，1927 年生，斜桥镇安宁村人。1943 年 2 月参加革命，县独立团战士。1944 年 7 月 23 日在泰兴县霞幕圩战斗中牺牲。

夏荣郎　男，1927 年生，斜桥镇斜桥村人。1944 年参加革命，县独立团战士。1944 年 7 月 23 日在泰兴县霞幕圩战斗中牺牲。

杜根灿　男，1919 年 11 月生，斜桥镇荷花村人。1943 年参加革命，县独立团战士。1944 年 7 月 23 日在泰兴县霞幕圩战斗中牺牲。

王小坤　男，1920 年生，斜桥镇荷花村人。1942 年参加革命，县独立团通讯员。1944 年 7 月 23 日在泰兴县霞幕圩战斗中牺牲。

邵宝祥　男，1921 年生，斜桥镇红旗村人。1941 年 5 月参加革命，县独立团战士。1944 年 7 月 23 日在泰兴县霞幕圩战斗中牺牲。

陈荣彬　男，1923 年生，斜桥镇民政村人。1943 年 9 月参加革命，县独立团 3 连 5 班战士。1944 年 7 月 23 日在泰兴县霞幕圩战斗中牺牲。

朱国桢　男，1924 年生，斜桥镇筱山村人。1943 年 3 月参加革命，县独立团战士。1944 年 7 月 23 日在泰兴县霞幕圩战斗中牺牲。

沙云伯　男，1925 年生，斜桥镇新木村人。1943 年 9 月参加革命，县独立团战士。1944 年 7 月 23 日在泰兴县霞幕圩战斗中牺牲。

王水根　男，1928 年 4 月生，斜桥镇创新村人。1944 年 4 月参加革命，县独立团3连战士。1944年7月23日在泰兴县霞幕圩战斗中牺牲。

朱少荣 男，1921年12月生，斜桥镇富民村人。1942年1月参加革命，中国共产党党员，县独立团新3连排长。1944年8月在东闸乡与日军作战时牺牲。

钱顺郎 男，1919年生，斜桥镇海圩村人。1941年参加革命，县独立团3连班长。1944年8月在斜桥药师庵与日军作战时牺牲。

顾仁和 男，1921年6月生，斜桥镇黄普村人。中国共产党党员，柏木区财政员。1944年9月在当地观音堂牺牲。

马锦芳 男，1917年生，斜桥镇广福村人。柏木区井兴乡财政员。1944年11月在袁家桥被日军杀害。

叶子龙 男，1923年生，斜桥镇民政村人。1943年7月参加革命，县独立团2连战士。1944年11月在如西县宗家庄战斗中牺牲。

陈恒山 男，1917年9月生，斜桥镇五圩村人。1942年参加革命，县独立团2连4班班长。1944年12月在长安区蔡家埭与日军作战时牺牲。

郑希侠 男，1913年生，斜桥镇新华村人。1936年参加革命，同年加入中国共产党，贵州省石阡地区地下党支部书记。1944年牺牲于贵州省独山县狱中。

杜顺金 男，1913年4月生，斜桥镇荷花村人。1943年参加革命，苏中第三军分区特务团战士。1944年在如皋县磨头作战时牺牲。

陈金标 男，1922年8月生，斜桥镇柏一村人。1942年3月参加革命，同年加入中国共产党，新四军1师2团排长。1944年在如皋县与日军作战时牺牲。

蔡网仁 男，1924年生，斜桥镇黄普村人。1942年参加革命，同年加入中国共产党，柏木区黄普乡指导员。1944年被敌杀害。

1945

高兴泉 男，1926年生，斜桥镇民政村人。1944年2月参加革命，新四军第3支队5团1营1连战士。1945年6月在山东省鲁中地区与日军作战时牺牲。

耿浩荣 男，1928年生，斜桥镇民政村人。1944年2月参加革命，

华中野战军7纵队31旅94团战士。1945年6月在如皋县太平庄与日军作战时牺牲。

张月金 男，1915年生，斜桥镇荷花村人。1944年9月参加革命，苏中第三军分区特务团4连战士。1945年8月在泰兴县城作战时牺牲。

周金培 男，1922年生，斜桥镇江平村人。1940年参加革命，县独立团班长。1945年9月11日在收复泰兴县城时牺牲。

赵桂林 男，1925年8月生，斜桥镇斜桥村人。1943年4月参加革命，县独立团战士。1945年9月11日在收复泰兴县城时牺牲。

张春林 男，1924年8月生，斜桥镇新木村人。1943年7月参加革命，中国共产党党员，华中第一军分区特务团连长。1945年11月在宝应县氾水作战时牺牲。

张春林烈士

陆灿荣 男，1922年12月生，斜桥镇大觉村人。1942年10月参加革命，中国共产党党员，县独立团排长。1945年12月在泰兴县城作战时牺牲。

杨根郎 男，1916年生，斜桥镇江平村人。1943年9月参加革命，如皋县独立团战士。1945年在泰兴县珊瑚庄作战时牺牲。

刘龙龙 男，1922年生，斜桥镇新木村人。1941年参加革命，苏中第三军分区特务团2连战士。1945年在盐城作战时牺牲。

1946

陆海郎 男，1926年生，斜桥镇筱山村人。1941年参加革命，长安区区公所通信员。1946年3月被敌投江杀害。

张汉根 男，1927年生，斜桥镇新华村人。1945年3月参加革命，县独立团战士。1946年3月在如皋县磨头战斗中牺牲。

陈顺郎 男，1922年5月生，斜桥镇井兴村人。1944年参加革命，柏木区井兴乡财政员。1946年4月被敌杀害。

唐仁俊 男，1927年2月生，又名唐仁进，斜桥镇丰宁村人。1942年参加革命，柏木区游击队员。1946年4月在敦义乡荷花池埭战斗中牺牲。

秦浩初 男，1926 年 7 月生，斜桥镇民政村人。1944 年 2 月参加革命，华中野战军 7 纵队 32 旅 95 团弹药手。1946 年 6 月在如皋县东塘三官殿作战时牺牲。

钱保仁 男，1913 年生，斜桥镇大觉村人。1939 年参加革命，中国共产党党员，长安区游击队副队长。1946 年 6 月被日军抓往南通县投海杀害。

陈丙荣 男，1923 年 2 月生，斜桥镇柏一村人。1945 年 8 月参加革命，华中野战军 7 纵队 67 师 199 团 3 营 7 连战士。1946 年 7 月在如皋县丁埝战斗中牺牲。

钱三郎 男，1920 年 2 月生，斜桥镇井兴村人。1944 年 2 月参加革命，村农会会长。1946 年 7 月被敌投江杀害。

何　勋 男，1924 年 11 月生，斜桥镇井兴村人。1945 年 8 月加入中国共产党，柏木区井兴乡农会会长。1946 年 7 月牺牲于罗家桥。

孙祖怡 男，1926 年生，斜桥镇井兴村人。1944 年参加革命，中国共产党党员，柏木区井兴乡指导员。1946 年 7 月牺牲于罗家桥。

支网林 男，1930 年生，斜桥镇红旗村人。1945 年参加革命，县独立团战士。1946 年 7 月在如皋县黄家市战斗中牺牲。

章金荣 男，1929 年 9 月生，斜桥镇红旗村人。1945 年 6 月参加革命，靖东区游击队侦察员。1946 年 8 月在柏木区高方埭作战时牺牲。

余明秋 男，1926 年生，斜桥镇红旗村人。1945 年参加革命，柏木区游击队员。1946 年 8 月在柏木区侯家埭作战时牺牲。

郑小培 男，1924 年 4 月生，斜桥镇六助村人。1945 年 4 月参加革命，柏木区游击队员。1946 年 8 月被捕押到无锡县杀害。

邵继根 男，1924 年生，斜桥镇红旗村人。1943 年参加革命，柏木区游击队员。1946 年 8 月在柏木桥战斗中牺牲。

顾福星 男，1921 年 1 月 1 日生，斜桥镇五圩村人。1945 年 7 月参加革命，1946 年加入中国共产党，西来区游击队员。1946 年 9 月在当地四圩埭被敌杀害。

夏桂宝 男，1924年生，斜桥镇黄普村人。1942年参加革命，中国共产党党员，县独立团排长。1946年9月在罗家桥被敌杀害。

黄建勋 男，1900年2月生，斜桥镇新木村人。1940年8月参加革命，中国共产党党员，华中野战军7纵队85师某部排长。1946年9月牺牲于泰兴县天星桥。

王中立 男，1915年3月生，斜桥镇黄普村人。1943年参加革命，柏木区调解助理。1946年10月在当地六号桥牺牲。

李节林 男，1895年生，斜桥镇安宁村人。1946年参加革命，柏木区丰宁乡5村分田委员。1946年10月被敌杀害于当地徐家埭。

季福权 男，1921年生，斜桥镇海圩村人。1942年参加革命，苏中第一军分区特务团机枪手。1946年10月在盐城伍佑战斗中牺牲。

司马清 男，1921年生，斜桥镇筱山村人。1941年3月参加革命，中国共产党党员，苏中第一军分区特务团排长。1946年10月在盐城伍佑战斗中牺牲。

刘明道 男，1922年生，斜桥镇江平村人。1945年9月参加革命，1946年8月加入中国共产党，柏木区游击队指导员。1946年11月在东闸乡侦察敌情时牺牲。

曹贵元 男，1927年生，斜桥镇民政村人。1945年2月参加革命，县独立团2连战士。1946年11月在柏木桥战斗中牺牲。

陈和生 男，1918年8月生，斜桥镇丹华村人。中国共产党党员，乡财政员。1946年11月被敌杀害于当地。

刘桂元 男，1926年生，斜桥镇富民村人。1944年8月参加革命，苏中第一军分区特务团战士。1946年11月在海门县反“清剿”战斗中牺牲。

曹福根 男，1924年生，斜桥镇民政村人。1945年2月参加革命，县独立团3连战士。1946年11月在泰兴县天星桥作战时牺牲。

吴沛成 男，1928年4月生，斜桥镇六助村人。1944年6月参加革命，县独立团司号员。1946年11月在泰县雅周庄（今属海安市）战斗中牺牲。

祁满生 男，1913年生，斜桥镇海圩村人。1946年6月参加革命，中国共产党党员，长安区老庄乡指导员。1946年12月1日在孤山区被敌活埋。

秦小宝 男，1918年2月生，斜桥镇富民村人。1942年2月参加革命，1944年3月加入中国共产党，长安区大觉乡指导员。1946年12月被敌杀害。

郑水荣 男，1923年生，斜桥镇丰宁村人。1946年5月参加革命，华中野战军某部6旅53团1营战士。1946年12月在泰县姜堰战斗中牺牲。

宋满根 男，1909年8月生，斜桥镇新木村人。1945年参加革命，县独立团3连战士。1946年12月在泰兴县新镇市战斗中牺牲。

陈灿龙 男，1923年生，斜桥镇丹华村人。1944年加入中国共产党，乡民兵分队长。1946年12月在当地钟家滩被敌杀害。

魏友庆 男，1923年生，斜桥镇广福村人。1945年参加革命，柏木区游击队炊事员。1946年在季家市三元桥被捕后遭敌活埋。

苏东芝 男，1927年生，斜桥镇荷花村人。1944年参加革命，县独立团战士。1946年在泰兴县境内作战时牺牲。

钱 琪 男，1929年生，斜桥镇大觉村人。1944年参加革命，县独立团班长。1946年在北撤途中遇敌作战时牺牲。

1947

严网根 男，1925年生，斜桥镇新木村人。1944年参加革命，同年加入中国共产党，敦义乡乡长。1947年1月17日被敌杀害于敦义港南首双港坎。

陆文灿 男，1908年生，斜桥镇新木村人。1946年参加革命，同年加入中国共产党，西来区普安乡乡长。1947年1月在当地作战时牺牲。

陆荣灿 男，1912年5月生，斜桥镇新木村人。西来区普安乡农会主任。1947年1月在当地作战时牺牲。

侯德兴 男，1924年生，斜桥镇丹华村人。1945年加入中国共产党，西来区永福乡副乡长。1947年1月在新港被敌杀害。

周文浩 男，1925年7月生，斜桥镇丹华村人。1944年参加革命，县独立团3连班长。1947年1月在东兴区二圩港战斗中牺牲。

闻林洲 男，1913年生，斜桥镇旺桥村人。1940年参加革命，中国共产党党员，柏木区井兴乡乡长。1947年1月被敌投海杀害。

朱银华　男，1929 年生，斜桥镇红旗村人。1946 年 10 月参加革命，县独立团战士。1947 年 2 月 14 日在太和区八字桥战斗中牺牲。

苏金根　男，1917 年 7 月生，斜桥镇新木村人。1945 年加入中国共产党，靖东区游击队员。1947 年 2 月 26 日在土桥被敌杀害。

刘政权　男，1922 年生，斜桥镇新木村人。1944 年参加革命，西来区联防队队长。1947 年 2 月被敌杀害于敦义港。

陈汉彬　男，1916 年生，斜桥镇斜桥村人。1940 年参加革命，1941 年加入中国共产党，苏北第一军分区某部连指导员。1947 年 2 月在如西县江安区战斗中牺牲。

顾振华　男，1919 年生，斜桥镇丹华村人。中国共产党党员，西来区永福乡民兵中队长。1947 年 2 月被敌杀害于沙门圩。

陈网元　男，1921 年 3 月生，斜桥镇五圩村人。中国共产党党员，西来区普福乡治安员。1947 年 2 月被敌杀害于西来镇。

陆振亚　男，1921 年 2 月生，斜桥镇大觉村人。1944 年参加革命，中国共产党党员，苏中第一军分区特务团副排长。1947 年 2 月在海门县犁头港战斗中牺牲。

支福坤　男，1929 年生，斜桥镇红旗村人。1945 年参加革命，县独立团副班长。1947 年 3 月 28 日在泰县张莫天（今属海安市）战斗中牺牲。

徐金榜　男，斜桥镇筱山村人。1944 年 6 月参加革命，县独立团 3 连战士。1947 年 3 月 28 日在泰县张莫天（今属海安市）战斗中牺牲。

戴荣林　男，1928 年生，斜桥镇新华村人。1945 年参加革命，县独立团通信员。1947 年 3 月 28 日在泰县张莫天（今属海安市）战斗中牺牲。

严进升　男，1918 年生，斜桥镇五圩村人。1942 年参加革命，1944 加入中国共产党，长安区区公所会计。1947 年 3 月北撤时被敌杀害。

顾志仁　男，1926 年 9 月生，斜桥镇新木村人。1945 年参加革命，1946 年加入中国共产党，县独立团 1 连战士。1947 年 4 月在泰兴县境内作战时牺牲。

刘明成　男，1924 年生，斜桥镇江平村人。1943 年参加革命，县独立团机枪手。1947 年 4 月在泰县塔寺里战斗中牺牲。

倪顺林 男，1915 年 11 月生，斜桥镇新木村人。1946 年参加革命，县独立团 3 连战士。1947 年 4 月在泰县塔寺里战斗中牺牲。

邵见甫 男，1924 年 1 月生，斜桥镇新木村人。1942 年参加革命，中国共产党党员，县独立团班长。1947 年 4 月在泰县塔寺里战斗中牺牲。

钱顺松 男，1921 年 9 月生，斜桥镇新木村人。1946 年参加革命，苏中第一军分区特务团战士。1947 年 4 月在紫石县战斗中牺牲。

叶和洲 男，1915 年生，斜桥镇民政村人。1943 年参加革命，同年加入中国共产党，长安区武装干事。1947 年 5 月在斜桥被敌杀害。

陈灿林 男，1923 年 8 月生，斜桥镇新木村人。1946 年 12 月参加革命，苏中第一军分区特务团战士。1947 年 5 月在海安县李堡战斗中牺牲。

顾炳初 男，1897 年 4 月生，斜桥镇新木村人。1944 年参加革命，1946 年加入中国共产党，华东野战军 6 纵队 18 师 53 团文书。1947 年 5 月在山东省莱芜作战时牺牲。

包网根 男，1927 年生，斜桥镇六助村人。1945 年参加革命，华东野战军 6 纵队 18 师 53 团 1 营 3 连副班长。1947 年 5 月在山东省莱芜作战时牺牲。

张松涛 男，1921 年生，斜桥镇荷花村人。1944 年参加革命，县独立团 1 连机枪班班长。1947 年 6 月 4 日在如皋县侉子庄战斗中牺牲。

洪序惠 男，1919 年生，斜桥镇斜桥村人。1943 年 4 月参加革命，1944 年加入中国共产党，西来区斜桥镇镇长。1947 年 6 月奉命去上海做地下工作，被捕牺牲于上海提蓝桥监狱。

盛满生 男，1929 年 9 月生，斜桥镇富民村人。1946 年 4 月参加革命，苏中第一军分区特务团班长。1947 年 7 月在盐（城）南作战时牺牲。

殷桂根 男，1899 年 10 月生，斜桥镇安宁村人。1946 年 6 月参加革命，同年加入中国共产党，柏木区丰宁乡农会翻身委员。1947 年 10 月 28 日被敌投江杀害。

刘卜哉 男，1923 年 4 月生，斜桥镇新木村人。1945 年参加革命，中国共产党党员，县独立团 3 连 1 班班长。1947 年 11 月 26 日在泰兴县二圩埭战斗中牺牲。

张三郎　男，1895 年生，斜桥镇安宁村人。村农会翻身委员。1947 年 11 月在孤山区桑木桥牺牲。

毛桥坤　男，1926 年 11 月生，斜桥镇广福村人。1941 年参加革命，柏木区游击队长。1947 年 12 月被敌投海杀害。

张宝宝　男，1903 年生，斜桥镇安宁村人。柏木区丰宁乡村农会翻身委员。1947 年 12 月被敌投海杀害。

高向元　男，1926 年 7 月生，斜桥镇新木村人。1947 年参加革命，县独立团 4 连战士。1947 年 12 月在东兴区二圩港战斗中牺牲。

钱顺其　男，1928 年 4 月生，斜桥镇新木村人。1945 年参加革命，苏中第一军分区特务团战士。1947 年在泰兴县古溪作战时牺牲。

李少堂　男，1924 年生，斜桥镇安宁村人。1943 年参加革命，县独立团战士。1947 年在泰兴县张家桥战斗中牺牲。

杜扣生　男，1926 年 2 月生，斜桥镇荷花村人。1946 年参加革命，华东野战军 11 纵队 32 旅 95 团通信员。1947 年在泰兴县城作战时牺牲。

黄有余　男，1920 年 7 月生，斜桥镇新木村人。1940 年 8 月参加革命，中国共产党党员，华东野战军 11 纵队 85 师 253 团教导员。1947 年在泰兴县作战时牺牲。

1948

刘顺生　男，1928 年 10 月生，斜桥镇安宁村人。1945 年 3 月参加革命，县独立团班长。1948 年 1 月在泰兴县广陵镇作战时牺牲。

张小初　男，1931 年生，斜桥镇六助村人。1945 年参加革命，县独立团 8 连机枪班班长。1948 年 1 月在中心桥作战时牺牲。

王富生　男，1920 年生，斜桥镇五圩村人。1945 年 8 月参加革命，县独立团 3 连 2 排 6 班战士。1948 年 3 月在泰兴县草场六圩战斗中牺牲。

缪金根　男，1915 年生，斜桥镇富民村人。1940 年 12 月参加革命，1943 年加入中国共产党，县独立团连长。1948 年 4 月 7 日在东兴区正东圩战斗中牺牲。

郁小根　男，1921 年生，斜桥镇五圩村人。1942 年参加革命，1943 年加入中国共产党，县独立团 3 连 5 班副班长。1948 年 5 月在五圩港战斗中牺牲。

陆巧林 男，1922年7月生，斜桥镇富民村人。1943年参加革命，中国共产党党员，华东野战军11纵队31旅253团1连副连长。1948年6月在盐（城）南战斗中牺牲。

刘虎根 男，1926年生，斜桥镇富民村人。1944年8月参加革命，华中第一军分区特务团通信员。1948年8月在高邮县作战时牺牲。

姚双庆 男，1913年生，斜桥镇海圩村人。乡游击队员。1948年9月在当地遭敌袭击牺牲。

朱荣海 男，1931年5月生，斜桥镇富民村人。1947年9月参加革命，华中第一军分区特务团战士。1948年12月5日在泰县姜堰战斗中牺牲。

吴良郎 男，1922年生，斜桥镇海圩村人。1942年参加革命，中国共产党党员，华东野战军29军85师253团副排长。1948年12月在淮海战役中牺牲。

沙炳坤 男，1924年12月生，斜桥镇荷花村人。1942年8月参加革命，华东野战军29军85师253团战士。1948年12月在淮海战役中牺牲。

黄荣章 男，1924年生，斜桥镇丰宁村人。1944年9月参加革命，华东野战军11纵队4团4连炮兵。1948年在淮海战役中牺牲。

张　刚 男，1916年生，斜桥镇荷花村人。1941年5月参加革命，中国共产党党员，华东野战军29军85师253团连指导员。1948年在淮海战役中牺牲。

张刚烈士

毛祖根 男，1924年生，斜桥镇新木村人。1945年4月参加革命，华中第一军分区特务团战士。1948年在如皋县作战时牺牲。

1949

顾满成 男，1903年3月生，斜桥镇创新村人。支前民工。1949年1月在土桥战斗中牺牲。

赵永华 男，1921年生，斜桥镇新木村人。1946年参加革命，华东军区警备6旅17团班长。1949年4月在渡江战役中牺牲。

王满地 男，1928年7月生，斜桥镇民政村人。1946年参加革命，中国共产党党员，华东军区警备6旅17团排长。1949年4月在渡江战役中牺牲。

李世铸 男，1918年7月生，斜桥镇六助村人。支前船工。1949年4月在渡江战役中运送解放军渡江时牺牲。

陈　绍 男，1916年8月生，斜桥镇黄普村人。1946年参加革命，第三野战军某部机枪手。1949年4月在渡江战役中牺牲。

展怀林 男，1922年生，斜桥镇红旗村人。1946年3月参加革命，第三野战军29军85师253团战士。1949年5月在上海战役吴淞战斗中牺牲。

顾吉庆 男，1923年4月生，斜桥镇创新村人。1943年11月参加革命，中国共产党党员，华东野战军23军67师200团2营6连副连长。1949年5月在上海战役中牺牲。

闻春林 男，1930年3月生，斜桥镇旺桥村人。1947年11月参加革命，第三野战军30军90师268团1营2连班长。1949年5月在上海战役中牺牲。

何兰生 男，1923年生，斜桥镇丹华村人。1943年参加革命，中国共产党党员，华东军区警备6旅17团1连班长。1949年6月在宜兴县剿匪时牺牲。

何富生 男，1916年生，斜桥镇丹华村人。支前船工。1949年在浙江省舟山群岛战斗中牺牲。

王满庆 男，1925年生，斜桥镇丹华村人。支前船工。1949年在浙江省舟山群岛战斗中牺牲。

王道波 男，1911年生，斜桥镇丹华村人。1947年参加革命，支前船工。1949年在浙江省舟山群岛战斗中牺牲。

1950—1959

刘玉兴 男，1915年5月生，斜桥镇江平村人。1940年参加革命，同年加入中国共产党，八圩区区长。1950年牺牲于八圩区。

沈龙海 男，1925年5月生，斜桥镇罗家村人。1944年参加革命，第四野战军某部战士。1950年在解放海南岛时牺牲。

彭顺郎 男，1922 年生，斜桥镇新港村人。支前船工。1950 年在浙江省舟山群岛运兵时牺牲。

戴少清 男，1921 年生，斜桥镇新华村人。1943 年参加革命，1945 年加入中国共产党，中国人民志愿军某部 68 团 3 营 3 连 3 排排长。1951 年在朝鲜战场上牺牲。

吴友生 男，1928 年生，斜桥镇丰宁村人。1948 年解放入伍，中国人民志愿军某部战士。1952 年在朝鲜战场上牺牲。

唐志成 男，1930 年生，斜桥镇安宁村人。1951 年 3 月入伍，中国人民志愿军 24 军 72 师 216 团炮连战士。1953 年 3 月在朝鲜上甘岭战斗中牺牲。

高小林 男，1933 年 3 月生，斜桥镇六助村人。1951 年 3 月入伍，中国人民志愿军 24 军 72 师 216 团战士。1953 年 3 月在朝鲜上甘岭战斗中牺牲。

孙长根 男，1932 年 11 月生，斜桥镇井兴村人。1951 年 2 月入伍，中国人民志愿军 24 军 70 师 208 团 2 营战士。1953 年 4 月在朝鲜战场上牺牲。

吴　兴 男，1931 年 5 月生，斜桥镇六助村人。1949 年 9 月加入中国共产党，中国人民志愿军 24 军 70 师 209 团 2 营 6 连战士。1953 年 6 月在朝鲜战场上牺牲。

周梓根 男，1928 年生，斜桥镇井兴村人。1951 年 4 月入伍，中国人民志愿军 24 军 70 师 209 团 3 营 9 连卫生员。1953 年 6 月在朝鲜上甘岭战斗中牺牲。

陆苟子 男，1930 年 12 月生，斜桥镇富民村人。1951 年 7 月入伍，中国人民志愿军 24 军 70 师 209 团 2 营 5 连战士。1953 年 6 月在朝鲜上甘岭战斗中牺牲。

展炳祥 男，1934 年 2 月生，斜桥镇大觉村人。1950 年 9 月入伍，1951 年加入中国共产党，中国人民志愿军 24 军 70 师 209 团 2 营 5 连战士。1953 年 6 月在朝鲜上甘岭战斗中牺牲。

尤传荣 男，1930 年 5 月生，斜桥镇广福村人。1951 年 7 月入伍，中国人民志愿军 24 军 70 师 209 团 2 营 6 连副排长。1953 年 6 月在朝鲜双山头战斗中牺牲。

朱　宏　男，1931 年 6 月生，斜桥镇广福村人。1951 年 7 月入伍，中国人民志愿军 24 军 70 师 209 团 2 营 6 连战士。1953 年 6 月在朝鲜双山头战斗中牺牲。

毛林生　男，1920 年生，斜桥镇广福村人。1945 年参加革命，中国人民志愿军23军67师199团2营6连排长。1953年7月在朝鲜战场上牺牲。

钱小狗　男，1933 年生，斜桥镇民政村人。1951 年 3 月入伍，中国人民志愿军 24 军 70 师 209 团 2 营 5 连副班长。1953 年 7 月在朝鲜战场上牺牲。

侯小汉　男，1925 年生，斜桥镇红旗村人。1951 年 3 月入伍，中国人民志愿军 24 军 70 师 209 团 1 连战士。1953 年在朝鲜战场上牺牲。

邵南华　男，1922 年 3 月生，西来镇丰产村人。1943 年 9 月参加革命，中国共产党党员，第三野战军 20 军 58 师 174 团营教导员。1954 年 12 月在福建省东山县牺牲。

其他年份

蔡刚琪　男，1929 年 4 月生，斜桥镇井兴村人。1947 年 9 月参加革命，1948 年 10 月加入中国共产党，中国人民解放军 9156 部队 3 中队 6 小队指导员。1960 年 3 月在西藏黑水县平叛时牺牲。

蔡刚琪烈士

郑金元　男，1940 年生，斜桥镇新港村人。1958 年 3 月参加工作，1961 年加入中国共产党，中国人民解放军 6387 部队连指导员。1968 年 1 月在沈阳执行任务时牺牲。

刘金富　男，1951 年 4 月生，斜桥镇江平村人。1969 年 3 月入伍，中国人民解放军 4224 部队战士。1970 年 1 月在福建省宁德县对敌斗争中牺牲。

郑金元烈士

顾灿成　男，1948 年 7 月生，斜桥镇创新村人。1969 年 1 月入伍，1970 年 8 月加入中国共产党，中国人民解放军 8663 部队战士。1970 年 8 月在湖北省光化县隧道施工时遭遇塌方牺牲。

季维荣　男，1950 年 9 月生，斜桥镇广福村人。

1972 年 12 月入伍，中国人民解放军 1517 部队战士。1974 年 7 月在河北省丰宁县抢救落水群众时牺牲。

魏苏明 男，1951 年 11 月生，斜桥镇柏一村人。1970 年 12 月入伍，中国共产党党员，中国人民解放军 1517 部队战士。1974 年 7 月在河北省丰宁县抢救落水群众时牺牲。

袁国强 男，1949 年 3 月生，斜桥镇丰宁村人。1968 年 4 月入伍，1969 年加入中国共产党，中国人民解放军铁道兵某部 55 团后勤处工物股助理员。1976 年 3 月牺牲于河北省津平县。

姚金福 男，1956 年 1 月生，斜桥镇海圩村人。1974 年 1 月入伍，中国共产党党员，中国人民解放军 80603 部队 2 连战士。1976 年 5 月在江西省景德镇执行任务时牺牲。

陆桂祥 男，1959 年 3 月生，斜桥镇安宁村人。1978 年 3 月入伍，1982 年 5 月加入中国共产党，中国人民解放军空军高射炮兵第 18 团 2 营 4 连志愿兵。1984 年 9 月 16 日在对越自卫反击战中牺牲。

陆桂祥烈士

钱灿贤 男，1964 年 11 月生，斜桥镇富民村人。1982 年 1 月入伍，中国人民解放军 35151 部队 41 师 2 团 1 营 3 连战士。1985 年 3 月 10 日在对越自卫反击战攻打老山 166 阵地时牺牲。

季和平 男，1966 年 2 月生，又名季小平，斜桥镇斜桥村人。1983 年 10 月入伍，中国人民解放军南京军区后勤部第一船舶运输大队内河中队 NI114 船（83517 部队）少尉，正排职。1989 年 4 月 28 日执行任务时牺牲，5 月被追认为中国共产党党员。

西来镇革命烈士

1932

朱者赤　男，1901 年生，原名朱雄武，西来镇龙飞村人。1927 年参加革命，1928 年加入中国共产党，同年 5 月任中共靖江县东沙区委书记。1932 年 4 月 6 日被敌杀害于靖城北门。

1940

吴绍州　男，1917 年 7 月生，西来镇封家村人。1939 年 7 月参加革命，新四军 1 师 1 团战士。1940 年 3 月在泰兴县黄桥作战时牺牲。

吴东传　男，1915 年 6 月生，西来镇封家村人。1939 年 7 月参加革命，中国共产党党员，新四军 1 师 8 团 3 营 2 连副连长。1940 年 3 月在泰兴县黄桥作战时牺牲。

1941

夏胜初　男，1918 年生，西来镇见南村人。1940 年 7 月参加革命，华中野战军 7 纵队 32 旅 95 团战士。1941 年 3 月在盐城上岗镇与日军作战时牺牲。

沈尤根　男，1923 年 2 月生，西来镇泥桥村人。1941 年 8 月参加革命，新四军 1 师 1 团战士。1941 年 10 月在如皋县三虎庄战斗中牺牲。

侯金荣　男，1921 年 8 月生，西来镇龙飞村人。1939 年 6 月参加革命，中国共产党党员，县独立团 2 连副连长。1941 年在柏木区五号桥战斗中牺牲。

1942

薛萍叔　男，1897 年 11 月生，西来镇西来村人。1940 年 10 月参加革命，如西县黄市税务所税征员。1942 年 6 月在靖江新港被敌投江杀害。

薛萍叔烈士

1943

唐桂清　男，1908 年生，西来镇西来村人。1940 年参加革命，苏中第三军分区特务团班长。1943 年

11 月在西来区作战时牺牲。

刘恩义 男，1919 年 7 月生，西来镇西来村人。1942 年参加革命，苏北抗日纵队机枪手。1943 年在兴化县作战时牺牲。

高鹤鸣 男，1917 年生，西来镇见龙村人。西来普福乡通信员，以教书先生作掩护从事地下工作。1943 年被日军杀害于如皋县张黄港。

1944

钱宝修 男，1921 年 6 月生，西来镇封家村人。1941 年 1 月参加革命，同年加入中国共产党，县独立团副连长。1944 年 7 月 23 日在泰兴县霞幕圩战斗中牺牲。

苏小祥 男，1918 年 2 月生，西来镇泥桥村人。1943 年 7 月参加革命，中国共产党党员，县独立团一连副排长。1944 年 7 月 23 日在泰兴县霞幕圩战斗中牺牲。

缪正修 男，1924 年生，西来镇敦义村人。1944 年 6 月参加革命，县独立团 2 连战士。1944 年 7 月 23 日在泰兴县霞幕圩战斗中牺牲。

缪银郎 男，1924 年生，西来镇敦义村人。1943 年参加革命，县独立团 2 连战士。1944 年 7 月 23 日在泰兴县霞幕圩战斗中牺牲。

范国良 男，1921 年生，西来镇普福村人。1940 年参加革命，中国共产党党员，县独立团 2 连副连长。1944 年 7 月 23 日在泰兴县霞幕圩战斗中牺牲。

熊范甫 男，1921 年 11 月生，西来镇西来村人。1940 年参加革命，1941 年加入中国共产党，县独立团医务股长。1944 年 7 月 23 日在泰兴县霞幕圩战斗中牺牲。

秦立邦 男，1924 年 7 月生，西来镇泥桥村人。1943 年 1 月参加革命，苏中第三军分区特务团战士。1944 年 8 月在紫石县莫家庄战斗中牺牲。

何谓成 男，1918 年 7 月生，西来镇泥桥村人。1943 年 7 月参加革命，苏中第三军分区特务团战士。1944 年 8 月在紫石县莫家庄战斗中牺牲。

刘锦才 男，1915 年 5 月生，西来镇西来村人。1942 年参加革命，1943 年加入中国共产党，如皋县独立团班长。1944 年 9 月在泰兴县岛石桥战斗中牺牲。

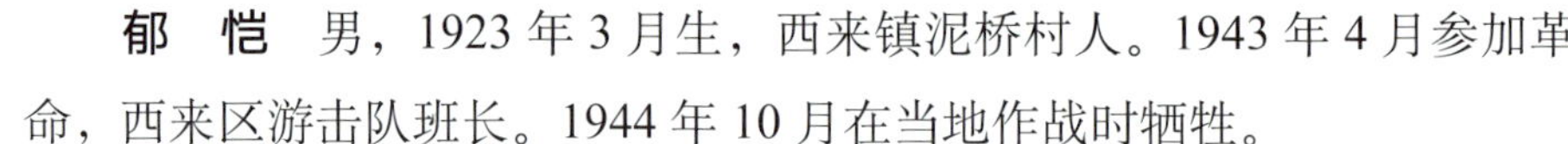

郁　恺　男，1923 年 3 月生，西来镇泥桥村人。1943 年 4 月参加革命，西来区游击队班长。1944 年 10 月在当地作战时牺牲。

钱宝仁　男，1912 年 2 月生，西来镇泥桥村人。1938 年参加革命，1939 年 7 月加入中国共产党，西来区公所助理。1944 年被敌押送南通投海杀害。

王友生　男，1922 年 12 月生，西来镇丰产村人。1941 年 3 月参加革命，县独立团机枪手。1944 年在太和区礼士桥战斗中牺牲。

吴扣庆　男，1923 年 5 月生，西来镇见龙村人。1942 年参加革命，县独立团战士。1944 年在泰兴县城作战时牺牲。

1945

缪有宝　男，1924 年 9 月生，西来镇龙华村人。1942 年 8 月参加革命，1943 年 10 月加入中国共产党，县独立团班长。1945 年 1 月在泰兴县分界战斗中牺牲。

吴吉庆　男，1923 年 6 月生，西来镇龙飞村人。1943 年 2 月参加革命，新四军 1 师 1 旅 3 团文书。1945 年 3 月在宜兴县作战时牺牲。

孙桂银　男，1924 年生，西来镇封家村人。1943 年 10 月参加革命，苏中第三军分区特务团 3 营 9 连战士。1945 年 4 月在宝应县黄石港战斗中牺牲。

白仲富　男，1924 年生，西来镇东来村人。1943 年参加革命，县独立团 3 连战士。1945 年 4 月在白衣堂战斗中牺牲。

朱福顺　男，1923 年 11 月生，西来镇西来村人。1942 年 3 月参加革命，如皋县薛窑区税务所所长。1945 年 6 月在收税时被国民党抓捕，活埋于唐家闸。

侯银郎　男，1925 年 3 月生，西来镇龙飞村人。1944 年 5 月参加革命，县独立团 3 连 2 排副班长。1945 年 7 月在泰兴县城作战时牺牲。

张宏彬　男，1918 年 4 月生，西来镇泥桥村人。1942 年 7 月参加革命，县独立团战士。1945 年 8 月在泰兴县城作战时牺牲。

黄正林　男，1923 年生，西来镇西来村人。1943 年参加革命，中国共产党党员，华中野战军 7 纵队 32 旅 95 团 6 连排长。1945 年 8 月在兴化县作战时牺牲。

刘顺保 男，1908 年生，西来镇龙飞村人。1943 年 3 月参加革命，某部炊事员。1945 年 10 月在泰兴县天星桥牺牲。

刘金福 男，1921 年 9 月生，西来镇郁家村人。1941 年 4 月参加革命，县独立团战士。1945 年 11 月在大觉乡作战时牺牲。

潘和清 男，1925 年生，西来镇封家村人。1943 年参加革命，同年加入中国共产党，县独立团班长。1945 年 12 月在长安区作战时牺牲。

张保林 男，1924 年 10 月生，西来镇东升村人。1945 年 11 月参加革命，县独立团 3 连战士。1945 年 12 月在澄西县（今属江阴市）作战时牺牲。

李春方 男，1910 年 2 月生，西来镇普福村人。1941 年 7 月参加革命，苏中第三军分区特务团战士。1945 年在海安县作战时牺牲。

黄国祥 男，1915 年 7 月生，西来镇西来村人。1940 年参加革命，中国共产党党员，新四军浙西纵队 9 支队连长。1945 年在浙江省水洞战斗中牺牲。

周少庭 男，1912 年生，西来镇赵家村人。1940 年参加革命，县独立团 2 连班长。1945 年在泰兴县宣家堡作战时牺牲。

1946

侯扣斤 男，1903 年生，西来镇龙华村人。1941 年参加革命，西来区交通站交通员。1946 年 2 月在当地东十圩埭被敌杀害。

侯七斤 男，1898 年生，西来镇龙华村人。1945 年参加革命，西来区交通站交通员。1946 年 2 月在当地东十圩埭被敌杀害。

吴辉山 男，1925 年 7 月生，西来镇西来村人。1944 年 8 月参加革命，1945 年加入中国共产党，华中第一军分区特务团 3 连副班长。1946 年 2 月在如皋县江安区邹家埭作战时牺牲。

王克礼 男，1924 年 4 月生，西来镇泥桥村人。1944 年 2 月参加革命，1945 年 5 月加入中国共产党，县独立团班长。1946 年 3 月在如皋县龙华口战斗中牺牲。

杜进修 男，1927 年 3 月生，西来镇丰产村人。1944 年 9 月参加革

命，县独立团3连班长。1946年4月在柏木桥战斗中牺牲。

顾春生 男，1927年生，西来镇丰产村人。1944年参加革命，苏中第一军分区特务团战士。1946年4月在新港战斗中牺牲。

刘洪来 男，1927年10月生，西来镇西来村人。1942年参加革命，苏中第一军分区特务团班长。1946年5月在如皋县白蒲镇林梓战斗中牺牲。

顾二春 男，1924年生，西来镇西来村人。1944年1月参加革命，华中野战军7纵队32旅95团2营6连战士。1946年5月在宝应县黄直港战斗中牺牲。

苏老如 男，1922年生，西来镇赵家村人。1943年8月参加革命，县独立团战士。1946年6月在泰兴县古溪作战时牺牲。

闻道仁 男，1928年8月生，西来镇西来村人。1945年4月参加革命，中国共产党党员，县独立团医政股股长。1946年9月在朱大路旁的庙宇港战斗中牺牲。

叶大和 男，1923年5月生，西来镇泥桥村人。1944年11月参加革命，苏中第一军分区特务3团2营6连战士。1946年9月在海安县作战时牺牲。

王仁修 男，1923年5月生，西来镇泥桥村人。1944年参加革命，苏中第一军分区特务3团2营6连2排5班司号员。1946年9月在海安县作战时牺牲。

王文荣 男，1923年4月生，西来镇泥桥村人。1945年3月参加革命，县独立团副班长。1946年9月在孤山区作战时牺牲。

吴根林 男，1921年5月生，西来镇龙飞村人。1941年3月参加革命，县独立团3连战士。1946年9月被敌杀害于如皋县黄家市。

钟少成 男，1928年7月生，西来镇见龙村人。1944年9月参加革命，县独立团3连战士。1946年9月在季家市三元桥战斗中牺牲。

朱太儿 男，1927年生，西来镇龙华村人。1945年参加革命，县独立团战士。1946年9月在如皋县戈家堡牺牲。

尹尚群 男，1916年4月生，西来镇见龙村人。1945年加入中国共产党，见龙村农会会长。1946 年 10 月被国民党杀害于土桥太平庵。

环金华 男，1918 年 2 月生，西来镇西来村人。1944 年 1 月参加革命，中国共产党党员，如皋、靖江两地情报站情报员。1946 年 10 月被敌杀害于如皋县张黄港。

王建东 男，1924 年生，西来镇西来村人。1937 年参加革命，1942 年加入中国共产党，新四军苏中第一军分区特务团战士。1946 年 10 月在如皋县林梓乡战斗中牺牲。

赵树松 男，1914 年生，西来镇赵家村人。1944 年参加革命，1945 年加入中国共产党，西来区粮站站长。1946 年 11 月在西来被敌杀害。

徐文明 男，1920 年生，西来镇敦义村人。1945 年 12 月参加革命，同年加入中国共产党，新港税务所税收员。1946 年 12 月在新港被敌杀害。

侯怀礼 男，1923 年 8 月生，西来镇龙飞村人。民兵，1943 年加入中国共产党。1946 年 12 月被敌押往斜桥途中与敌搏斗牺牲。

顾卫庆 男，1925 年生，西来镇普福村人。1945 年参加革命，长安区区公所文书。1946 年 12 月在新港钟华滩战斗中牺牲。

钱富友 男，1923 年生，西来镇普福村人。1942 年加入民兵组织，1944 年加入中国共产党。1946 年 12 月在当地与敌作战时牺牲。

赵平生 男，1910 年生，西来镇赵家村人。1942 年 8 月加入中国共产党，西来区见龙村农会主任。1946 年 12 月被国民党杀害于西来。

陆付先 男，1918 年 7 月生，又名陆富先，西来镇见龙村人。1945 年参加革命，同年加入中国共产党，华中野战军 6 纵队 18 师 52 团副连长。1946 年在黄河地区作战时牺牲。

袁网林 男，1924 年生，西来镇普福村人。1944 年起义入伍，县独立团 3 连班长。1946 年在泰兴县张里圩桥作战时牺牲。

陆采生 男，1908 年生，西来镇见龙村人。1941 年参加革命，中国共产党党员，西来区游击队员。1946 年在当地被国民党杀害。

江东章 男，1928 年生，西来镇普福村人。1944 年参加革命，苏中第一军分区特务团战士。1946 年在海安县作战时牺牲。

陆　进 男，1911 年生，西来镇东来村人。1943 年参加革命，中国

共产党党员，县独立团排长。1946 年在如皋县蒋家桥战斗中牺牲。

刘光汉 男，1919 年生，西来镇普福村人。1944 年参加革命，华中野战军 1 师 1 旅 2 团战士。1946 年在如皋县杨花桥战斗中牺牲。

顾大春 男，1921 年 3 月生，西来镇西来村人。1944 年 1 月参加革命，华中野战军 1 师 1 旅 2 团 6 连战士。1946 年在如皋县杨花桥战斗中牺牲。

刘金龙 男，1921 年生，西来镇永胜村人。1943 年参加革命，1945 年加入中国共产党，县独立团战士。1946 年在泰兴县古溪战斗中牺牲。

1947

赵小田 男，1919 年生，西来镇东升村人。敦义乡游击队长。1947 年 1 月被敌杀害。

刘锁林 男，1915 年生，西来镇敦义村人。1944 年加入中国共产党，西来区敦义乡副乡长。1947 年 1 月被敌杀害于西来。

赵兰庭 男，1915 年生，西来镇敦义村人。1944 年参加革命，苏中第一军分区特务团战士。1947 年 1 月在家养伤时被敌杀害。

刘汉荣 男，1928 年 12 月生，西来镇封家村人。1946 年参加革命，县独立团班长。1947 年 2 月在太和区礼士桥作战时牺牲。

张天成 男，1919 年生，西来镇东来村人。1943 年参加革命，1944 年加入中国共产党，东来村调解员。1947 年 2 月被国民党杀害于东来村蒋家甫。

朱时林 男，1904 年生，西来镇敦义村人。西来区敦义乡农会会长。1947 年 2 月在十七圩被敌杀害。

陆宝仙 男，1922 年 8 月生，西来镇见龙村人。1945 年加入中国共产党，民兵。1947 年 2 月在当地作战时牺牲。

陆仕林 男，1918 年生，西来镇敦义村人。1946 年参加革命，县独立团战士。1947 年 2 月在季家市三元桥作战时牺牲。

王保民 男，1916 年 3 月生，西来镇封家村人。1940 年加入中国共产党，西来区永奠乡民兵大队长。1947 年 2 月被敌杀害于西来。

曹锁根 男，1918 年 9 月生，西来镇泥桥村人。1941 年 11 月参加革命，西来区游击队员。1947 年 2 月在土桥被敌杀害。

刘金祥 男，1913 年 2 月生，西来镇龙飞村人。1940 年参加革命，1946 年加入中国共产党，县独立团战士。1947 年 2 月在坚持原地斗争中被敌杀害。

张明初 男，1921 年 4 月生，西来镇郁家村人。1943 年参加革命，1945 年加入中国共产党，西来区土桥乡乡长。1947 年 2 月被国民党杀害于当地张家埭。

赵炳槐 男，1921 年生，西来镇东升村人。1941 年参加革命，同年加入中国共产党，地下工作者。1947 年 2 月在当地被敌杀害。

肖福庆 男，1921 年生，西来镇见龙村人。1942 年加入中国共产党，见龙乡财政员。1947 年 2 月被敌杀害于西来街南市头。

王锡五 男，1909 年生，西来镇普福村人。1943 年参加革命，中国共产党党员，县独立团侦察员。1947 年 2 月在土桥如来庵被敌杀害。

张学群 男，1917 年生，西来镇东来村人。1943 年 4 月加入中国共产党，东来村民兵大队长。1947 年 2 月在当地蒋家甫被国民党杀害。

赵网生 男，1920 年生，西来镇赵家村人。1946 年 8 月参加革命，县独立团机枪手。1947 年 3 月 28 日在泰县张莫天（今属海安市）战斗中牺牲。

赵网生 男，1919 年 11 月生，西来镇东升村人。1945 年 3 月参加革命，县独立团 1 连战士。1947 年 3 月 28 日在泰县张莫天(今属海安市)战斗中牺牲。

陆克明 男，1923 年生，西来镇龙华村人。1943 年参加革命，同年加入中国共产党，县独立团班长。1947 年 3 月 28 日在泰县张莫天（今属海安市）战斗中牺牲。

顾金其 男，1926 年 7 月生，西来镇龙飞村人。1945 年参加革命，同年加入中国共产党，县独立团战士。1947 年 3 月 28 日在泰县张莫天(今属海安市）战斗中牺牲。

王艺官 男，1916 年 4 月生，西来镇郁家村人。1944 年 3 月参加革命，县独立团 2 连战士。1947 年 3 月 28 日在泰县张莫天（今属海安市）

战斗中牺牲。

陈吉庆 男，1922年9月生，西来镇封家村人。1942年1月参加革命，1943年加入中国共产党，县独立团3连支部书记。1947年3月28日在泰兴县张莫天（今属海安市）战斗中牺牲。

钱留宗 男，1927年4月生，西来镇封家村人。1944年9月参加革命，1946年8月加入中国共产党，县独立团3连战士。1947年3月28日在泰县张莫天（今属海安市）战斗中牺牲。

王东庆 男，1927年生，西来镇东来村人。1946年参加革命，县独立团3连5班机枪手。1947年3月28日在泰县张莫天（今属海安市）作战时牺牲。

季　藩 男，1921年9月生，西来镇泥桥村人。1941年2月参加革命，1943年加入中国共产党，历任东阜抗日自卫总队大队长，县独立团情报站长、作战参谋、1营副营长等职。1947年3月28日在泰县张莫天（今属海安市）战斗中牺牲。

毛金生 男，1926年7月生，西来镇泥桥村人。1946年9月参加革命，苏中第一军分区特务团3连战士。1947年3月在如皋县贲家巷战斗中牺牲。

顾国昌 男，1927年2月生，西来镇封家村人。1944年3月参加革命，苏中第一军分区特务团战士。1947年3月在紫石县高家花园战斗中牺牲。

丁满祥 男，1916年3月生，西来镇义兴村人。1941年参加革命，同年加入中国共产党，西来区普福乡指导员。1947年3月被国民党杀害于靖城北门。

张筛庆 男，1928年11月生，西来镇东来村人。1946年8月参加革命，县独立团4连2排5班班长。1947年3月在靖江、泰兴边界作战时牺牲。

沈吉哉 男，1910年8月生，西来镇普福村人。1940年参加革命，同年加入中国共产党，西来区普福乡乡长。1947年4月被国民党杀害于长九圩埭头。

吴绍基 男，1920 年 7 月生，又名吴绍其，西来镇封家村人。1944 年 10 月参加革命，县独立团 3 连战士。1947 年 4 月在泰县塔寺里战斗中牺牲。

陆小彬 男，1927 年 10 月生，西来镇郁家村人。1945 年 1 月参加革命，县独立团 3 连通信员。1947 年 4 月在泰县塔寺里战斗中牺牲。

徐孝培 男，1925 年生，西来镇东升村人。1945 年参加革命，县独立团战士。1947 年 4 月在泰县塔寺里战斗中牺牲。

刘地生 男，1923 年 5 月生，西来镇桐村村人。1946 年 7 月参加革命，县独立团 1 连战士。1947 年 4 月在泰兴县河塔战斗中牺牲。

黄振华 男，1927 年生，西来镇西来村人。1944 年参加革命，县独立团战士。1947 年 5 月在西来区与敌作战时牺牲。

赵友生 男，1924 年生，西来镇赵家村人。1946 年参加革命，县独立团战士。1947 年 6 月在泰兴县野竹园战斗中牺牲。

吴偕荣 男，1928 年 6 月生，西来镇龙飞村人。1945 年 8 月参加革命，华东野战军 11 纵队 1 师 1 旅 2 团 2 营卫生员。1947 年 6 月在山东省邹县城外战斗中牺牲。

朱升堂 男，1927 年 5 月生，西来镇见龙村人。1945 年参加革命，华东野战军 11 纵队 32 旅 95 团战士。1947 年 7 月在涟水县作战时牺牲。

顾树初 男，1927 年 9 月生，西来镇郁家村人。1946 年 1 月参加革命，同年加入中国共产党，县独立团排长。1947 年 8 月 15 日在泰兴县宣家堡战斗中牺牲。

封和生 男，1922 年 8 月生，西来镇封家村人。1941 年参加革命，1944 年加入中国共产党，县独立团 3 连战士。1947 年 8 月在泰兴县丁家桥作战时牺牲。

陈子荣 男，1921 年 6 月出生，西来镇东来村人。1944 年 9 月参加革命，1946 年加入中国共产党，华东野战军 6 纵队 18 师 53 团 3 营 1 连班长。1947 年 9 月在山东省莱芜作战时牺牲。

徐竹林 男，1918 年 1 月生，西来镇东升村人。1946 年参加革命，县独立团 1 连战士。1947 年 9 月在五圩港战斗中牺牲。

赵荣富 男，1921年生，西来镇敦义村人。1946年参加革命，县独立团1连班长。1947年10月15日在泰兴县香店头战斗中牺牲。

石广志 男，1911年6月生，西来镇义兴村人。1945年加入中国共产党，西来区普福乡民兵大队长。1947年10月被国民党杀害。

赵维香 男，1922年生，西来镇敦义村人。1943年参加革命，县独立团战士。1947年11月23日在泰兴县陈公堂战斗中牺牲。

夏富章 男，1921年生，西来镇东来村人。1946年参加革命，苏中第一军分区特务团战士。1947年11月在盐城地区作战时牺牲。

张福庆 男，1926年4月生，西来镇封家村人。1943年参加革命，中国共产党党员，县独立团4连副排长。1947年12月在五圩港战斗中牺牲。

熊仁林 男，1906年10月生，西来镇西来村人。1938年参加革命，1939年加入中国共产党，如皋县江安区区公所会计。1947年被敌押到新港投江杀害。

盛富生 男，1911年生，西来镇敦义村人。1946年参加革命，苏中第一军分区特务团战士。1947年在如皋县作战时牺牲。

江章良 男，1921年生，西来镇普福村人。1946年参加革命工作，苏中第一军分区特务团战士。1947年在海安县青萍港战斗中牺牲。

杨玉珍 男，1924年生，西来镇见龙村人。1945年参加革命，华东野战军6纵队18师53团战士。1947年在黄河地区作战时牺牲。

陆金荣 男，1924年3月生，西来镇郁家村人。1939年6月参加革命，同年12月加入中国共产党，县独立团副排长。1947年在泰县林子镇战斗中牺牲。

董广平 男，1923年生，西来镇西来村人。1942年参加革命，1943年加入中国共产党，县独立团排长。1947年在泰县烂泥渡战斗中牺牲。

1948

朱荣付 男，1927年生，西来镇龙飞村人。1947年9月参加革命，西来区区公所通信员。1948年1月8日在当地牺牲。

陈炳祥 男，1928年4月生，西来镇郁家村人。1946年7月参加革命，县独立团1连战士。1948年1月31日在东兴区下六圩港战斗中牺牲。

封少富　男，1920生，西来镇封家村人。1947年10月解放入伍，县独立团战士。1948年2月在泰兴县朱家港战斗中牺牲。

赵子荣　男，1927年生，西来镇赵家村人。1946年8月参加革命，1947年8月加入中国共产党，县独立团1连3班班长。1948年3月在泰兴县水牛埭作战时牺牲。

王富根　男，1916年生，西来镇赵家村人。1947年参加革命，县独立团战士。1948年3月在泰兴县草场六圩战斗中牺牲。

严荣根　男，1926年3月生，西来镇义兴村人。1943年9月参加革命，如皋县独立团战士。1948年3月在如皋县磨头作战时牺牲。

徐少甫　男，1928年生，西来镇敦义村人。1946年9月参加革命，县独立团2连战士。1948年7月在陈家埭战斗中牺牲。

叶国钧　男，1924年7月生，西来镇丰产村人。1943年11月参加革命，中国共产党党员，如皋县独立团连长。1948年7月在南通县小海镇战斗中牺牲。

侯伯怀　男，1928年6月生，西来镇龙飞村人。1944年7月参加革命，1946年加入中国共产党，华中第一军分区特务团1连机枪手。1948年8月11日在如皋县八户庄战斗中牺牲。

赵满生　男，1918年10月生，西来镇东升村人。1946年11月参加革命，县独立团4连副班长。1948年8月在季（家市）黄（桥）路作战时牺牲。

赵保庆　男，1928年生，西来镇敦义村人。1944年参加革命，县独立团1连班长。1948年8月在季（家市）黄（桥）路作战时牺牲。

刘希春　男，1929年2月生，西来镇桐村村人。1946年12月参加革命，同年加入中国共产党，华中第一军分区特务1团排长。1948年9月22日在如皋县石庄战斗中牺牲。

李　红　男，1924年3月生，西来镇义兴村人。1943年9月参加革命，中国共产党党员，县独立团排长。1948年9月22日在如皋县石庄战斗中牺牲。

王余庆 男，1929年生，西来镇见龙村人。1948年2月参加革命，县独立团2连2排6班战士。1948年10月在太和区礼士桥战斗中牺牲。

陈国平 男，1929年10月生，西来镇桐村村人。1946年参加革命，中国共产党党员，县独立团班长。1948年10月在太和区礼士桥战斗中牺牲。

江定邦 男，1926年生，西来镇普福村人。1943年参加革命，中国共产党党员，华东野战军24军72师215团排长。1948年10月在山东省作战时牺牲。

侯怀荣 男，1929年4月生，西来镇龙飞村人。1947年10月参加革命，华中第一军分区特务1团1营2连2排6班战士。1948年11月12日在泰县姜堰战斗中牺牲。

朱网林 男，1926年生，西来镇敦义村人。1943年参加革命，中国共产党党员，华东野战军29军85师253团机枪连副排长。1948年11月在淮海战役中牺牲。

陈荣华 男，1925年生，西来镇西来村人。1943年10月参加革命，中国共产党党员，华东野战军29军85师253团排长。1948年11月在淮海战役中牺牲。

王宗向 男，1929年6月生，西来镇永胜村人。1947年9月参加革命，华中第一军分区特务团2营5连卫生员。1948年12月5日在泰县姜堰牺牲。

潘孝儒 男，1924年5月生，西来镇龙飞村人。1948年7月解放入伍，华东野战军6纵队18旅52团战士。1948年12月在安徽省宿县李士楼战斗中牺牲。

刘香林 男，1930年9月生，原籍兴化县。5岁时父病故，14岁时随母讨饭到西来义兴村，被东七圩王氏油坊收留落户。1948年3月参加革命，县独立团战士。1948年12月在石家庄战斗中牺牲。

卢显成 男，1907年8月生，西来镇泥桥村人。1942年5月参加革命，华东野战军29军85师254团班长。1948年12月在淮海战役中牺牲。

蔡正兴 男，1924年生，西来镇普福村人。1944年起义入伍，1946年加入中国共产党，华东野战军11纵队32旅95团连长。1948年12月在淮海战役中牺牲。

吴巧林 男，1925 年 3 月生，西来镇赵家村人。1945 年参加革命，华东野战军 11 纵队 31 旅 96 团副连长。1948 年 12 月在淮海战役中牺牲。

1949

陈锡红 男，1927 年生，西来镇见龙村人。1947 年参加革命，野战军某部战士。1949 年 1 月在平津战役中牺牲。

缪月康 男，1918 年生，西来镇龙华村人。1947 年 12 月加入中国共产党，土改工作队员。1949 年 2 月于当地被敌活埋。

张连庆 男，1928 年 6 月生，西来镇龙华村人。1948 年 11 月参加革命，县独立团战士。1949 年 2 月在城北作战时牺牲。

顾小根 男，1923 年 4 月生，西来镇郁家村人。1947 年 1 月参加革命，县独立团班长。1949 年 5 月在八圩港战斗中牺牲。

1950—1959

王文灿 男，1928 年 5 月生，西来镇永胜村人。1946 年 10 月参加革命，1947 年加入中国共产党，华东军区警备 6 旅 16 团 5 连副连长。1950 年 6 月在镇江打靶试炮时牺牲。

侯少华 男，1923 年 10 月生，西来镇龙飞村人。1943 年 6 月参加革命，1947 年 11 月加入中国共产党，第三野战军 24 军政治部保卫干事。1950 年 6 月在山东省威海牺牲。

张有明 男，1920 年 4 月生，西来镇永胜村人。1949 年 3 月参加革命，中国人民志愿军 23 军 67 师 199 团侦察连战士。1951 年 10 月在朝鲜金化阻击战中牺牲。

濮文华 男，1924 年生，西来镇郁家村人。1940 年 11 月参加革命，中国共产党党员，第三野战军 29 军 85 师 255 团 2 营炮兵连参谋。1951 年 10 月在福建省莆田县南日岛作战时牺牲。

郁筛章 男，1923 年生，西来镇永胜村人。1947 年 10 月参加革命，华东军区警备 6 旅 16 团 1 营 2 连 7 班战士。1951 年 12 月在宜兴县张诸剿匪时牺牲。

顾维成 男，1923 年生，西来镇东来村人。1948 年解放入伍，中国

人民志愿军27军77师237团1营2连班长。1951年在朝鲜战场上牺牲。

李忠明 男，1926年8月生，西来镇丰产村人。1949年11月入伍，中国人民志愿军15军45师135团3营机枪连班长。1952年9月在朝鲜上甘岭战斗中牺牲。

黄志根 男，1926年10月生，西来镇桐村村人。1943年4月参加革命，1947年7月加入中国共产党，中国人民志愿军23军67师侦察连副排长，立一等功，获三级人民英雄战斗模范称号。1953年5月在朝鲜宋村岗东山战斗中牺牲。

赵富增 男，1927年生，西来镇敦义村人。1948年2月参加革命，中国人民解放军铁道兵某部24团4连战士。1955年1月在福建省光泽县抢修铁道时牺牲。

其他年份

徐道明 男，1928年4月生，西来镇丰产村人。1949年3月入伍，中国共产党党员，中国人民解放军9228部队连长。1960年在西藏平叛战斗中牺牲。

徐道明烈士

孙炳初 男，1938年4月生，西来镇郁家村人。1957年1月入伍，中国人民解放军6317部队副班长。1963年10月在常熟县军训时牺牲。

石章龙 男，1954年9月生，西来镇义兴村人。1973年1月参加革命,1976年11月加入中国共产党，中国人民解放军24军70师通信营无线电连排长。1979年在河北省丰宁县军训时牺牲。

刘志义 男，1937年生，西来镇桐村村人。1975年参加工作，土桥同心双代（代购代销）店双代员。1981年2月为保卫集体财产与盗窃犯搏斗时牺牲。

郁建兴 男，1964年生，西来镇泥桥村人。1988年参军，中国人民解放军防化指挥工程学院教授，联合国对伊武器核查员。2003年3月13日在伊拉克巴格达执行联合国对伊拉克武器核查任务时牺牲。中央军委授予其“和平卫士”荣誉称号，追记一等功。

滨江新区革命烈士

1940

朱正之 男，1908年9月20日生，滨江新区宜和村人。1939年加入中国共产党，县抗日自卫大队大队长。1940年12月在马桥战斗中负伤被俘，25日被日军杀害于靖城南门。

1944

周其保 男，1914年生，滨江新区宜和村人。1942年10月加入中国共产党，柏木区宜和乡民兵大队长。1944年7月在靖城牺牲。

刘少弟 男，1927年生，滨江新区雅桥村人。1943年参加革命，柏木区游击队员。1944年7月在夹港作战时牺牲。

郑荣芝 男，1923年生，滨江新区华阳社区人。1942年4月参加革命，县独立团班长。1944年8月在渡靖（江）泰（兴）界河时牺牲。

张先宝 男，1924年生，滨江新区越江村人。1943年解放入伍，县独立团3连班长。1944年在支援澄西县（今属江阴市）反“清乡”斗争中牺牲。

1945

陈龙溪 男，1925年生，滨江新区富阳社区人。1943年2月参加革命，柏木乡基干民兵。1945年4月被日军杀害于靖城。

肖鹤富 男，1926年10月生，滨江新区宜和村人。1944年4月参加革命，柏木区游击队员。1945年4月被日军杀害于靖城。

刘学富 男，1920年生，滨江新区越江村人。1944年12月参加革命，柏木区游击队员。1945年9月在八圩区与日军作战时牺牲。

杜永康 男，1927年9月生，又名杜灯林，滨江新区雅桥村人。1943年参加革命，县独立团2连战士。1945年在战斗中牺牲。

1946

陈福元 男，1920年生，滨江新区富阳社区人。1942年8月参加革命，中国共产党党员，柏木区游击队员。1946年2月于当地被敌杀害。

刘汉初　男，1923 年 2 月生，滨江新区宜和村人。1941 年 6 月参加革命，同年加入中国共产党，新四军 1 师 1 团排长。1946 年 8 月在如皋县宋家桥作战时牺牲。

刘尚德　男，1921 年生，滨江新区康阳社区人。1941 年 12 月解放入伍，新四军苏浙军区某部班长。1946 年在兴化县白驹战斗中牺牲。

1947

张国林　男，1929 年生，滨江新区宜和村人。1945 年 5 月参加革命，县独立团 1 连班长。1947 年 2 月 14 日在太和区八字桥战斗中牺牲。

毛立中　男，1927 年 1 月生，滨江新区越江村人。1943 年 1 月参加革命，中国共产党党员，柏木区公安干事、柏木区西南片办事处主任。1947 年 2 月 27 日在坚持原地斗争中牺牲于马桥。

徐金华　男，1923 年 9 月生，又名徐学民，滨江新区雅桥村人。1942 年参加革命，县独立团警卫员。1947 年 3 月 28 日在泰县张莫天（今属海安市）战斗中牺牲。

罗春年　男，1917 年 6 月生，滨江新区雅桥村人。1943 年 3 月参加革命，同年加入中国共产党，柏木区公安助理。1947 年 3 月在坚持原地斗争中被敌杀害。

龚友勋　男，1926 年生，滨江新区越江村人。1945 年 5 月参加革命，华东野战军某部 195 团班长。1947 年 7 月在山东省费县作战时牺牲。

顾永康　男，1928 年 2 月生，滨江新区宜和村人。1945 年 8 月参加革命，县独立团班长。1947 年 9 月在夏仕港战斗中牺牲。

苏克英　男，1923 年 10 月生，滨江新区宜和村人。1944 年 10 月参加革命，华东野战军 7 纵 6 师某部侦察兵。1947 年 11 月在涟水县作战时牺牲。

1948

秦炳郎　男，1923 年生，滨江新区宜和村人。1947 年 4 月参加革命，华东野战军 11 纵队 32 旅 95 团战士。1948 年 1 月在海安县李堡战斗中牺牲。

1949

汤文进　男，1927 年生，滨江新区江阳社区人。1942 年参加革命，县独立团副连长，多次立功。1949 年 4 月 23 日在八圩港战斗中牺牲。

姜铁生　男，1929 年 2 月生，滨江新区晨阳社区人。1948 年解放入伍，县独立团战士。1949 年 4 月 23 日在八圩港战斗中牺牲。

曹福元　男，1926 年 7 月生，滨江新区富阳社区人。1948 年 11 月入伍，第三野战军 26 军 77 师 229 团 1 营 1 连战士。1949 年 5 月在上海机场战斗中牺牲。

1950—1959

蔡士供　男，1927 年 6 月生，滨江新区宜和村人。1949 年 5 月参加革命，中国人民志愿军 9 兵团 26 军 77 师侦察连侦察员。1951 年 4 月在朝鲜战场上牺牲。

樊天明　男，1915 年生，滨江新区兴阳社区人。1948 年参加革命，中国人民志愿军 64 军 191 师 571 团 1 营 1 连班长。1951 年 5 月在朝鲜战场第五次战役第三阶段战斗中牺牲。

沙　兴　男，1929 年生，滨江新区宜和村人。1951 年 7 月参加工作，在浙江省平湖县服役，中国人民志愿军 24 军 70 师 209 团 1 营话务员。1952 年 4 月在朝鲜战场上牺牲。

朱有官　男，1929 年 10 月生，滨江新区宜和村人。1951 年 3 月入伍，中国人民志愿军 24 军 70 师 209 团 1 营 1 连战士。1952 年 6 月在朝鲜战场上牺牲。

唐柏林　男，1933 年 6 月生，滨江新区雅桥村人。1951 年 5 月入伍，中国人民志愿军 24 军 70 师 208 团通信连战士。1952 年 9 月在朝鲜文洞遭敌机空袭牺牲。

严渭彬　男，1927 年 3 月生，又名严维彬，别名严泉郎，滨江新区康阳社区人。1945 年参加革命，中国人民志愿军 23 军某部工兵连排长。1952 年 10 月 30 日在朝鲜战场上牺牲。

韩克郎　男，1926 年生，滨江新区华阳社区人。1942 年 2 月参加革命，中国共产党党员，中国人民志愿军司令部管理科参谋。1952 年 10 月在朝鲜战场上牺牲。

茅志镇　男，1936 年生，滨江新区木金村人。1956 年 3 月入伍，中

国人民解放军 0137 部队 4 支队 3 分队战士。1958 年 10 月在辽宁省庄河县牺牲。

其他年份

张金富　男，1948 年 4 月生，滨江新区越江村人。1969 年 4 月入伍，中国共产党党员，中国人民解放军 8663 部队班长。1972 年 4 月在湖北省光化县炸药仓库爆炸中牺牲。

陈顺林　男，1959 年 5 月生，滨江新区富阳社区人。1979 年 12 月入伍，中国人民解放军 83237 部队 72 分队给养员。1980 年 10 月 19 日在山东省郯城县牺牲。

赵锦标　男，1962 年 10 月生，滨江新区富阳社区人。1982 年入伍，1983 年 10 月加入中国共产党。1985 年 2 月 12 日在对越自卫反击战中牺牲。

城南园区革命烈士

1943

杨双城 男，1915 年生，城南园区原合兴村范家圩人。1943 年 3 月参加革命，县独立团战士。1943 年 3 月在朱家坝作战时牺牲。

孟同根 男，1924 年 6 月生，城南园区北四村人。1942 年 3 月参加革命，县独立团 2 连机枪手。1943 年 4 月在高邮县三垛战斗中牺牲。

杨发城 男，1918 年 4 月生，城南园区原合兴村范家圩人。1942 年 6 月参加革命，东兴区游击队班长。1943 年 6 月在五圩港战斗中牺牲。

夏春林 男，1924 年 4 月生，城南园区原火炬村沙泥圩人。1940 年参加革命，县独立团班长。1943 年 12 月在靖（城）八（圩）公路与日伪军作战时牺牲。

1944

谭宏儒 男，1912 年 7 月生，城南园区恒义村人。1940 年参加革命，同年加入中国共产党，东兴区上六乡乡长。1944 年 1 月在当地上五圩港边与敌作战时牺牲。

于南山 男，1925 年生，城南园区北桥村人。1942 年 5 月参加革命，县独立团 3 连 2 班班长。1944 年 5 月在如皋县作战时牺牲。

李贵林 男，1925 年生，城南园区四圩村人。1943 年 6 月参加革命，中国共产党党员，县独立团侦察班长。1944 年 6 月在汤士桥与日军作战时牺牲。

李福根 男，1925 年生，城南园区北六村人。1940 年参加革命，中国共产党党员，县独立团 2 连 3 排副排长。1944 年 7 月 23 日在泰兴县霞幕圩战斗中牺牲。

赵维国 男，1906 年 11 月生，城南园区北桥村人。1940 年参加革命，同年加入中国共产党，东兴区同太乡指导员。1944 年 8 月牺牲于当地。

王国良 男，1926 年生，城南园区中桥村人。1943 年 5 月参加革命，东兴区游击队侦察员。1944 年 11 月牺牲于靖城北门。

1945

张纪龙 男，1923年生，城南园区北四村人。1942年5月参加革命，县独立团3连班长。1945年2月在安宁港作战时牺牲。

张纪根 男，1920年生，又名张明根，城南园区六圩村人。1942年3月参加革命，县独立团副班长。1945年8月在公所桥战斗中牺牲。

1946

尹小龙 男，1928年生，城南园区昆盛村人。1943年参加革命，华中野战军7纵队某部战士。1946年3月在东台县作战时牺牲。

陶光武 男，1920年5月生，城南园区原合兴村在新圩人。1942年10月参加革命，八圩区游击大队大队长。1946年3月在当地牺牲。

陈恒发 男，1924年生，城南园区五圩村人。1945年参加革命，东兴区游击队侦察班长。1946年6月在七圩港被敌杀害。

刘增培 男，1928年生，城南园区原建安村陶盛圩人。1945年参加革命，县独立团班长。1946年7月在公所桥作战时牺牲。

徐均富 男，1925年生，又名徐均付，城南园区五圩村人。1944年参加革命，东兴区游击队员。1946年7月在七圩港被敌杀害。

胡春荣 男，1915年生，城南园区原鼎兴村甫子圩人。1941年参加革命，中国共产党党员，东兴区同太乡乡长。1946年9月被敌杀害于当地汪家圩。

1947

吴山保 男，1929年1月生，又名吴三宝，城南园区原十圩村人。1942年3月参加革命，县独立团班长。1947年1月在东兴区正东圩被敌杀害。

仇顺林 男，1927年生，城南园区昆盛村人。1944年参加革命，同年加入中国共产党，县独立团6连副班长。1947年2月在泰兴县秦家楼战斗中牺牲。

何三保 男，1919年12月生，城南园区原鼎兴村恒盛圩人。中国共产党党员，东兴区鼎兴乡民兵大队长。1947年2月被敌包围后牺牲。

徐国章 男，1921年4月生，城南园区原鼎兴村恒盛圩人。1943年

2 月参加革命，1944 年加入中国共产党，东兴区鼎新乡乡长。1947 年 2 月在坚持原地斗争中被敌杀害。

孙麻子 男，1925 年生，城南园区五圩村人。1945 年参加革命，东兴区游击队员。1947 年 2 月在五圩港侦察敌情时牺牲。

范德才 男，1907 年 5 月生，城南园区五星村人。1945 年加入中国共产党，东兴区上六乡民兵队长。1947 年 2 月牺牲于当地二圩港。

陆金城 男，1921 年 7 月生，又名陆金成，城南园区五圩村人。民兵。1947 年 3 月在当地作战时牺牲。

高志恒 男，1915 年 11 月生，城南园区北四村人。1943 年参加革命，中国共产党党员，县独立团战士。1947 年 3 月在泰兴县丁家桥战斗中牺牲。

蒋洪才 男，1923 年生，城南园区五圩村人。1943 年参加革命，县独立团战士。1947 年 4 月在泰县塔寺里战斗中牺牲。

田永祥 男，1919 年 8 月生，城南园区原鼎兴村老兴圩人。1940 年参加革命，1942 年加入中国共产党，一区联络科长。1947 年 6 月 25 日在坚持原地斗争中牺牲。

孙如高 男，1924 年生，城南园区四圩村人。1945 年 5 月参加革命，县独立团战士。1947 年 6 月在五圩港作战时牺牲。

费步龙 男，1915 年生，又名贝平，城南园区四圩村人。1940 年 4 月加入中国共产党，东兴区交通站站长。1947 年 8 月牺牲于白粉墙。

林凤余 男，1916 年生，城南园区六圩村人。东兴区六八乡村长。1947 年 8 月在六圩港因保护公粮被敌杀害。

王国栋 男，1928 年 8 月生，城南园区中桥村人。1945 年 3 月参加革命，县独立团三连副排长。1947 年 9 月在泰县雅周庄（今属海安市）战斗中牺牲。

郭家福 男，1925 年 6 月生，又名郭架福，城南园区昆盛村人。1942 年参加革命，1943 年加入中国共产党，县独立团 3 连支部副书记。1947 年 10 月 17 日在泰兴县蔡家市战斗中牺牲。

陈志澄 男，1919 年生，城南园区原中六村行盛圩人。1943 年参加革命，中国共产党党员，东兴区昆盛乡乡长。1947 年 10 月被敌杀害于当地鼎兴圩。

严　肃　男，1924 年生，城南园区原十圩村永太庄人。1940 年 1 月参加革命，同年 10 月加入中国共产党，高邮县公安局副局长。1947 年 10 月在兴化县草王镇作战时牺牲。

蔡顺根　男，1921 年 5 月生，城南园区北六村人。1942 年参加革命，苏中第一军分区特务团战士。1947 年在东台县作战时牺牲。

1948

陶千山　男，1924 年生，原城南园区四圩村人。1945 年参加革命，东兴区游击队员。1948 年 2 月在当地六圩港作战时牺牲。

匡诉元　男，1928 年生，城南园区北四村人。1946 年参加革命，华中第一军分区特务团副班长。1948 年 6 月在季（家市）黄（桥）路战斗中牺牲。

王福郎　男，1922 年生，城南园区原十圩村人。1947 年 12 月参加革命，县独立团战士。1948 年 8 月在斜桥药师庵战斗中牺牲。

王永福　男，1912 年生，城南园区昆盛村人。1943 年加入中国共产党，东兴区昆盛乡农会会长。1948 年 8 月被敌杀害于当地薛家桥。

王有才　男，1921 年 3 月生，城南园区原前进村义和庄人。1944 年 4 月参加革命，柏木区游击队员。1948 年 10 月在长安区筱山桥作战时牺牲。

王明春　男，1926 年生，城南园区昆盛村人。1945 年加入中国共产党，东兴区昆盛乡农会副会长。1948 年于当地北四圩被敌杀害。

1949

郭忠义　男，1921 年生，城南园区原十圩村永太庄人。1941 年 9 月参加革命，中国共产党党员，第三野战军某部干事。1949 年 4 月在渡江战役中牺牲。

徐连保　男，1926 年生，城南园区四圩村人。1947 年参加革命，第三野战军某部 9 连战士。1949 年 4 月在渡江战役中牺牲。

1950—1959

林登福 男，1930年生，城南园区原中六村姚盛圩人。1950年参加革命，中国共产党党员，中国人民志愿军24军70师208团排长。1951年在朝鲜战场上牺牲。

袁友生 男，1927年2月生，城南园区原渡江村陈新圩人。1948年解放入伍，第四野战军某炮兵部队班长。1952年1月因伤牺牲。

费步升 男，1917年生，城南园区四圩村人。1949年5月解放入伍，中国人民志愿军12军35师103团后勤处会计。1952年3月在朝鲜战场上牺牲。

陶谦信 男，1927年生，城南园区北六村人。1951年3月入伍，中国人民志愿军24军70师208团五连战士。1952年6月在朝鲜城岩里275高地战斗中牺牲。

陶千贵 男，1933年生，又名陶谦贵，城南园区六圩村人。1951年3月入伍，中国人民志愿军24军70师208团通信连战士。1952年9月在朝鲜明文洞作战时牺牲。

丁耀中 男，1933年生，城南园区四圩村人。1951年4月入伍，中国人民志愿军24军72师215团8连战士。1953年3月在朝鲜战场上牺牲。

钟福林 男，1933年生，城南园区原火炬村三新庄人。1951年4月入伍，中国人民志愿军24军70师208团7连战士。1953年6月在朝鲜城岩里275高地战斗中牺牲。

黄荣根 男，1932年12月生，城南园区原康兴村戴经庄人。1951年3月入伍，中国人民志愿军24军70师208团2营5连战士。1953年6月在朝鲜城岩里275高地战斗中牺牲。

费广明 男，1932年1月生，城南园区原中兴村丙盛圩人。1951年3月入伍，中国人民志愿军24军70师208团2机连战士。1953年6月在朝鲜城岩里275高地战斗中牺牲。

蔡网林 男，1931年6月生，城南园区原中兴村丙盛圩人。1951年3月入伍，中国人民志愿军24军70师208团3连战士。1953年6月在朝鲜城岩里275高地战斗中牺牲。

吴明友 男，1927年生，又名吴明发，城南园区中桥村人。1951年4月入伍，中国人民志愿军24军70师208团3营7连战士。1953年6月在朝鲜城岩里275高地战斗中牺牲。

唐法林 男，1929年生，城南园区原火炬村后沙泥圩人。1951年7月入伍，中国人民志愿军24军70师208团2连话务员。1953年6月在朝鲜城岩里275高地战斗中牺牲。

王桂章 男，1927年生，城南园区原前进村三河庄人。1951年3月入伍，中国人民志愿军24军70师208团9连战士。1953年6月在朝鲜城岩里275高地战斗中牺牲。

朱达华 男，1930年生，城南园区原火炬村三新庄人。1951年4月入伍，中国人民志愿军24军70师208团7连战士。1953年6月在朝鲜城岩里275高地战斗中牺牲。

鲁付根 男，1930年生，城南园区原合兴村南孙家圩人。1951年3月入伍，中国人民志愿军24军70师208团3营9连2排5班战士。1953年6月在朝鲜吴呈山399.8高地牺牲。

蔡广富 男，1928年生，城南园区北六村人。1951年3月入伍，中国人民志愿军24军70师208团6连战士。1953年7月在朝鲜双山头遭敌袭击牺牲。

包礼贵 男，1926年生，城南园区四圩村人。1951年入伍，中国共产党党员，中国人民志愿军24军72师215团8连战士。1953年在朝鲜战场上牺牲。

张茂兰 男，1930年生，城南园区原康兴村顶河庄人。1951年2月入伍，中国人民志愿军24军70师208团5连战士。1953年在朝鲜上甘岭战斗中牺牲。

其他年份

姜果善 男，1943年12月生，城南园区原前进村中圩人。1961年6月入伍，中国共产党党员，中国人民解放军3516部队连长。1967年6月在中越边境牺牲。

徐义林 男，1954年9月生，城南园区原中六村三圩庄人。1975年

12月入伍，1976年4月加入中国共产党，扬州军分区独立营3连1排1班副班长。1978年9月在军分区农场牺牲。

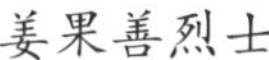

姜果善烈士　　徐义林烈士

周美林　男，1957年2月生，城南园区原火炬村沙泥圩人。1978年入伍，中国人民解放军陆1军后勤部汽车训练队战士。1978年9月在浙江省临安县牺牲。

江阴－靖江工业园区革命烈士

1942

朱纪先 男，1914 年生，江阴—靖江工业园区恒义村人。1942 年 12 月参加革命，东兴区区公所征粮员。1942 年 12 月在四墩子征收公粮时被敌杀害。

1944

梅芳盛 男，1923 年生，江阴—靖江工业园区恒义村人。1943 年 6 月参加革命，县独立团战士。1944 年 2 月在土桥战斗中牺牲。

王其民 男，1918 年生，江阴—靖江工业园区五星村人。1942 年参加革命，中国共产党党员，县独立团 7 连排长。1944 年 3 月在太和区新丰市与日军作战时牺牲。

王明志 男，1923 年生，江阴—靖江工业园区五星村人。1942 年参加革命，县独立团 7 连战士。1944 年 3 月在太和区新丰市与日军作战时牺牲。

韦成国 男，1916 年生，江阴—靖江工业园区五星村人。1943 年参加革命，县独立团 7 连战士。1944 年 3 月在太和区新丰市与日军作战时牺牲。

朱春林 男，1909 年生，江阴—靖江工业园区五星村人。1943 年参加革命，县独立团 7 连战士。1944 年 3 月在太和区新丰市与日军作战时牺牲。

王朋友 男，1921 年 12 月生，江阴—靖江工业园区五星村人。1943 年 6 月参加革命，县独立团侦察班长。1944 年 4 月在新港与日军作战时牺牲。

钱其坤 男，1922 年 11 月生，江阴—靖江工业园区五星村人。1942 年 3 月参加革命，县独立团班长。1944 年 7 月 23 日在泰兴县霞幕圩战斗中牺牲。

1945

殷寿春 男，1907 年 4 月生，江阴—靖江工业园区迎江村人。1944 年 6 月参加革命，县独立团 7 连 5 班班长。1945 年 4 月在土桥与日军作战时牺牲。

谭成祥 男，1921 年生，江阴—靖江工业园区五星村人。1943 年 8 月参加革命，华中野战军 7 纵队 6 团 2 营 2 连 6 班战士。1945 年在江都县邵伯作战时牺牲。

1946

姚　荣 男，1919 年生，江阴—靖江工业园区人。1941 年 1 月参加革命，同年加入中国共产党，东兴区六八乡农会会长、乡指导员。1946 年 1 月 14 日夜，国民党军队越过国共军事分界线偷袭六八乡，于华兴桥被捕牺牲。

印兴华 男，1916 年生，印家义子，江阴—靖江工业园区八圩村人。1942 年参加革命，1943 年 12 月加入中国共产党，东兴区六八乡民兵大队长、乡长。1946 年 1 月 14 日夜，国民党军队越过国共军事分界线偷袭六八乡，于华兴桥被捕牺牲。

杜林宝 男，1925 年 2 月生，江阴—靖江工业园区万丰村人，1943 年参加革命，东兴区游击队侦察员。1946 年 8 月在五圩港战斗中牺牲。

刘纪忠 男，1916 年 2 月生，江阴—靖江工业园区五星村人。1943 年加入中国共产党，东兴区上六乡财经员。1946 年 12 月在上六乡被敌杀害。

1947

刘纪成 男，1921 年 7 月生，江阴—靖江工业园区万丰村人。1946 年 2 月参加革命，县独立团 8 连战士。1947 年 2 月 14 日在太和区八字桥战斗中牺牲。

蒋金龙 男，1919 年 7 月生，江阴—靖江工业园区迎江村人。1944 年 4 月参加革命，县独立团班长。1947 年 3 月在靖江、泰兴边界作战时牺牲。

杨学思 男，1928 年生，江阴—靖江工业园区恒义村人。1946 年参

加革命，东兴区区公所通信员。1947 年 3 月牺牲于东兴区二圩港。

袁圣德 男，1920 年 7 月生，江阴–靖江工业园区万丰村人。1946 年 3 月参加革命，县独立团战士。1947 年 4 月在泰县塔寺里战斗中牺牲。

王俊庆 男，1926 年 6 月生，江阴–靖江工业园区恒义村人。1944 年 11 月参加革命，县独立团侦察员。1947 年 9 月在曲（塘）海（安）线作战时牺牲。

王明龙 男，1910 年生，江阴–靖江工业园区恒义村人。1940 年参加革命，中国共产党党员，苏中第一军分区特务团连长。1947 年在盐城作战时牺牲。

1948

匡友良 男，1927 年 11 月生，江阴–靖江工业园区万丰村人。1941 年 5 月参加革命，东兴区游击队员。1948 年 3 月在五圩港作战时牺牲。

陈邦和 男，1919 年 7 月生，江阴–靖江工业园区迎江村人。1944 年 4 月参加革命，中国共产党党员，华中第一军分区特务团连长。1948 年 7 月在攻打泰兴县城时牺牲。

宦福山 男，1924 年生，江阴–靖江工业园区万丰村人。1946 年 4 月参加革命，华东野战军 29 军 85 师 253 团战士。1948 年 12 月在淮海战役中牺牲。

1949

周志保 男，1930 年 10 月生，江阴–靖江工业园区人。支前民工。1949 年 2 月在泰州运送军粮时被敌机扫射牺牲。

夏长保 男，1925 年 1 月生，江阴–靖江工业园区迎江村人。1948 年 12 月参加革命，第三野战军 23 军 68 师 1 营机炮连战士。1949 年 4 月在渡江战役中牺牲。

张洪保 男，1914 年生，江阴–靖江工业园区恒义村人。1942 年 9 月参加革命，中国人民解放军 420 部队司务长。1949 年 4 月在渡江战役中牺牲。

孙长生 男，1912 年生，江阴–靖江工业园区八圩社区人。支前民工。1949 年 4 月在渡江战役中运送人民解放军渡江时牺牲。

卢万清 男，1922 年 11 月生，江阴–靖江工业园区万丰村人。1945 年 4 月参加革命，福建某部队侦察员。1949 年 6 月在福建省顺昌县被敌杀害。

1950—1959

朱炳全 男，1923 年 8 月生，江阴–靖江工业园区万丰村人。1946 年参加革命，中国人民志愿军 26 军 77 师 230 团战士。1951 年 3 月在朝鲜战场上牺牲。

王立根 男，1928 年生，江阴–靖江工业园区江防村人。1946 年 12 月参加革命，中国人民志愿军 24 军 70 师 210 团 4 连战士。1953 年 3 月在朝鲜平康县上甲生村战斗中牺牲。

杜新和 男，1933 年 12 月生，又名杜兴和，江阴–靖江工业园区江防村人。1951 年 6 月入伍，中国人民志愿军 24 军 72 师 216 团 1 连战士。1953 年 4 月在朝鲜上甘岭战斗中牺牲。

秦炳根 男，1928 年生，江阴–靖江工业园区八圩村人。1951 年 7 月入伍，中国人民志愿军 24 军 70 师 208 团 1 连战士。1953 年 6 月在朝鲜城岩里 275 高地战斗中牺牲。

李学书 男，1928 年 5 月生，江阴–靖江工业园区江防村人。1951 年 4 月入伍。中国人民志愿军 24 军 70 师 208 团 2 营 4 连战士。1953 年 6 月在朝鲜城岩里 275 高地战斗中牺牲。

朱财富 男，1932 年出生，江阴–靖江工业园区六圩村人。1951 年 7 月入伍，中国人民志愿军 24 军 70 师 208 团 3 营 7 连战士。1953 年 6 月在朝鲜城岩里 275 高地战斗中牺牲。

魏金南 男，1923 年 3 月生，江阴–靖江工业园区恒义村人。1951 年 3 月入伍，中国人民志愿军 23 军 69 师 207 团 2 营机枪连副班长。1953 年 7 月在朝鲜石坎洞战斗中牺牲。

常纪福 男，1917 年 2 月生，江阴–靖江工业园区恒义村人。1949 年 2 月参加革命，同年 3 月加入中国共产党，第三野战军 29 军 85 师 253 团战士。1954 年 7 月在太湖东山剿匪时牺牲。

朱茂林 男，1936 年 2 月生，江阴–靖江工业园区迎江村人。1956

年9月参加工作，黑龙江五队第一勘探队工作人员。1958年8月因抢救落水群众而献身。

其他年份

包志国 男，1947年6月生，江阴—靖江工业园区迎江村人。1969年4月入伍，同年10月加入中国共产党，中国人民解放军9663部队战士。1970年8月在湖北省光化县牺牲。

孙荣平 男，1957年生，江阴—靖江工业园区江防村人。1977年1月入伍，中国人民解放军37897部队71分队战士。1978年8月在北京市国防工程施工中牺牲。

盛友海 男，1956年6月生，江阴—靖江工业园区八圩社区人。1975年1月入伍，1978年1月加入中国共产党，中国人民解放军广西军区54207部队78分队班长。1979年2月在对越自卫反击战中牺牲，被追记三等功。

盛友海烈士

革命故事

靖新公路大捷

1940 年 1 月，国民党江苏省保安九旅三营营长蔡鑫元不顾民族大义，公开投敌，配合日军海军陆战队广野部攻陷泰兴城。第二年，蔡鑫元部扩编为汪伪暂编陆军第十九师，勾结日本侵略军，在泰兴、靖江一带的重要镇村、交通要道筑巢盘踞，接连不断地向抗日根据地军民发起“扫荡”和“清剿”。

1941 年 9 月，蔡鑫元部打通靖（江）泰（兴）线，先后在靖泰公路沿线的毗卢市、新丰市、生祠堂、白衣堂等集镇筑据点、修碉堡。靖江形成了伪十九师控制靖西，伪警陶明德部控制靖东的局面。

伪十九师控制靖西后，伪师长蔡鑫元垂涎伪警察局长陶明德在新港、八圩港口等地的巨额税收，处心积虑地想要得到这块肥肉，多次通过伪县长王钟鸣劝陶明德将部队纳入其编制，均遭陶明德拒绝。

1943 年 4 月上旬的一天，蔡鑫元借口靖东地区有新四军，派遣其手

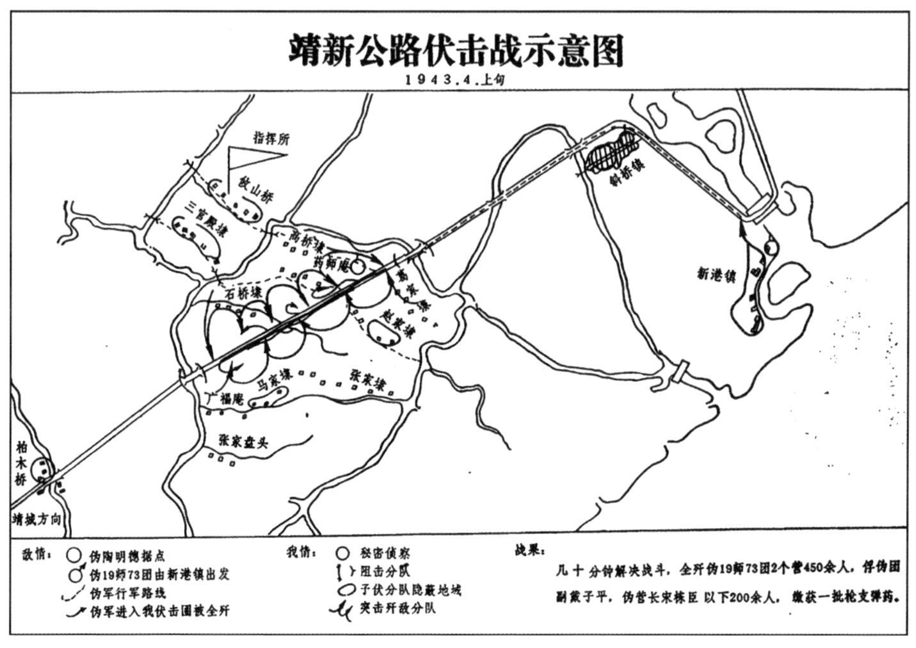

下陈正才部的两个营和朱鼎坤部共500余人占领了新港。陶明德对此虽十分恼火，但一筹莫展。

伪十九师占领新港，对靖江抗日根据地的中心长安区弯腰沟一带有很大威胁，苏中抗日根据地通过新港运送物资以及往来秘密人员，也受到很大影响。中共靖江县委及时将有关情况向苏中三地委和军分区做了汇报。苏中三地委书记、军分区政委叶飞对此十分重视，立即与军分区司令员陈玉生、副司令员张藩等人研究，决定充分利用伪十九师和陶明德这两股伪军争夺地盘的矛盾，狠狠打击伪十九师，进一步控制陶明德，从根本上扭转靖江地区抗日斗争的局面。随后，叶飞来到靖江，在弯腰沟附近的唐家埭召开靖江、如皋、泰兴、泰县4县独立团负责人联席会议。会议认为，伪十九师突然东窜，不是临时动意，而是蓄谋已久。根据情报，伪十九师下一步计划就是吞并靖江城的陶明德，将整个靖江纳入其势力范围。因此，从靖江当时的形势看，必须采取“打蔡保陶”的斗争策略。会议对战斗作了具体研究部署，明确整个战斗由张藩指挥。

县委派联络部副部长刘永青去靖江城会见陶明德，要求陶明德在战斗打响后做到三条：不得出援伪十九师；斜桥至靖江城沿线大小据点不准放进伪十九师一兵一卒；及时提供伪十九师的行动消息。陶明德全盘接受。

4月15日晨，靖江、如皋、泰兴、泰县4县独立团和军分区特务营在张藩指挥下，于靖新公路的药师庵地段设伏。待伪十九师的陈正才部进入伏击圈后，伏击部队先是一阵猛烈袭击，随后就乘敌人晕头转向之时，从四面八方冲上公路，与敌人展开搏击。陈正才部的士兵被打得措手不及，有的枪还背在身上就做了俘虏，有的扔下物资和弹药拼命逃跑。陈正才等人刚过斜桥不远，遭此痛击后仓皇掉头逃向斜桥陶明德控制的据点，但据点守军借口“防止新四军乘机冲进据点”不予开门。陈正才等眼看进据点躲避无望，只得落荒而逃。整个战斗，仅几十分钟就胜利结束，打死打伤和俘虏伪十九师450余人。陈正才部受此沉重打击后，近1个月的时间龟缩在据点不敢轻举妄动。人民群众扬眉吐气，纷纷掀起抗伪粮、伪捐的斗争。

靖新公路大捷痛歼伪十九师的有生力量，粉碎了蔡鑫元霸占整个靖江地区的阴谋；增强了陶明德对共产党、新四军的信任和依赖；对扭转靖东及整个靖江抗日根据地的形势，起了战略性的转折作用。

八角亭阻击战

抗日战争期间，伪军在西来东市构筑据点，驻扎一个加强营共400余人。他们依仗重兵，与周边新港、土桥、张黄、石庄、季市等据点的敌军狼狈为奸，烧杀抢掠，无恶不作。

1942年7月，新四军苏中军区第三军分区决定攻打靖江西来伪据点，拔掉这颗钉子。19日晚，新四军二纵老一团、老二团一部奉命向据点伪军发起进攻。老一团七连负责阻击由张黄港沿如靖公路前来增援的敌军，支援攻打西来东市伪据点的主力部队。八角亭与董家圩之间的地带，是敌人通向西来的必经之路，靖如界河在这里拐了个大弯向西流去，拐弯处架设着一座桥，它如同咽喉一样锁住了敌人的通道。七连利用这里的有利地形作掩护，隐蔽在桥两侧高地的坟场里，扼守住这条敌人通往西来的必经要道，打击敌人。激战不到一小时，围歼日伪军40多人。

当夜，团部命令七连主力撤出八角亭，回师增援东市伪据点。七连接到命令后，留下一位张姓排长率领8位战士坚守原地、阻击敌人。破晓时分，在西来的新四军参战部队向东市伪据点发起了全面攻击。据守八角亭桥南的张排长为策应主力部队的进攻，率战士们阻击来自石庄、张黄港方向的日伪援军。面对数倍于己的敌人，9位勇士利用坟包作掩护，以3挺机枪封锁路面、河面，打退了敌人一次又一次进攻，直至主力部队攻下据点并安全撤退。

战斗中，7位战士英勇牺牲，张排长和另一名战士被敌围困。为保存有生力量，张排长把生的希望留给了战友，把死的危险留给了自己。他不容分辩地命令战友撤退，孤身一人坚守阵地，战至弹尽……敌人蜂拥到阵地前，嚎叫着抓活的。张排长只身与敌搏斗，用刺刀刺死两个敌人后，已身负重伤的他拉响最后一颗手榴弹跳入敌群，与敌人同归于尽。

三次保卫长安市

长安市处于季家市、孤山镇、柏木桥、斜桥、西来庵的交汇地带，北临靖如泰界河，东有夏仕港、西有石碇港作屏障，是理想的抗日根据地。1942 年夏至抗战胜利，中共靖江县委、县抗日民主政府、县独立团机关大部分时间驻扎于此。靖江师范学校、县独立团的医务所和军工厂等单位也设在这里。当时，人们亲昵地称长安市为“靖江的延安”和“小莫斯科”。

1943 年秋，经过一年多时间艰苦复杂的反伪化斗争，驻扎在靖江的伪暂编第十九师十八旅陈正才部大部被歼。靖江县独立团、区乡游击队和民兵在斗争中不断壮大，抗日民主根据地得到巩固发展。敌人不甘心失败，调原驻守镇江的伪第一集团军独立十二旅特务团支援靖江，妄图破坏靖江的抗日民主根据地。

10 月 19 日夜，驻扎在靖城的伪十二旅特务团得知县独立团主力外出作战的消息后，出动 1 个主力营，并纠集部分伪军伪警，分路向长安市进击，扬言在拂晓时占领长安市。当时，县独立团仅留驻 1 个侦察班、1 个通讯班及司号员、炊事员等勤杂人员；长安区队也只有 30 余人枪、1 挺机枪，每人 4 颗手榴弹。为保卫根据地，县委发动民兵游击队，沿途阻击来犯敌人，以“麻雀战”粉碎敌人的进攻。20 日 10 时许，西路来犯之敌抵达长安市西南的金家桥，待南路斜桥来敌进至长安市南面的十王殿，长安区队已迂回到十王殿的东南。霎时间，县独立团司号员从四面吹响冲锋号，号声、枪声、手榴弹爆炸声连成一片。来敌不知虚实，害怕中了埋伏，遂魂不附体地撤逃。根据地军民取得第一次保卫长安市的胜利。

10 月 23 日，伪十二旅特务团又以两个营的兵力，纠集孤山、斜桥、柏木桥的伪军伪警分路合击长安市。此次县独立团参战部队增加了孤山区游击队，在来犯敌人必经之路埋设集束手榴弹。当伪军行至伏击圈时，“轰！轰！轰！”几声巨响，军号声随之四起，农民们纷纷举起钉耙、锄头助战。伪军不敢恋战，掉头逃回据点。根据地军民取得第二次保卫长安市的胜利。

三次保卫长安市旧址

伪十二旅特务团两次阴谋未得逞，恼羞成怒，组织第三次进犯。中共靖江县委和县独立团作出第三次保卫长安市的部署：加强侦察和情报工作，赶造地雷和手榴弹，调集长安区和孤山区游击队增援，要求县独立团主力部队迅速返靖。11 月 4 日拂晓，敌人分 3 路进逼长安市。正面之敌几次向长安市冲击，均被区游击队击退。战斗持续到下午两点多钟，县独立团主力第 1 连赶回，先猛攻北路之敌，杀出一条血路飞奔长安市。旋即，县独立团参谋长吴立批命令 1 排向西出击，自己带 2 排、3 排向南出击。敌人溃不成军，掉头缩回据点。敌人第三次进攻长安市又被军民合力击退。

伪十二旅特务团进犯长安市，连遭根据地军民打击。三次战斗，毙伤伪军 56 人，缴获步枪 152 支、轻机枪 3 挺。战后，苏中军区第三军分区通令嘉奖靖江军民。这三次战斗在靖江革命斗争史上，称为“三次保卫长安市”。

计毙王连德

1943 年冬，日军泰州宪兵特工头目兼伪政治保卫局靖江组组长王连德，至靖江部署“清乡”。中共苏中三地委和专署公安局对王连德至靖十分关注，指示靖江要除掉这条“毒蛇”。县公安局短枪队根据中共靖江县委指示，对王连德做过多次侦察和行动，均因其行踪诡秘而未能得手。1944 年 3 月 14 日上午，短枪队小队长高满洲、虞吉昌、张信和十几名

队员化装进城，在高桥税务所所长刘俊安排下，高满洲、虞吉昌、张信于瞿家大厅与王连德“会商收税事宜”，其余队员在附近接应。“会商”进行约半个小时，高满洲不见原先商定的联系人刘新一（队员）到来，知情况有变，乃做了一个手势，虞吉昌、张信二人迅速行动。王连德见势不妙，企图跳窗逃跑。虞吉昌、高满洲连发数枪，将王连德当场击毙。

图为王连德想跳窗逃跑被捉

活捉朱鼎坤

靖西地区臭名昭著的土匪头子朱鼎坤，投靠伪十九师当了营长，大肆施虐于靖泰边区民众，抢劫、绑票、杀人、放火，无所不为，人称“杀人魔王”。中共靖江县委布置县独立团和短枪队多次捕捉朱鼎坤，均因其奸诈而未果。1944 年 4 月上旬，县委从内线得悉朱鼎坤将于 13 日由泰兴城伪十九师师部返回新镇市据点，遂决定再次设伏擒拿。12 日晚，县独立团总支书记彭启率一支精干的小分队（内有公安局短枪队员），秘密进至新镇市与毗卢市之间的界河南岸草房内。13 日上午 10 时许，新镇市据点数十个伪军沿界河北岸公路行进，迎接朱鼎坤。诡计多端的朱鼎坤骑着自行车混在队伍前面的侦察兵中。当其进入伏击圈时，县独立团战士集中火力射向河北。朱鼎坤见势不妙，弃车钻进麦田逃跑。突击组登上预备好的木船飞渡界河，生擒朱鼎坤及其随从 4 人，缴获快慢机枪 2 支、短枪 3

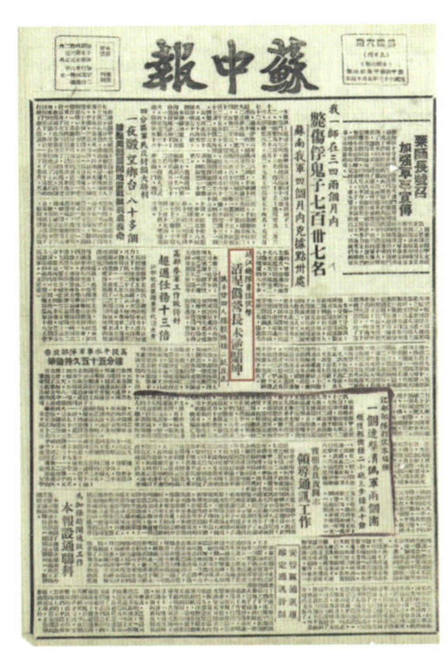

蘇中報

粟師長號召 加強軍事宣傳

我一師在三四兩個月內 斃傷俘鬼子七百卌七名

蘇南我軍四個月內克據點卅處

超過任務十三倍

一個連擊潰偽軍兩個團

領導通訊工作

本報設通聯科

《苏中报》报道了击毙朱鼎坤的消息

支。朱鼎坤被生擒，靖泰边区人民无不拍手称快。

智取新丰市

新丰市原名新丰寺，地处靖泰公路中段。1941 年，敌伪在靖江地区发动“清剿”后，汪伪暂编十九师十八旅陈正才部在这里修筑据点，企图封锁东西交通、阻断靖江县委的抗日活动。

伪军的这个据点相当坚固，且所处位置特殊：南有生祠堂大据点，北有敌一个营据守的毗卢市，一有情况，南北增援之力即可迅速到达。伪军连长断定抗日人民武装对他无可奈何，终日横行霸道，抢劫、奸淫、烧杀，招致天怒人怨。靖江县独立团此时成立不久，不具备直接攻打敌据点的条件。要消灭这帮伪军，只可等待时机智取。

1944 年 5 月 15 日，县独立团参谋长吴立批带领独立团 2 连和 3 连在侯河乡一带保护群众麦收。傍晚得到敌情：伪十九师特务连一个加强排在毗卢市宿营，次日一早将沿靖泰公路前往生祠堂。吴立批立即召集大家，策划如何出其不意地痛击伪军。16 日清晨，独立团 2 连、3 连按计划埋伏在靖泰公路两侧，待伪军进入伏击圈后，乘其不备迅猛冲向公路。伪军来不及反应和抵抗，胸口已被铮亮的刺刀抵住。战斗不到一刻钟，独立团全俘伪军 1 个加强排。看着沉浸在喜悦中的战士们，吴立批突发奇想：“何不将计就计，化装成伪军，直插新丰市，拿下伪据点？”他与大家合计，决定由党总支书记彭启与参谋季藩带领 2 连 1 个排，去实施这项任务。

靖泰公路上，1 个排的“伪军”以及一小部分化装成“农民”和推车贩卖小商品的“生意人”，向新丰市方向进发。七点钟左右，这帮人到达新丰市，井然有序地分头行动。伪据点门口，三三两两的伪军正站在鱼塘边看捉鱼，伪连长周某嘴里叼着香烟、手上拎着一条大鱼，悠闲自在地晃来晃去。独立团尖刀组组长郭义祥带着 3 名战士一边往据点里走，一边直嚷口渴。门口的两个伪军卫兵举起枪，拦住了他们。正在兴头上的伪连长一看穿戴是“自己人”，忙示意放行。郭义祥带着两名战士大摇

大摆走进据点，留下侦察员丁金元在鱼塘边监视敌情。紧接着，化装成伪中尉排长的赵英奎也带着队伍赶到了据点门口。伪连长周某客客气气地招呼着：“一路辛苦了！”“里面有开水吗？”赵英奎问。周某点头应道：“有有有，已经叫人抬去了。”说话间，赵英奎已与鱼塘边的丁金元接上了头。此时，郭义祥领着抬开水的战士从据点里出来。两名战士故意把水桶跌落在地，郭义祥对他们开口就骂。伪军卫兵不知是计，走上前来打圆场。郭义祥转身请卫兵让炊事房再烧一桶。卫兵欣然接受，转身跑进据点。郭义祥则轻声叮嘱两名战士立即跟进去，别让卫兵再出来。彭启、季藩随后带着几名战士也趁机进了据点。

约 11 时，据点碉堡里响起“砰！砰！砰！”的枪声，彭启和季藩带领战士们缴了伪军的械。据点外，伪连长周某听到枪声霎时愣住了，正准备回据点时，丁金元的枪口已抵住了他的后脑勺，并命令他集合队伍。周某见县独立团已控制住据点，反抗无望，识相地束手就擒。正在鱼塘里捉鱼的伪军士兵见状，慌乱地往岸上爬，路边推小车的几个“生意人”当即掏出手枪瞄准了上岸的伪军，十几个捉鱼的伪军就这样稀里糊涂地当了俘虏。

智取新丰市这场战斗，独立团只用了 3 发子弹，便全俘伪军 122 名。此后，伪军再也未能在新丰市修筑据点。靖江西片的东西交通因而得以顺畅，抗日人民武装也因此进一步壮大起来。

奇袭白衣堂

抗日战争时期，白衣堂据点驻有伪十九师陈正才部一个加强连，有三座坚固碉堡，碉堡外面又有围墙、河沟、铁丝网围护着。这个据点阻碍了县独立团进出东兴、侯河两区的交通。敌人盘踞以后，周围村舍鸡犬不宁，群众惶惶不可终日。独立团决定拔除这个伪据点。

1944 年 5 月 10 日夜晚，独立团先派侯河区队分两路作骚扰性袭击。这夜，据点周围的狗吠声、步枪声断断续续，一直闹到天亮。以后连续几天晚上，独立团都派一个排兵力配合民兵轮番包围、袭击敌人，扰得敌人几天几夜不敢合眼，急急盼望援兵到来。

17 日傍晚，独立团派人穿插到白衣堂两侧，割断据点通往靖城和生祠堂的电话线，接上自带的电话机，冒充靖城日军通知白衣堂伪军第二天一早配合皇军下乡“扫荡”；又冒充白衣堂伪军，告诉生祠堂伪军这里完全可以坚持。

18 日晨，独立团 2 连连长赵英奎化装成“日军小队长”，侦察参谋季藩化装成伪军“中尉”，侦察员丁金元化装成“翻译官”，率领 10 多个“日本兵”和 1 个排“伪军”，于白衣堂之东插上靖泰公路，大模大样地走进白衣堂伪据点。当伪连长孙国正与赵英奎、季藩等寒暄时，分散在伪营房内外的 2 连指战员出敌不意，突入据点。伪军还没有明白是怎么回事就全部当了俘虏。埋伏在四周的部队听到枪响赶到那里时，俘虏已全部集中在操场上了。此战计擒伪军 113 人，缴获轻机枪 3 挺、长短枪 73 支。伪据点被当地老百姓、民兵及区游击队平毁。

夹港口大捷

1947 年 1 月初，国民党反动派以靖江、泰兴和如皋河西地区为重点，对华中一分区南线进行第二期“清剿”。其整编第 49 师 105 旅 315 团、第 4 师 102 旅 304 团和 306 团、部分“省保”大队、“还乡团”等约 2 万人，对靖江、泰兴、如皋的中心根据地实施“驻剿”和“扫荡”，并在南线设置如新、如海、如黄、靖泰、姜黄、海泰、季张等封锁线。

1 月 11 日，华中一分区南线党政军委员会派员来靖传达上级指示，要求靖江独立团积极寻找战机，拖住靖泰地区的敌 306 团，“调动”在如皋“驻剿”的 304 团，以便分区集中兵力支援如皋恢复阵地。

一日，在城黄公路以南地区寻找战机的县独立团接获情报：生祠堂之敌在海坝修筑据点。县独立团研究后决定：插回靖西作战，给敌人以有力打击。18 日晚，县独立团团部及所属一、三两个连隐蔽到太和区的莫家圩以逸待劳。19 日上午 8 时许，敌整编第 4 师 102 旅 306 团 3 营 9 连及少数“土顽”，由生祠堂出动，经姚大圩、高山桥，向四墩子、夹港口行

进，沿途骚扰百姓，抢劫财物。行至夹港口时，则三三两两地坐在堤滩上歇息、嬉闹。正当敌人麻痹大意之时，县独立团第一连由东向西猛攻，第三连由北向南以数挺机枪同时开火。顷刻间，枪声、手榴弹声连成一片。一会儿，冲锋号声响起，独立团战士趁敌晕头转向之际扑向敌人，“缴枪不杀”声铺天盖地。敌人仓促应战，部分企图越港西逃之敌则被机枪封锁，只得乖乖举手投降。此战毙伤俘敌 170 余人，缴获迫击炮 1 门、轻重机枪 10 挺、冲锋枪 4 支、长短枪 120 多支、各种枪弹 2.5 万余发。

夹港口大捷鼓舞了士气，振奋了民心，沉重打击了敌 306 团，粉碎了敌人对靖西地区的第二期重点“清剿”。这场战斗也震恼了敌人。第二天，气急败坏的国民党反动派将在如皋地区“清剿”的 304 团两个营，调至泰兴广陵镇一线，配合 306 团对靖中、靖西地区实施疯狂报复；敌 102 旅旅部也由黄桥移驻靖江城，副旅长欧阳书亲临生祠堂督战。至此，靖江县独立团胜利完成了拖住在靖泰地区“清剿”的敌 306 团、“调动”在如皋“清剿”的敌 304 团的任务。

前線

民國卅六年一月廿八日

三日刊 第一十一期

社評 靖西大捷告訴我們些什麼？

我地武一部獲空前勝利 夾港口「清剿」蔣軍全部被殲 斃傷俘頑軍連排長以下一百七十餘名 繳砲一門輕重機槍十挺長短槍五十餘

1947 年报道“夹港口大捷”的《前线》报

战后，华中军区第一军分区的《前线》报盛赞夹港口一战“指挥之灵活，动作之勇猛，歼敌之多，缴获之巨，伤亡之少”，为“坚持敌后地方武装歼灭洋顽的光辉战例”；陈毅、粟裕首长褒奖其为“创敌后地方武装歼敌正规军之范例”。苏中军区给靖江独立团全体指战员记集体大功一次。延安广播电台连续播报了这一胜利消息。

血战八字桥

八字桥战斗

1947年春节前夕，国民党整编第4师102旅304团、306团从生祠堂出发，对靖西“清剿”，寻找独立团主力作战。1947年2月13日晚，靖江县独立团第一、第三连从广陵区隐秘进入靖西，宿营唐大圩。1947年2月14日拂晓，第一连排长施仁广带领侦察员，至生祠堂附近侦察敌情、抓“舌头”，以了解靖西地区敌人兵力部署。下午2时许，施排长等将捕捉的2个俘虏送往县独立团团部途中遇敌牺牲。此时，敌306团从生祠堂出动已逼近八字桥，逼近县独立团驻地，并与东兴区队接火。在来不及查明敌情、敌人已经逼近的情况下，县独立团迅速投入战斗。

八字桥战斗前后经历2个多小时，战况惨烈。县独立团营长孙滨等24人负伤，8人牺牲，但重创敌1个重机枪连、1个步兵连，毙伤俘敌90余人，这对于只有2个主力连的靖江县独立团来说，打出了威风和士气。

战斗结束后，县独立团主力撤出靖江休整。因战斗激烈，县独立团伤亡较大，故有“血战八字桥”之称。

黄卢氏掩护红军脱险

1928年12月21日，江阴茅学思（中共江阴县委委员茅学勤之弟）带领部分红军游击队战士，驻扎在土桥龙飞村小木桥埭朱者赤家里。此

事被国民党斜桥保卫团团长丰金声获悉，他纠集县警卫大队一百余人前去搜捕。茅部因寡不敌众而撤退。撤退中，一位同志与队伍失去联系，来到土桥永莫村黄卢氏家屋后。黄卢氏知道他是红军战士（此前茅部曾数度在此活动），便唤他至家中换去衣服，将他的衣服和短枪藏进草堆，叫他坐在灶头边烧火，认他是“儿子”。由于黄卢氏的掩护，红军战士未被敌人发现。第二天东方既白，黄卢氏取出衣服和枪支，送他到界河北面去找寻自己的部队。

众乡邻怒惩三伪军

1942 年春，盘踞西来镇的伪军常下乡“扫荡”。土桥东十五圩埭的苏玉如、苏玉付两兄弟，多次遭到伪军绑票。4 月的一天中午，三个伪军又带了小车来到苏家，掠去值钱的东西，并将苏玉付之子押走。带手榴弹的伪军在前领路，两个伪军在后押车，向村东走去。

沈孝初、沈孝坤等乡亲得知伪军只有手榴弹而没有枪，便商定绕到村东水洞坝的麦田里埋伏起来。

三个敌人押着小车来到水洞坝时，沈孝初突然跳起，手举钉耙照准前面敌人的脑袋猛击，敌人当即倒下。后面两个敌人见势不妙撒腿就跑，被迅速赶来的村民抓获。

刘求官送子参军

刘求官，土桥桐村人，生有 5 个儿子。1942 年春，靖江各级抗日武装纷纷建立，刘求官这个苦大仇深的种田人，把 5 个儿子叫到跟前，说：“你们兄弟 5 个，除老五 12 岁太小外，其他 4 个都去打鬼子，闹翻身。你们说好不好？”4 个儿子齐声应道：“好！”

乡里召开新兵入伍大会，刘求官的 4 个儿子刘林昌、刘友昌、刘汉昌、刘福昌，胸戴大红花，齐刷刷地站在主席台前排。刘求官送四子同时参军，推动了当时参军工作的顺利开展。

钱鲜庆计毙伪警

1943年，土桥东圩村地痞陈富林到斜桥当了伪警。这家伙每天早晨来到斜桥北市头，看到熟人便强讨硬借、敲诈勒索；碰不到熟人，便到西来镇南市头朱家酒店，边喝酒边寻找勒索对象。初夏的一天早晨，永奠村村民钱鲜庆上街买菜，被陈富林唤到酒店强行借钱。钱鲜庆骗他说："我身边的钱只够买菜用。我家刚刚卖了小猪，还剩几十元呢，等我上街打转后送给你好了！"陈富林信以为真，静坐酒店等钱鲜庆送钱来。钱鲜庆回到家，找来卢金榜、陈如根和孙双郎父子商量：趁这个机会，将陈富林抓起来弄死，为社会除一害。但西来镇既有日寇又有伪军，要捉陈富林也非易事。大家商定，钱鲜庆从前门进去送钱，卢金榜等人从后门进去，乘其不备将其抓住。陈富林果然中计被捉。钱鲜庆等用棉絮塞住陈富林嘴巴，将其绑了押到镇子西面的一座桥上。陈赖着再也不肯走。众人就将陈推到河里，灌了他几口水，最后在梧桐树埭北面的荒地里将其打死。

赵秀英支持丈夫参军

1945年2月，赵秀英与土桥泥桥村的王方弟结婚。这年4月，乡里的抗日民主政府开展参军运动，王方弟很想报名参军。当时他和叔父、婶母住在一起，种了几亩租田，养了一头小牛。他担心叔父、婶母年老种田有困难，担心无人割草饲养小牛，又担心爱人不同意，下不了参军的决心。赵秀英出生于贫苦农家，性格刚强。她看出了丈夫的心思，快言快语地说："你想参军吗？家中事有我承担，你不必担心。有志就不要留恋家里，打走了鬼子，才能过上好日子。"王方弟听了爱人的话，参军大会上第一个报了名。

刘爱兰巧藏手榴弹

刘爱兰担任永奠乡妇抗会主任后，常协助丈夫沈千钧（抗日民主政府永奠乡乡长）保管和发放从区里领回给民兵用的手榴弹。1946 年春，沈千钧奉命到江海公学学习。当年年底，靖江县党政军干部和部队向北转移后，国民党反动派军队和西来镇地主反动武装还乡团常常下乡抢掠、残害百姓。此时，刘爱兰身边保管着数枚哑手榴弹。为防手榴弹落入敌手，她与姐夫吴国林一起，深夜在河边挖了一个洞，将手榴弹藏在里面，再覆盖泥土种上蔬菜。还乡团成员刘小林听说她家有手榴弹，带人前来搜查，翻箱倒笼，一无所获。1948 年 1 月，靖江独立团返回，刘爱兰通知农会主任陆恒义、杨顺金将手榴弹挖出，由民兵小队长杨根祥送交区公所。

周文镜坚持斗争遭敌杀害

1946 年土改运动中，土桥顾家村农会主任周文镜积极组织贫苦农民同地主、富农作斗争。一天夜晚，村上一户富农的妻子送来一个包裹，要他在土改中照顾她家。周文镜当即拒绝："快拿回去，不然我就扔掉！"。周文镜在运动中始终执行政策，村里土改成绩显著。这年深秋，国民党反动派军队和地主反动武装还乡团疯狂捕杀革命干部。周文镜奉命就地隐蔽、坚持斗争。11 月 29 日，还乡团五十多人，由敌乡队副、叛徒倪子松带队，从创新村的汤家坝、保和埭、周家埭分三路包抄顾家埭。周文镜当晚被敌人抓去，押至敌斜桥区公所，被还乡团打得死去活来。次日下午，敌人把周文镜押到安宁港，捆得严严实实投入长江。

陆美兰施计脱险

1946 年，土桥龙华村陆美兰任龙澄乡妇女主任期间，积极带头做军鞋。白天没时间，她就熬夜赶着做，还发动思想进步的姑娘陆美庆、陈桂英、朱素珍、徐月英、吴凤英、孙巧珍、刘素英、张秀华、张秀芳等二十多人一起做。这年 8 月 24 日新兵入伍欢送会上，她们一次就交新军鞋 322 双。1947 年 6 月，国民党地主反动武装还乡团横行乡里，搜捕干部。敌人得知陆美兰曾为人民子弟兵做军鞋，派五个还乡团分子来抓捕她。陆美兰不动声色地对敌人说："天色太晚，我晚饭已烧好，你们吃过饭，我跟你们走。"这一说，敌人就围坐在她家场上的桌边，就盐豆喝粥。陆美兰又说："你们慢慢吃，我去烧点水。"然后进屋，在锅里放水，点燃小麦秆草，借着麦秆燃烧时发出的噼噼啪啪声音，陆美兰骗过敌人，溜出后屋跨沟离去。时间长了，敌人见屋里没有动静，进去一看，方知受骗。

郁富林掩藏军需品

1946 年秋，国民党反动派军队和地主反动武装还乡团袭扰靖江。民主政府西来区公所此前收购了一批白布，准备上缴军分区后勤供给处做军服用，但未能及时运走。9 月下旬的一天夜晚，中共西来区委干事夏文铨联系土桥泥桥村的民兵郁富林，委托其保管两捆布。郁富林毫不犹豫地应承了下来。

次日夜晚，夏文铨等二人运来布匹。郁富林当即揭掉牛窝里防止耕牛冬季受寒所铺的木板，挖好坑，衬上干草，把布匹藏在里面，再在上面重新盖好木板。10 月下旬的一天深夜，夏文铨带人前来将布匹运走。

刘陈氏认"子"护伤员

1946 年秋，袁方和朱炳地两位伤员由当地民主政府安排在土桥七圩埭西头刘陈氏家养伤。

这年 12 月 30 日中午，国民党反动派军队和地主反动武装还乡团向龙澄乡及长安区进犯。消息传来后，已基本康复的袁方提前转移。朱炳地因患严重红眼病发高热，只好留在刘陈氏家中。

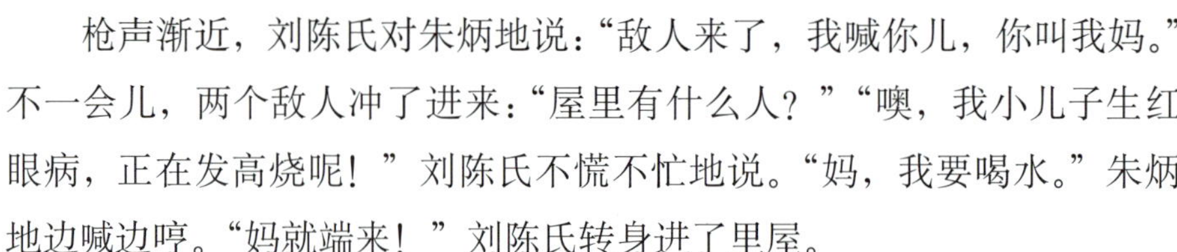

枪声渐近，刘陈氏对朱炳地说：“敌人来了，我喊你儿，你叫我妈。”不一会儿，两个敌人冲了进来：“屋里有什么人？”“噢，我小儿子生红眼病，正在发高烧呢！”刘陈氏不慌不忙地说。“妈，我要喝水。”朱炳地边喊边哼。“妈就端来！”刘陈氏转身进了里屋。

敌人跟进去一看，朱炳地果真两眼红肿得异乎寻常。刘陈氏说：“当心红眼病传染。”敌人不敢久留，顺手掠去桌上的一盆鸡蛋，就到别处去了。

邵玉珍护枪遇害

1946 年冬，靖江县地方党政干部向北转移。一天深夜，土桥乡指导员周慕良在即将转移前，将在斜桥国民党反动派区公所用计缴得的六支长枪，交妻子邵玉珍保管。她把枪藏在自家屋后的水码头底下。敌区公所发现枪少后，怀疑是周慕良等人所为，多次到周家搜查无果。敌人不甘心，就将邵玉珍抓到斜桥白家弄炮楼，威逼邵玉珍说出藏枪地点。敌人对邵玉珍施以酷刑：灌火油，上“老虎凳”，用竹签钉十指。邵玉珍任凭敌人折磨，始终坚贞不屈。1947 年春，敌人将邵玉珍押至靖城东门外体育场枪杀。

地下交通员顾锦秀

1946 年 12 月，国民党反动派军队和地主反动武装还乡团在斜桥、土桥、西来构筑据点，建立乡、保、甲反动政权，疯狂搜捕共产党员和干部。靖江县区乡干部暂时向北转移，西来区委宣传科干事张绍旭、土桥乡民兵大队长王正纲仍留在原地坚持斗争。由于敌人到处搜捕，他们白天隐蔽，晚上活动。为了找一个隐蔽的地方，他们想到了土桥陆家埭思想进步、年轻能干的顾锦秀。一天深夜，他们到顾锦秀家跟她商量，确定在顾家羊圈底下挖洞作为隐蔽之处。三人一齐动手，天不亮就挖出一个大洞，洞里垫上棉絮，洞口盖上木板、铺上草灰，看上去没一点破绽。张、王二人白天藏在里面，晚上出来开展工作。顾锦秀每天给他们送去吃的饭菜，还为他们放风。张绍旭和王正纲在顾家住了四五天后，安全转移。

1947年12月的一天午夜，中共靖江情报站的方杰对顾锦秀说："张绍旭现在你父亲店里（开设在斜桥）管账，我们与他的往来信件请你负责接送。"顾锦秀爽快地接受了党组织交给的任务，成了地下交通员。此后顾锦秀走东串西，以代收白布送斜桥印染为名，每隔一段时间去一次斜桥。

顾锦秀常去斜桥，引起土桥国民党反动派的注意。1948年1月20日，顾锦秀又一次去斜桥时，被敌人抓进炮楼。她趁敌人不注意，毁掉了藏在旗袍角落里的密信。土桥的敌人对她拷问不出什么，第二天把她送去了斜桥据点。敌人对她吊打威逼，她始终镇定地说："我父亲在斜桥开店，爷爷是甲长，你们说我帮共产党送什么信？"敌人恫吓她："不招就送去活埋。"顾锦秀毫不畏惧，仍是守口如瓶。后经顾锦秀父亲多方打点，顾锦秀得以取保释放。但敌人只许顾锦秀住在斜桥，不让她回土桥家中。

敌人的严密控制丝毫没有影响顾锦秀的革命意志。她一回到店里，就把在土桥地堡内观察到的情况汇报给张绍旭。

张国梁挖地洞掩护干部

张国梁家在靖、如、泰三县交界的土桥永奠村。1946年底，中共靖江县区乡干部大部分向北转移。留下来坚持斗争的孙友成（桐村、永奠、西来三乡民兵大队长），与两位休养的伤员合计，认为张国梁能掩护他们。一天深夜，他们悄悄来到张家表明意图，张国梁当即与他们一起在磨坊里挖出地洞。孙友成等三人自此以洞安身。

不久，一伙国民党反动派军队下乡搜捕共产党员和干部。敌人来到张家搜查，走进磨坊一看，一间棚屋，中间搁着磨子，磨盘下塞着横七竖八蒙满灰尘的木棍、废板。敌人见此，骂骂咧咧地走了。

张国梁担心长期这样要出问题，就到如皋唐家楼找一个叫春二爹的

联系。春二爹答应为他们打埋伏，并保证他们的安全。张国梁回到家，连夜将三人送到唐家楼春二爹家埋伏下来。

地主反动武装还乡团捉不到孙友成等人，怀疑是张国梁送走的，就把他抓去吊在河边树上毒打。张国梁被打得死去活来，始终没有招认。这一顿毒打，使张国梁半个月不能动弹，休养三个月后才能行动。

夏荣贵机智护枪

1947 年 1 月间，国民党反动派军队侵占西来区，建立了反动的乡、保、甲政权。中共靖江县区乡干部转移到外线。桐村、永奠、西来三乡民兵大队长孙友成，将游击队的一支中正式步枪交给土桥五四村的夏荣贵保藏。夏荣贵瞒过家人，将枪埋藏在屋东侧水沟里。

夏荣贵的女婿唐保林是个游手好闲、不务正业的人，与两个在地主反动武装还乡团做事的表兄弟鬼混在一起。当唐保林隐约知道夏荣贵藏有枪支时，就妄想取枪向敌人邀功。2 月中旬的一天，唐保林来到丈人家，要丈人把枪交出来。夏荣贵知其心术不正，就说："孙友成是有一支枪曾放在我这儿，但没多久就冒雨来拿走了，连客气话都没说一声。"唐保林听丈人说得认真，只好作罢。

9 月，西来区民兵配合县独立团在小张公殿、卜家埭连打胜仗，打开了西来区局面。11 月的一天，孙友成等人来到夏荣贵家，夏荣贵与他们一起捞起了这支藏在河里 10 个月的枪。

杨柳堂送子参军

1943 年春，靖江县抗日民主政府为扩大抗日力量，号召广大青年报名参军。在新丰乡新西村参军动员大会上，杨柳堂第一个为大儿子杨富生报了名。当时，有人劝他说："富生妈死得早，还是让富生留在身边好。"可杨柳堂说："没有国，哪有家。打鬼子，保家乡，这是应该的。"次年 4 月，杨富生在战斗中牺牲。杨柳堂极为悲痛，同时也为有这样的儿子感到骄傲和自豪！1946年秋，民主政府又一次动员参军。杨柳堂找到村干部，要求将小儿子杨纪生也送去参军。乡村干部劝他：“大儿子牺牲了，就让小儿子留在身边有个照应。”杨柳堂坚定地说：“敌人不消灭，要我这把老骨头有什么用？”在杨柳堂的再三恳求下，乡村干部最终答应了他的请求。

吴玉芳计毙敌乡队副

1947年1月的一天傍晚，季市镇季东村的吴玉芳和姑姑在田里挖萝卜。这时，从季市镇下来的国民党反动派新晓乡乡队副黄仁伟，带着短枪来到田头，奸笑着对吴玉芳说：“你丈夫吴龙芝（珊瑚区民兵游击连指导员）不会回来了。我们马上‘大扫荡’，要把共产党的游击队一网打尽。你还是跟我去过好日子吧！”边说边动手动脚。吴玉芳计上心来，假意答应第二天与黄会面，并约好了时间、地点。当夜吴玉芳把这个情况报告给珊瑚区游击连连长王文清。第二天，黄仁伟准时来到吴玉芳约定的地点，还带了一个持枪的随从。就在这个家伙欲行无礼的时候，王文清率事先埋伏好的游击队员击毙了黄仁伟。随从见势不妙拔腿想逃，也被击毙。

冯张氏巧计护战士

1944年10月初，日伪军下乡“扫荡”，东兴区民兵游击队一名战士受伤，跳进城南乡北四村冯张氏家门前的河里，用菱盘盖在头上，暂时躲过了敌人的追捕。冯张氏发现后，随即让他进屋换下衣服，假装生病卧床，用被子捂在身上。不一会儿，敌人果然返回搜查。冯张氏一把鼻涕、一把眼泪地哭诉自家儿子得了伤寒，正在发热。敌人怕被传染，信以为真离开了。这名战士终于脱险。

季学金抢救游击队伤员

1944 年 10 月的一天，东兴区游击队在八圩高桥一带伏击小股日寇。战斗结束撤退时，一名负伤的游击队员因行动不便而掉队。高桥村的季学金等人发现了他，急忙把这位战士藏到蒲堆里，并用铁铲铲掉地上的血迹。敌人对附近的村庄包围搜索未果，便放火烧掉了村里的 12 间草屋。敌人走后，季学金等人用门板把这位战士抬到四圩港靖江独立团驻地。后来，村民几经周折找到这位战士负伤后隐藏的枪，又把枪送还到部队。

王友林捞子弹送给游击队

1949 年 1 月的一天，一伙国民党反动派带着一批枪支弹药向江南逃窜，强迫家住八圩乡新民村的王友林用木船给他们装运。因人多超载，木船离开江边不远就翻入江中。敌人只顾逃命，顾不得枪支弹药。王友林知道驻在附近的东兴区游击队急需弹药，便乘当夜天黑，不顾江水寒冷刺骨，十数次潜到江底，打捞上一布袋子弹，藏在家中草堆里。随后，他喊来本圩的好友张友贵，设法将子弹交给了东兴区游击队。

王大两次送子参军

王大，兴化戴南人。1940 年因家乡水灾，与妻儿一道逃难落户在靖江九一乡。1942 年，靖江人民抗日武装建立。王大本人患足疾行走不便，妻子和长子又经常生病，但他还是把家中仅有的壮劳力——18 岁的次子王勇送到县独立团当兵。抗日民主政府九一乡乡长邵树棠来到王大家，询问他家中的困难。王大坚定地说："打日本鬼子，我举双手赞成。家中再困难，我们自己想办法克服，决不给政府添麻烦。"1945 年底，王勇因伤病复员回家。1946 年夏，国民党反动派侵犯靖江解放区，王大将王勇再次送去参军。1948 年 1 月 18 日，国民党反动派以"共党家属"的罪名，将王大杀害于张家湾。

吴秀珍勇救孙指导员

1946 年冬的一天，靖江县武工队指导员孙普因联系工作，在马桥乡横港村吴秀珍家歇脚。不料消息走漏，国民党反动派向吴秀珍家包抄过来。吴秀珍立即拿来一架梯子，叫孙普爬上屋顶，躲到搁在屋顶的大澡盆里，然后把梯子扔进屋后的小河。她刚回到屋里，敌人便到了她家门口。面对敌人的刺刀，吴秀珍面不变色心不跳，若无其事地说：“我家没有共产党，不信你们去搜。”敌人冲进屋里翻箱倒柜，没有搜到什么。这时敌人转向被抓来的吴秀珍家邻居，问他们有没有看到共产党？有邻居故意说：“只看见刚才有个人匆匆向东去了。”敌人信以为真，向东追去。

张伯祥夫妇掩护县委干部

1946 年底，国民党反动派在靖江地区疯狂“清剿”，中共靖江县委的部分干部由公开转入地下。县委委员、宣传部长张建平和县武工队指导员孙普等几位干部隐蔽在马桥乡九一村张伯祥家中。1947 年春，随着斗争形势的日益恶化，敌人疯狂捕杀中共党员干部。为确保张建平等人的安全，张伯祥在厨房里挖了一个地洞，洞口就在灶门口的烧火凳下，上面盖着一块木板。一天，一伙地主反动武装还乡团下乡“清剿”，在张伯祥家吃饭。敌人提出让他们自己烧。当时张建平等人正藏在地洞里，情况十分危急。张伯祥妻子张氏急中生智，她说：“你们这些人什么时候烧过火？我家的灶只有我会烧，你们烧不着，还是我来烧吧。”自然地把敌人应付了过去。就这样，张建平等人在张伯祥家多次化险为夷，直到安全北撤。

展经纶捐资抗日

展经纶，生祠镇三元村人。18 岁初中毕业后，继承父业到苏州山塘街开太昌猪行，后又在江阴黄田港口开太昌猪行江阴分行。1941 年春，靖江县抗日民主政府经费困难。县长刘万里经人介绍到苏州找到展经纶，向展经纶宣传革命道理，并说明来意。展经纶时年24岁，思想进步，慷慨地说："我展某虽是生意人，但也愿为抗日出点力。"随即拿出黄金十两，捐助抗日。次年10月的一天，刘万里同靖江县财政科长刘永青再次到苏州，请展经纶出资在苏州办个地下印刷厂。展很快设法在山塘街办起印刷厂，为靖江抗日民主政府印刷宣传品。

鞠大昌遭日寇毒打不屈服

1942年，中共靖江县五区区委干部史佑庭奉命转移到靖泰交界处的普济庵小学，以教书作掩护，宣传发动群众开展抗日斗争。这年秋后的一天，由于奸细告密，盘踞在生祠据点里的一小队日伪军，于凌晨三点多，直扑普济庵小学来抓史佑庭。高度警惕的史佑庭，住宿也是"打游击"，这夜住在附近朱家埭一户贫苦农民家里。敌人进校后扑了个空，只在厨房找到家住生祠镇普正乡的工友鞠大昌。

一个伪军头目假惺惺地对鞠大昌说："史先生呢？我们找他有点事。"鞠大昌早已看透了敌人的阴谋，冷冷地说："一放学，先生们就离校了，只有我一个人看校。"敌人马上露出狰狞面目，"啪！"的一巴掌落在鞠大昌的脸上，接着便用皮鞭劈头盖脸地抽打鞠大昌。最后，敌人把鞠大昌反绑着吊上厨房的屋梁，捧来豆秸、高粱秆，放火点燃了厨房。

敌人离开后，周围群众一齐赶来救火。吊在屋梁上的鞠大昌此时已奄奄一息，经群众奋力抢救，才脱离生命危险。

顾刘氏认"夫"护干部

1945年4月的一天清晨，中共太和区委宣传科长蒋光荣奉命到毗卢市伪军据点侦察，在返回途中被伪军发现，一个班的敌人疯狂地在后面叫喊着、追赶着。匆忙之中，蒋光荣向邻近的红光乡顾家埭奔去。正在烧早饭的顾刘氏听到枪声和叫喊声，开门想看个究竟，只见一位中年男子匆忙赶来。顾刘氏立即明白了一切，忙对蒋光荣说："快进屋！"。蒋光荣闪进屋里，顾刘氏说："我丈夫不在家，快把他的衣服穿上，一切听我的。"敌人闯进屋，见到顾刘氏，气势汹汹地问："刚才有个新四军哪儿去了？"顾刘氏镇静地说："我没有看到呀！"一个满脸横肉的家伙指着蒋光荣问："他是谁？"顾刘氏不慌不忙地说："我丈夫。"敌人屋里屋外转了一圈，没有发现其他人，就抓了几只老母鸡走了。

汪叶氏巧救通信员

1946年8月17日午后，涨公乡涨公村大桥头的妇女汪叶氏、顾秀英、魏陈氏正在埭后的野场上掼豆角。这时，从村头的河埂上急匆匆跑来一少年。汪叶氏看那位少年满头大汗，忙问："小鬼，什么事？"少年着急地说："我是独立团的通信员，熊家圩据点的国民党在追我。"未等少年把话说完，汪叶氏就解下自己的盖头布扎在少年头上，又解下自己的围裙给他系上，把他打扮成"村姑"模样，叫他一起掼豆角。刹那间，敌人追了过来，见几名妇女在掼豆角，什么也没问就向前追去了。这位名叫高保英的独立团通信员，在汪叶氏的机智掩护下，躲过了敌人的追捕。

钱荣珠杀日寇

钱荣珠，太和乡益民村人，1938年1月参加了祝惟干组织的靖西抗日自卫队。2月17日，他被派往下六圩、八圩一带侦察敌情。次日早晨返回时，在四圩港炳盛圩碰到一个日寇向圩前竹园里搜索。这时，河边有位妇女在淘米，钱荣珠立即向她打手势，示意她日寇来了。那妇女一看，丢下淘米箩，转身躲进了附近的草堆里。日寇走到河边，只见淘米箩，不见妇人影，便怒气冲冲地举枪向钱荣珠射击。钱荣珠身子一偏躲过了敌人的子弹。日寇准备再次举枪时，钱荣珠飞快冲过去将敌人打倒在河里，他自己也跟着跳下河，与敌人在水中搏斗起来。这时，炳盛圩

的不少群众闻声赶来助战。钱荣珠将已被打得半死的日寇拖到河边，用锄头将他打死。

顾世昌连送三子打日寇

西来镇东市开磨坊的顾世昌，时常遭受日伪军的欺诈，对日伪军恨之入骨。他有三个儿子：大春、小春、细春。1940 年，他让大春参加了新四军。一年后，大春牺牲，他又毫不犹豫地将小春送去参加新四军。两年后，小春也牺牲，他又挥泪将细春送往部队。他说："国难当头，男儿窝在家中不如猪。"

周文林豆田救伤员

1942 年 7 月 21 日，一股伪军偷袭新四军某部临时驻地西来镇。由于敌众我寡，在西来镇东边渔花塘（现为西来烈士陵园）担任阻击任务的八位新四军指战员壮烈牺牲。战斗结束后，住在附近建新村六圩埭的周文林、王广儿、钱裕珍、夏姚章等人从家里拿来工具，将八位烈士的遗体安葬好。回家路上，他们走到一片黄豆地时，听到拍掌的声音，循声过去，看到一位伤势很重的新四军战士。周文林等人随即用门板将受伤战士担往新四军驻地抢救。

以革命烈士命名的乡村、学校

安人区

安人区即靖江城区。1943 年，靖江抗日民主政府报苏中第三专署批准，将靖江城区改名为安人区，以纪念当年 1 月牺牲的陈安人烈士。

陈安人（1909—1943），原靖江城区东郊人，历任中共靖江七区、城区委员会书记等职。1943 年 1 月在五圩港东岸作战时牺牲。（陈安人烈士生平详见其传略）

网根乡

网根乡即原敦义乡。1948 年 1 月，靖江县民主政府为悼念严网根烈士，将敦义乡命名为网根乡。

严网根（1925—1947），原敦义乡高家村人，1947 年被敌杀害于敦义港。（严网根烈士生平详见其传略）

马桥镇铭坤村

铭坤村原名双店村。新中国成立后，经靖江县人民政府批准，史铭坤烈士的出生地双店村更名为铭坤村。

史铭坤（1920—1947），原侯河区双店乡史家埭人。1946 年参加革命，同年加入中国共产党。抗日战争胜利后，国民党反动派发动全面内战，对解放区“清乡”“扫荡”。1947 年 2 月，史铭坤与党组织一起辗转北撤至台北县（今盐城市大丰区），同年 9 月又随靖江独立团团部南下，打回老家与敌军展开游击战。这年 12 月，新市、双店等乡的国民党自卫队 30 余人，窜至桃园埭、何家长埭“扫荡”。正在此处开展工作的史铭坤在转移过程中不幸被捕。敌人将他押至马桥据点，用尽酷刑。他宁死不屈，被敌残忍杀害于白衣堂西首，牺牲时年仅 27 岁。

靖城街道友仁村

友仁村，原属长里乡，位于其西部边缘。现隶属靖城街道。新中国成立后，原中共靖江侯河区委，将陈友仁烈士牺牲地附近几个自然村合并，命名为友仁村。

陈友仁（1928—1948），如皋县江安区大陈家堡人。1947 年 10 月被苏中第三军分区派至靖江做秘密联络工作，由中共靖江侯河区委安排到

龙王乡工作。1948 年 10 月 12 日傍晚，陈友仁应约只身去桑木桥动员还乡团成员李荣郎倒戈，不幸误入敌人事先设下的圈套，被敌抓捕后连刺数刀牺牲。（陈友仁烈士生平详见附录）

东兴镇克成村

克成村原名丰秋乡。1948 年 10 月，中共靖江县委、靖江县民主政府将吴克成烈士的出生地丰秋乡更名为克成乡。1956 年更名为克成村。1960 年更名为克成大队。1983 年再次更名为克成村，今属东兴镇管辖。

吴克成（1913—1948），原惠丰乡元兴圩人。1939 年年底加入中国共产党，从事党的秘密工作。1948 年 10 月 12 日，吴克成和通讯员到靖城了解敌情，行至城北杨太乡李园子附近，与国民党军 21 师巡逻班遭遇。吴克成不幸左臂中弹，血流不止，随即被送往太和区水三圩县独立团驻地卫生队抢救，终因伤势过重牺牲。（吴克成烈士生平详见其传略）

生祠镇利珠村

利珠村原名毗卢乡。新中国成立后，靖江县人民政府为纪念浦骊珠烈士，将毗卢乡更名为骊珠乡。后因区划调整，骊珠乡更名为利珠村。

浦骊珠 (1913—1947)，原名丁惠成，原毗卢乡大孙家圩人。历任毗卢乡农抗会会长，太和区副区长、区长，中共靖江县委委员、太和区区委书记等职。1947 年 3 月，浦骊珠不幸被捕，受尽酷刑仍坚强不屈，后被敌残忍杀害。(浦骊珠烈士生平详见其传略)

生祠镇义强村

义强村位于生祠镇，其名由烈士陈义庭（又名陈义亭）和张正强（又名张振强）两人名字中各取一字而来。该村现为生祠镇三河村。

陈义亭(1919—1947)、张正强(1922—1947)，均为生祠镇三河村人。新中国成立后，在当地村民的请求下，靖江县人民政府将两位烈士出生地所在村更名为义强村。(陈义亭、张正强二位烈士生平见其简介)

土桥乡吉和小学

吉和小学之名由烈士陈吉庆与封和生两人名字中各取一字而来。1950 年，原土桥乡政府根据当地群众请求，将土桥乡“四圩埭小学”更名为“吉和小学”。该名一直沿用至 2006 年该校撤并。

陈吉庆（1922—1947)，原土桥乡封家村三圩埭人，1947 年 11 月牺牲于泰兴天星桥战斗。封和生 (1922—1947)，原土桥乡封家村封家埭人，1947 年牺牲于泰兴县丁家桥。(陈吉庆、封和生二位烈士生平见其简介)

生祠镇博文小学

博文小学原名三官殿小学。1943 年，靖江县抗日民主政府将周博文烈士少年时求学的三官殿小学更名为博文小学。

周博文（1916—1943），原生祠堂三和村人，1943 年 5 月带领群众冲击伪军据点时中弹牺牲。（周博文烈士生平详见其传略）

革命历史纪念馆

东线第一帆纪念公园

东线第一帆纪念公园是中共靖江市委、靖江市人民政府为了铭记1949年中国人民解放军渡江战役的历史，弘扬“东线第一帆”精神，于2019年7月开工建设的集党史教育、环境保护和生态旅游为一体的纪念公园。

1949年4月21日，中国人民解放军发起渡江战役。靖江作为渡江战役东线重要的集结点和进攻发起点，被誉为“东线第一帆”。

纪念公园位于靖江市南部江边、江阴长江大桥东侧，占地面积6万平方米。公园采用“户外博物馆”的形式，让渡江战役的历史场景在公园环境中得以体现。

公园内的“东线第一帆”纪念馆，是一处地景式纪念馆。馆名采用当年率军从靖江渡江的叶飞将军手迹。纪念馆以“东线第一帆”为主题进行布展，包括序厅和“长江天堑”“历史选择了靖江”“支前故事”“一切为了前线，一切为了胜利”“城市名片”等展区，集中展示渡江战役的

背景、过程及伟大历史意义，并通过相关影视、文物、文字进行系统展示，还原历史事件。

东线第一帆纪念公园自 2020 年 4 月建成开放以来，已成为江苏省、泰州市爱国主义、革命传统教育基地，国家 3A 级旅游景区，对传承红色基因，弘扬革命传统发挥积极作用。

东线第一帆纪念公园入选江苏省第二批 100 个红色地名。

弯腰沟革命纪念馆

弯腰沟位于靖江市季市镇安武村，是靖江抗日战争和解放战争两个重要历史时期党的活动和对敌斗争的重要区域，也是靖江革命历史文化的实物载体和历史见证。这里曾是中共靖江县委、靖江县抗日民主政府、靖江独立团的驻地，兵工厂、被服厂、弘毅中学也分布在此，被誉为“靖江小延安”。

靖江市弯腰沟红色文化旅游基地位于弯腰沟东首，于 2019 年 3 月 26 日奠基，占地约 180 亩，规划建设“一心五区”：即以现存的当年中

革命烈士永垂不朽

共靖江县委、靖江县抗日民主政府旧址为核心，建设革命烈士纪念瞻仰区、革命旧址区、国防教育区、综合服务区、田园观光区。纪念瞻仰区占地约 8 亩，由纪念广场、纪念碑、瞻仰道、纪念馆构成；革命旧址区占地约 20 亩，重建独立团驻地、军需厂、后方医院、枪械修理所、弘毅中学等历史建筑；国防教育区占地约 47 亩，展出“渡江第一船”模型和退役的军用飞机、坦克、大炮等；综合服务区占地约 5 亩，由军民广场、综合服务建筑、革命花海与纪念林构成；田园观光区占地约 100 亩，建设“公仆林”“先锋林”“创业林”“成长林”等生态景观林。

弯腰沟红色文化旅游基地是江苏省、泰州市爱国主义教育基地，也是泰州市首批党史教育基地。

中国人民解放军国防科学技术工业委员会原政治委员、靖江籍上将戴学江为弯腰沟题名

原中国人民解放军南京军区政治委员、靖江籍上将方祖岐为弯腰沟题词

革命烈士陵园、墓碑

靖江抗日烈士公墓（马桥经纶庵）

马桥镇经纶村的经纶庵旧地，建有“靖江抗日烈士公墓”（即经纶庵烈士墓）。该抗日烈士公墓是为纪念抗日战争期间在蛤蟆圩（泰兴市曲霞镇）战斗中牺牲的134名烈士而修建的。

蛤蟆圩是靠近靖泰界河北面的一个小集镇，东临泰兴广陵镇。抗战时期，日伪十九师师长蔡鑫元在蛤蟆圩北街圈地80余亩为据点，建有6座碉堡。周边挖有3米宽的壕沟，沟外遍插篱笆作保护圈。伪军动辄走出据点烧杀抢掠，百姓深受其苦。

1944年7月15日，苏中第三军分区组织靖江、泰兴、泰县、如西4个县的独立团和军分区特务二团，围歼蛤蟆圩日伪据点。7月16日凌晨1时开始总攻。但因碉堡坚固，蛤蟆圩据点直至天亮都未能攻克。拂晓，增援的伪军从西面、北面赶到，与据点里的伪军夹击滞后撤离的靖江独立团二连、三连。战后统计，靖江独立团在这次战斗中共牺牲官兵134名，其中4名连长、5名政治指导员、2名大队长。烈士中绝大多数为靖江籍人士。为了使忠烈的遗体入土为安，原侯河区迎祥乡准提庵的开明

绅士孙叔贤积极活动，蛤蟆圩的猪行老板变卖大量黄豆、豆饼将所得钱款拿去买通据点头目。7 月 23 日，烈士遗体得以由 10 多条小船经靖泰界河入蔡家港运至经纶庵集体埋葬。

1945 年 5 月，中共靖江县委、靖江县抗日民主政府、靖江县独立团在此修墓立碑，悼念捐躯的烈士。

新桥夹港战斗纪念碑

夹港战斗纪念碑位于靖江市新桥镇夹港汽渡西侧。

1947 年 1 月 19 日，国民党整编第 4 师 102 旅 306 团与省保安旅一部及还乡团等，由生祠堂出动，经姚大圩、高山桥，向四墩子、夹港口行进，沿途抢劫百姓。

靖江县独立团决定追歼这股敌人，于夹港口对其突袭，获得大捷（详见革命故事 · 夹港口大捷）。华东军区首长陈毅、粟裕对这次战斗评价甚高，赞誉靖江独立团“创敌后武装歼敌正规军之范例”。苏中军区和第一军分区通令嘉奖，给全体指战员记大功 1 次。延安电台广播了这次战斗

胜利的消息，苏中报刊称靖江独立团为“苏中第一团”。

1987 年 7 月，在夹港战斗胜利 40 周年之际，靖江县人民政府在战斗旧址立碑纪念。

夹港战斗纪念碑入选江苏省第二批 100 个红色地名。

新桥镇烈士陵园

新桥镇烈士陵园位于靖江市新桥镇礼士村龚家埭后。陵园建于 2012 年 12 月，占地约 1 300 平方米，建有纪念广场、烈士纪念碑和烈士墓区。烈士墓区安葬着 126 名烈士。

东兴镇烈士陵园

东兴镇烈士陵园位于靖江市东兴镇惠丰村东北角。陵园建于 2012 年 3 月，占地约 2 000 平方米，由烈士纪念碑、烈士纪念墙和烈士墓区三部

分组成。烈士纪念墙镌刻着162位烈士英名。烈士墓区安葬着60名烈士。

生祠镇烈士陵园

生祠镇烈士陵园位于靖江市生祠镇金星村。陵园建于2011年3月，占地约1 000平方米，建有烈士纪念碑和烈士墓区。烈士纪念碑高3.2米，宽4.5米，镌刻着185位烈士英名。烈士墓区安葬着60名烈士。

靖城街道烈士陵园

靖城街道烈士陵园由柏木村龙江烈士墓区和正西村龙华烈士墓区两部分组成。

龙江烈士墓区坐落于靖城街道柏木村东北角，建于2013年年底，占地约660平方米，建有烈士纪念墙和烈士墓区。烈士墓区安葬着25名烈士。

龙华烈士墓区坐落于靖城街道正西村西北角，2012年9月建成，占地约600平方米，建有烈士纪念墙和烈士墓区。烈士墓区安葬着48名烈士。

孤山镇公墓烈士墓区

孤山镇烈士墓区坐落于勤丰村。烈士墓区设有纪念碑，安葬着136名烈士。

斜桥镇龙元公墓烈士墓区

斜桥镇龙元公墓烈士墓区，位于靖江市斜桥镇广福村。烈士墓区建于2011年3月，占地8000平方米，设有革命烈士纪念碑。烈士墓区安葬着20名烈士。

西来镇烈士陵园

西来镇烈士陵园位于靖江市西来镇渔花塘。

西来镇烈士陵园始建于1956年，纪念抗日战争和解放战争中牺牲的30名西来籍革命烈士。20世纪70年代，西来镇将抗日战争时期在八角亭阻击战中牺牲的8位新四军烈士遗骸迁葬于该陵园。目前该陵园占地约10000平方米，设有烈士纪念碑和烈士墓区。烈士纪念碑镌刻着76位烈士英名。烈士墓区安葬着38名烈士。

江阴－靖江工业园区烈士陵园

江阴–靖江工业园区烈士陵园坐落在靖江市五圩港闸旁昆盛公墓内。该烈士陵园建于2004年，占地面积约1 500平方米，建有烈士纪念碑和烈士墓区。烈士纪念碑镌刻着54位烈士英名。烈士墓区安葬着17名烈士。

城南园区昆盛公墓烈士陵园

城南园区昆圣公墓烈士陵园，位于靖江市城南园区昆圣村25组。该烈士陵园建于2005年，占地面积320平方米，建有烈士纪念碑和烈士墓区。烈士墓区安葬着31名烈士。

附　录

1949年前曾在靖江工作的部分非靖江籍烈士

茅学勤

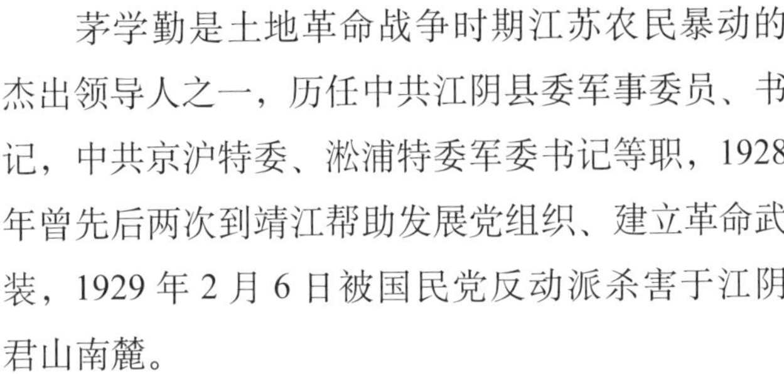

茅学勤是土地革命战争时期江苏农民暴动的杰出领导人之一，历任中共江阴县委军事委员、书记，中共京沪特委、淞浦特委军委书记等职，1928年曾先后两次到靖江帮助发展党组织、建立革命武装，1929年2月6日被国民党反动派杀害于江阴君山南麓。

1900年，茅学勤出生于江阴县后塍镇学田圩（今属张家港市）一个农民家庭。他在江阴乙种师范学校毕业后，以优异成绩考入南京第一工业学校。1923年，他怀着教育救国的愿望，回乡创办学田圩小学并任教。1926年春，茅学勤的好友孙逊群（中共江阴独支书记），在沙洲秘密从事农民运动，以“请求赈灾”之名，要求地主豪绅将积谷发给饥饿的民众。茅学勤接受了共产党组织农民闹革命的主张，积极参加活动，并以妻子的干爹大地主朱孔阳家作为第一个目标，他亲自带领百余农民到朱孔阳家开仓分粮“吃大户”。这一举动在当地引起很大反响，“吃大户”成为当时农民联合起来，同地主豪绅作斗争的主要手段。

1927年3月21日，北伐军进抵江阴城。时值江阴县农民协会成立，县农协在东门的励实中学举办农民运动训练班。茅学勤作为东北乡的代表参加学习，提高了觉悟，开阔了眼界。

农训班结束后，茅学勤回到后塍组建农民协会、工农纠察队，号召农民打倒土豪劣绅。后塍街上的大恶霸地主吴幼琴见势不妙，偷偷溜进城里。茅学勤发动群众用竹、纸扎了吴幼琴及其走狗俞道聘的模拟像抬着游街。不久，“四一二”反革命政变的消息传来，江阴城乡一片白色恐怖。茅学勤被吴幼琴、俞道聘勾结官府逮捕入狱。茅坚贞不屈，敌人只得于9月间以“证据不足”将他释放。

此时，国共合作时期中共江阴县委书记钱振标回江阴组织秋收起义，这给茅学勤以很大鼓舞。他毫不犹豫地表示坚决跟党走。不久，钱振标

介绍茅学勤加入中国共产党。

中共江阴县委为了贯彻中共中央八七会议精神，决定组织秋收暴动，由钱振标（化名高大鹏）担任农民革命军总司令，茅学勤（化名王天民）为副司令，选定农民运动基础较好的后塍镇作为江阴首次暴动的地点。

后塍镇离江阴县城20余公里。国民党江阴县公安局第三分局设在该镇的法水庵，有警察10余名。1927年11月15日深夜，钱振标、茅学勤率领150余名手持大刀长矛的农民武装袭击法水庵，砍伤两名企图反抗的警察，攻入“禁烟检验所”，夺得9支毛瑟枪。愤怒的农民高呼“打倒土豪劣绅”，冲进俞道聘家，将搜出的田契、债据、租簿统统烧毁。翌日凌晨，国民党江阴县公安局长张品泉率部会同驻澄国民党军赶到后塍，农民武装早已转移。敌人焚烧了茅学勤家房屋，逮捕了他的父母及哥哥茅学友。

12月20日，国民党江阴县公安局巡缉队，在东乡抓获茅学勤的弟弟茅学思等3位农民暴动的骨干，将其关押在后塍公安分局附近的电灯厂。茅学勤等人连夜调集3 000多农民武装，于次日凌晨3时许包围法水庵和电灯厂，经过4小时激战，救出茅学思等3人，打死警察6人，缴获毛瑟枪3支。

1928年1月上旬，在农民暴动接连取得胜利的形势下，中共江阴县委于周庄召开第一次代表大会。茅学勤被选为县委军事委员，同时担任新成立的江阴红军第一师师长。接着，茅学勤等于1月中下旬领导后塍五节桥、善政桥和顾山周庄等地暴动，2月、3月又先后开展东乡杨舍镇、南乡峭岐镇暴动，严惩土豪劣绅，将大地主家的粮食、纱布、现钞等分给贫苦农民。

国民党江苏省政府惊呼江阴“逆胆日大、遂愈猖獗”，加紧了“清剿”活动。3月20日上午，后塍公安分局配合县警队在华墅、周庄等地兜捕农民20多人。中共江阴县委是日傍晚调集东南乡、东北乡农民3 000余人，回扑后塍公安分局，再次发动后塍暴动。后塍公安分局军警凭借工事拼命顽抗。国民党江阴县公安局长张品泉很快也率援军赶到。农军战士血战至次日凌晨，牺牲50余人，击毙敌公安分局局长及军警10余人。

为保存革命力量，茅学勤指挥农民武装撤出重围，向长江边转移。

国民党江苏省军事委员会为了歼灭江阴革命武装，急调各路兵力，联合对农暴区实行“兜剿”。地主豪绅的商团、民团也伺机趁火打劫。白色恐怖下，光是江阴东乡参加暴动的农民就被捕杀200余人，2000余农民被迫逃亡在外。此时，农民们苦劝仍坚持就地与敌周旋斗争的茅学勤等人：“倘若你们也牺牲了，我们就没有希望了，还是避一避吧！”

1928年茅学勤来靖江帮助开展革命斗争

4月下旬，茅学勤奉命转移到靖江开辟工作（此时中共江阴县委兼管靖江党的工作）。他与靖江的共产党员蒋润芳等取得联系，在东起丹华港、西至广陵镇沿界河一带建立党的组织，发展游击队，领导群众开展革命斗争。为配合中共江苏省委农委书记王若飞在如皋、泰兴领导的“红五月起义”，茅学勤于5月1日率领红军游击队攻入靖江的季家市、西来庵，点燃了靖江北片农民暴动的烈火。

正当国民党江阴县政府宣称“匪患已靖”的时候，茅学勤又秘密回到江阴西乡，在中共江苏省委特派员的指导下，于6月8日主持召开中共江阴县第二次代表大会，总结历次农民暴动的经验教训，制订新的工作方针。在茅学勤的领导下，江阴受破坏的党组织逐步得到恢复。

10月，茅学勤再次渡江北上，帮助靖江开展建党工作。到1928年年底，靖江的中共党员发展到近百人。

12月26日清晨，国民党靖江县保安团和县警队160多人下乡“扫荡”。茅学勤的弟弟茅学思因掩护战士撤退而牺牲。为了回击敌人，茅学勤和同志们当晚分兵三路，袭击西来镇、文武殿、宁界市等地的盐卡，缴获长短枪45支、子弹2800发，并营救出两名被捕的红军情报员。28日，茅学勤又率部出击敌毗卢市公安分局，缴获长枪5支、子弹2000多发。

当夜，茅学勤率领江阴红军撤回江南。

1929 年 1 月 8 日，茅学勤奉调上海任中共淞浦特委军委书记，参与领导奉贤县的庄行暴动。暴动前三天，茅学勤与特委负责人杭果人、陈云等一起研究了暴动计划。1 月 21 日晚 8 时，五六百名农暴战士攻进庄行商团，缴获 30 多支枪，烧毁了一些地主的账册、田契。

庄行暴动后，茅学勤等返回上海，在汉口路大东旅社暂住。1 月 24 日晚 9 时许，茅学勤外出归寓后，发现附近有形迹可疑的人，便伪装成账房先生伏案算账。巡捕暗探上前盘问，他自称叫陈国英。国民党江阴县公安局侦缉队队长黄秉忠上前辨认，大叫："他就是茅学勤！"第二天，上海《申报》在显著位置刊登了茅学勤等 7 人在沪被捕的消息和照片。

29 日晚，茅学勤等被解往无锡。国民党无锡公安局局长包鉴新想趁机捞些资本，连夜讯问但一无所获。第二天，茅学勤等被押至江阴。国民党江阴县县长申炳炎迫不及待地亲自审讯。茅学勤面对敌人的威逼利诱，坚定地说："我们共产党员是抱着牺牲决心的，绝不是贪生怕死之徒！"敌人再次毫无所获。

1929 年 2 月 6 日下午 3 时，国民党大批军警荷枪实弹，押着茅学勤等人经江阴北大街君山南麓去往刑场。看着伫立在街道两旁的人民群众，茅学勤带领 5 位红军战士唱起《苏武牧羊》中苏武骂毛延寿的一段唱词："未开言不由人把牙根咬狠，骂一声毛延寿你是卖国的奸臣……"借此抨击国民党反动派。两旁群众无不为之动容。到了君山南麓大校场，茅学勤等肩并着肩，昂首挺立，高呼"共产党万岁！红军万岁！"，英勇就义。

束竹君

束竹君，生年不详，江苏丹阳县人。1941 年春到靖江抗日民主政府警卫团工作。1942 年春，任靖江县抗日自卫总团第二游击大队指导员。同年 5 月，在阻止第二游击大队大队长顾文耀叛变时牺牲。

赵英奎

赵英奎又名洪奎，1906 年出生在丹阳一个贫苦农民家庭。少时父母双亡，和姐姐相依为命，靠租种地主的两亩薄地艰难度日。1938 年，赵英奎和当地的一批热血青年一道参加了抗日救亡运动。不久，他报名参加新四军，被分配在第一支队，由于勤学苦干、作战勇敢，很快就任班长、排长等职。1939 年 5 月，加入中国共产党。1940 年 7 月，任新四军第一支队 2 团侦察参谋、连长。1942 年 5 月调靖江工作，先后任区抗日游击队长，县独立团侦察参谋、连长等职。

1943 年 10 月 19 日至 11 月 4 日，伪 12 旅特务团探知靖江独立团主力外出作战，乃纠集部分伪军伪警，偷袭中共靖江县委、靖江抗日民主政府驻地长安市。敌人两次偷袭被县独立团留守部队和区游击队击退后，又组织第三次偷袭。赵英奎奉命率 1 连从外地赶回，消灭了伪 12 旅特务团一个营的大部，取得了第三次保卫长安市的决定性胜利。

1944 年 4 月，靖江独立团在朱大路旁刘家埭、范家埭一带伏击下乡"扫荡"抢粮的日伪军。战斗打响后，日伪军一部窜到庙宇港西，利用田埂和坟包负隅顽抗。负责断敌退路的赵英奎指挥独立团 2 连，将南逃的日军压在庙宇港西很小的一片区域内，与日军展开肉搏战，刺死日军 4 人，缴获三八式机枪 1 挺。

1944 年 4 月 7 日上午，赵英奎根据县独立团首长的部署，率领部队在泰兴毗卢市南侧的靖泰公路设伏，全歼伪 19 师特务连的一个加强排，生俘 48 名伪军。第二天上午，县独立团首长挑选 48 名战士化装成伪军，赵英奎化装成伪军排长，混进新丰市据点，智擒据点内一个连的伪军。

1944 年 4 月 18 日，赵英奎在团首长的指挥下，率领部队潜入澄西县，攻克澄西县的焦溪、郑陆桥等敌伪据点，有力地支援了澄西人民的抗日斗争。

1944 年 5 月 18 日晨，赵英奎化装成日军小队长，率领 10 多名"日军"和 1 个排"伪军"，按照事先预谋的行动计划，大模大样地走进白衣堂伪据点，出其不意地活捉了伪连长孙国正以下 113 人，缴获轻机枪 3

挺、长短枪 73 支。

1944 年 7 月，苏中第三军分区决定组织靖江、泰兴、泰县、如西四县独立团和军分区特务二团一营、迫击炮连、重机枪连，拔除霞幕圩据点。7 月 23 日，赵英奎奉命率靖江独立团二连担任霞幕圩南面的主攻任务。战斗中，赵英奎不幸被俘，后被敌人杀害于泰兴城。

殷德胜

殷德胜，生年不详，福建省闽东县人。中国共产党党员。十年内战时期，他参加中国工农红军闽东独立师，在闽东地区开展了三年游击战。抗日战争爆发后，闽东独立师改编为新四军第二支队第六团开赴江南抗日，他随部队参加了创建苏南抗日根据地的战斗。北上渡江后，参加过著名的半塔集战斗、郭村战斗和黄桥决战。1941 年，其所在团改编为新四军一师一旅一团（即老一团），他参加了苏中第三军分区反“扫荡”、反“清乡”斗争。战斗中负伤致残，被安排在靖江休养。伤愈后重返战场，先后任靖江县东兴区游击队长、县独立团七连连长。1945 年 8 月，参加收复靖江城的战斗，在政治喊话时被敌人冷枪击中而牺牲。

肖起发

肖起发，生年不详，福建闽西人。红军老战士，中国共产党党员，苏中第三军分区警卫大队副大队长。1945 年 8 月，在收复靖江城的战斗中牺牲。

赵炳元

赵炳元，1919 年生，江阴西石桥乡苍山闸板村人。1939 年参加革命，1940 年加入中国共产党。历任新四军挺进纵队排长、连党支部书记，靖江独立团连指导员、营副教导员、政治处党总支副书记等职。

抗日战争时期，赵炳元参加过著名的郭村保卫战、黄桥决战以及收复靖江城等一系列战斗。1945 年 12 月 31 日，参加高桥阻击战，痛击侵犯靖江的国民党军。1946 年 2 月，他率县独立团 2 连夜袭柏木桥敌据点时，负伤被捕而牺牲。

何进东

何进东，1914 年生，江西省人。少年时期学过木匠手艺，16 岁那年因不堪忍受业主的虐待而出走，到苏区参加了革命。开始当红小鬼、战斗员，入党后任排长、连指导员、团政治处主任等职。抗日战争时期，曾在苏中第四军分区战斗过。1943 年初，调新四军十八旅司令部作战科工作。同年 4 月，调江都县独立团，先后任作战参谋兼江都县抗日民主政府军事科科长、江都县人民自卫武装总队副总队长、江都县独立团副团长和团长等职。1946 年 2 月，任苏中第二军分区第六团团长。1946 年 9 月，调任靖江县独立团团长。11 月中旬，奉命率一个连和部分地方干部向苏中第一军分区北线转移。22 日晚，在海安以南敌封锁线上的油坊头，指挥架设浮桥准备过河时，遭敌袭击牺牲。

何进东作战勇敢。抗日反攻时，江都独立团攻打扬州东面的砖桥据点，敌人在碉堡周围放火，阻止独立团部队接近。何进东亲临前沿阵地组织猛攻，占领碉堡，取得战斗的胜利。何进东关心爱护同志。一次，江都独立团奉令攻打三垛伪据点。团副政委谭肇之左脚手术后化脓，走路不便。何进东对他说："你坐小船跟进，情况有变化，我会告诉你。"战斗中，敌人用火力封锁三垛西大桥。何进东命令二梯队和后勤人员就地隐蔽，避免无谓伤亡，自己和主攻连一起冲过西大桥，攻克该据点。何进东组织观念强。1946 年苏中战役后，华中野战军北上，苏中第一军分区南线的靖江县，形势日趋严峻。军区领导准备派他到靖江去任独立团

团长，征求他的意见。他没有提出任何条件，毅然告别怀孕的妻子和两岁的女儿，起程前往靖江。

何进东来到靖江独立团时，靖江坚持斗争的任务十分艰巨。他紧紧依靠人民群众的支持和配合，接连打了几个胜仗。

国民党交警第十一总队，政治上非常反动。何进东认为不打击这股敌人，就不能坚持靖江的斗争。1946 年 10 月 13 日清晨，敌季家市交警一个中队，向长安市附近的歇轰桥一带袭来。何进东组织部队从两侧迂回包抄、夹击敌人。这一仗毙伤敌 10 余人，俘敌近 20 人，缴获步枪、机枪、冲锋枪、卡宾枪 20 余支，给全副美式装备的敌交警部队以有力打击，鼓舞了全县军民对敌斗争的士气。

是月，苏中第一军分区领导决定进攻靖东柏木桥的还乡之敌。命令靖江独立团担任主攻，如皋独立团担负靖城方向的打援任务，由何进东统一指挥。18 日拂晓，部队从东、南、西三面同时向敌发起进攻，激战半小时，攻克柏木桥据点，歼敌 60 余人。歇轰桥战斗和柏木桥战斗，延安《解放日报》均作了报道。

柏木桥战斗后不久，敌交警加强了靖城至季家市公路的巡逻。这条公路是敌分割靖东和靖中的一条封锁线，也是敌北犯的一条军需给养补给线。为了支援靖东军民的反“清剿”斗争，何进东决定在这条公路上再一次给敌交警以狠狠地打击。根据敌人的行动规律，他和县委副书记汪青辰，带领连队干部以夜色作掩护，对公路沿线的村庄、河流、桥梁、道路等地形地物详细察看，决定在季家市以南 3 华里的三元桥设伏。11 月 15 日拂晓前，部队按部署进入伏击地。上午 8 时许，驻季家市敌交警一个排 30 余人，沿靖季公路向三元桥方向而来。敌人进入伏击圈后，部队按预定部署发起攻击，仅十几分钟就全歼了这股敌人。

何进东在靖江组织和指挥的几次战斗，培养锻炼了新组建的靖江独立团，震慑了敌人，鼓舞了人民，为靖江军民坚持反“清剿”斗争打下良好基础。他牺牲后很长一段时间，靖江独立团仍沿用他的名义作战。敌人闻名生悸，心惊胆寒！

蔡一新

蔡一新，1919年出生于上海某银行高级职员家庭。12岁时，因其父弃家另娶，乃去姐姐务工的纱厂当童工。姐妹俩以辛勤劳动换取微薄工资维持生计。

生活的遭遇使蔡一新懂得，妇女要摆脱不幸，必须求得独立自主。1932年“一·二八”淞沪抗战后，她所在的工厂有了中国共产党的活动及救国会组织。在“抗日救亡”的号召下，她参加了前线医疗服务团，每天在工厂干完10小时重活后，又接受2小时的业余医护训练。1936年，她加入共青团组织，把自己的命运与革命事业紧紧地联系在一起。1937年上海“八一三”抗战爆发后，她要求到前线参加救护工作，接受血与火的洗礼。1938年，她受中共上海党组织派遣，和朱群、姚力等奔赴苏北海（门）启（东）地区，借助爱国青年王澄的社会关系，发动失业工人和农民组成游击队，开展抗日救亡活动。这年底，她转为中国共产党正式党员，并任战地文工团党支部委员。部队辗转至泰州一带时，因工作需要，她入职溱潼附近一所小学，以教师身份作掩护，开展群众工作。在她的宣传发动下，一批青年很快接受革命真理，加入革命队伍。1939年，她奉调回部队从事政治工作，次年春参加郭村战斗，旋又调泰州任中共里下河区委组织科长。

1940年新四军东进，蔡一新被分配到靖江开辟工作，先后任战地服务团副团长、中共靖江县委妇女工作部部长等职。1941年，调中共如西县委任妇女部长兼石庄区委书记。1943年春，仍回靖江县委任妇女部长兼县委宣传部副部长。她善于团结同志、克服困难，在发动群众，组织农抗会、妇抗会，发展党的组织，募集爱国公粮，开展减租减息运动等方面，做了许多艰苦细致的工作。日伪对靖西实行疯狂“扫荡”时，她兼任中共靖江太和区委书记，领导太和区群众进行艰苦的反“扫荡”斗争。1945年，因统战工作的需要，她又担任了靖江抗日民主政府参政会的驻会秘书和妇女代表。她身兼数职，样样工作都干得很出色。这年上半年，怀有身孕的她因过度劳累而两次生黑热病，组织上安排她到孤山区富前门埭休养。8 月 15 日，日军宣布投降，中共靖江县委准备围攻盘踞靖江城的伪军。她拖着虚弱的身体，协助中共靖江孤山区委发动民工、筹备粮草、准备担架，夜以继日地操劳。

抗战胜利后，蔡一新继续担任中共靖江县委妇女部长，并兼任县委组织部副部长。工作中，她坚持原则，不徇私情，即使问题发生在直接领导或自己亲人身上，也总是以革命事业为重认真严肃对待。同志们对她十分钦佩。

1946 年元旦，国民党军队侵占靖城，形势十分严峻。此时，蔡一新在孤山区富前门埭刚刚分娩。次日，探望她的战友见此地离靖城很近，极不安全，便用独轮车将她与婴儿连夜转移。时值隆冬，由于遭受 20 多里路程的风寒侵袭，婴儿不幸冻死怀中，她则患上了严重的伤寒。1946 年春，组织上送她到军分区后方医院疗养，并任命她为医院党支部书记。为避开国民党军队的“扫荡”，她拖着尚未康复的身体，经常带领医务人员和伤病员转移。医院撤至东海边苦水洋时，连日的紧张辛劳使她旧病复发。1947 年 5 月后，苏中战场的形势开始好转，北撤的中共靖江县委和县独立团准备向南线进军。蔡一新的病况此时日趋恶化。由于后方医疗条件有限，组织上决定将她送往上海治疗。她的丈夫和战友特地赶到她身边告诉她这一消息。她深情地说：“同志们在前方浴血奋战，我在后方疗养，已经说不过去，怎能再给组织添麻烦呢？这里离前方不远，我可以及时听到你们的消息。如果到了上海，没法了解你们的情况，叫我如何放心得下！”她的丈夫和战友见她言辞恳切，同意了她留在后方医疗的请求。

1947 年 7 月 27 日，蔡一新的病情进一步加重。弥留之际，她深切地关注着前方的战斗形势，把一本自传、一支钢笔和一把留有特殊标志的小刀交给母亲，让她转交给自己丈夫作纪念。7 月 28 日，她走完了 28 年的生命历程，与世长辞！

1950 年，中共泰州地委和泰州行政专员公署追认她为革命烈士。

叶　先

叶先，原名鞠文庆，曾用名鞠易凤，化名叶青、鞠逸贤，1921 年 5 月出生于泰兴县印院乡鞠家垛一个中农家庭。兄弟四人，他排行第三。父亲鞠裕庚先后送他进当地私塾和泰兴襟江小学、黄桥中学等地读书，指望他长大后成为家里的依靠。

1938 年，叶先在黄桥中学读书时，积极投身抗日救亡运动，逐步成长为一名具有强烈爱国思想的热血青年。1939 年，叶先加入中国共产党，是泰兴老五区南部最早的党员之一。此后，叶先利用星期天、寒暑假及晚上时间，到印院乡开展革命活动，先后发展 10 名党员，为建立中共印院乡支部作出了积极贡献。

1941 年初，日军占领黄桥后，叶先服从党组织安排，弃学回家，以开小店和做私塾先生等为掩护，从事革命活动，宣传中国共产党的抗日救国主张，宣传新四军在苏南英勇抗战的事迹，唤醒广大民众积极投入抗战洪流。

1941 年夏，为做好反“清乡”斗争的准备，苏中三地委决定建立党的秘密组织。这年 9 月，地委调叶先任中共如西县卢港区秘密区委书记。卢港区是如西县的中心区，敌人在此建立了伪政权，修筑了陆家庄、加力、搬经、芹湖、水龙口、高明庄等据点和如黄公路。在此严峻形势下，叶先和秘密党员卢崇高等合伙在西薄家湾的大路旁开了一爿杂货店，明里卖笔墨纸砚，暗中发展党员、联系群众。为了开展如皋城内工作，他和秘密县委书记李友白、区委组织科长张旭一道，多次装扮成商人，到如皋城里了解情况，布置秘密党员季诚松在伪县政府斜对面开了一家裁缝铺作为秘密联络点，与日伪进行斗争。

1942 年初，地委编辑发行《良心报》，刊登共产党的方针政策以及根据地人民抗日斗争的胜利消息。叶先组织秘密党员将《良心报》散发到敌占区，向敌伪军政人员展开政治宣传，以分化瓦解敌军阵营。

1942 年 5 月，地委秘工部调叶先任中共靖江县秘密组织城区特派员。叶先在距靖江城二里多路的刘村桥，以办私塾为掩护开展工作。

当时的靖江城为日伪控制，戒备森严，进出城门要凭伪警察局发给的身份证。叶先通过关系搞到一张空白身份证，自己用芋头雕刻了一枚伪警察局的印章，制作了他本人的身份证。凭这个身份证，他频繁出入靖江城了解敌情。

1943 年春，地委秘工部部长叶梯青经叶先安排，与秘密党员褚力以合开布店为掩护，隐蔽到靖江城。这年夏，秘密党支部书记王有邦被敌逮捕变节。由于叶先及时布置地下党员疏散隐蔽，党组织未遭受大的损失。

1944 年 12 月，中共靖江县委建立城市工作部，领导敌占区和边沿区党的地下工作。叶先密切注视日伪军动态，及时向城工部部长薛先洛汇报。

1945 年 8 月日军投降后，中共靖江县委组织军民收复靖江城。叶先与其他秘密党员一起，通过特殊方式瓦解伪军斗志、策动伪军反正，为收复靖江城作出了积极贡献。靖城收复后，县委撤销了城工部，但仍保留城区秘密党组织。

1946 年 10 月，按地委指示，中共靖江县委重新建立全县秘密党组织。叶先在平兴圩、涌兴圩一带以办私塾为掩护，领导两个党支部和三个单线联系的党员开展收集情报、秘密锄奸等工作。这年初冬，叶先随中共靖江县委、靖江军政机关北撤。1947 年 7 月，叶先随部队通过敌曲姜海封锁线时遭敌袭击，不幸牺牲。

肖人夫

肖人夫，1923 年生，泰兴县广陵区南肖庄人。1938 年参加革命，中共党员。历任苏中公学十九队队长、苏中第二军分区司令部交通科科长、苏北兵站站长、苏北抗大分校人事科科长、紫石县海南区区长、苏中第三军分区南线支队二营营长等职，屡立战功。1940 年夏初，奉命前往江南丁蜀山迎接新四军东进，途中与敌伪苦战七天七夜，胜利归来。1947 年 9 月 2 日，于泰兴县丁家桥战斗中牺牲，时年 24 岁。

陈友仁

陈友仁，1928 年生，如皋县江安区大陈家堡人。1946 年参加革命，同年加入中国共产党。1948 年 10 月，陈友仁由苏中三地委组织部调靖江工作，任党的秘密系统靖中区特派员，常驻侯河区龙王乡，面向靖城开展工作。

龙王乡位于靖城西北郊，敌我之间“拉锯式”的斗争时有发生。陈友仁在乡指导员季少和的帮助下，先发展曹家桥小学教师邵桢、曹宗灿入党，继又通过邵桢的介绍，发展在靖城油米厂做工的黄和龙入党，黄和龙又发展该厂司机张仲祥入党。黄和龙还为陈友仁办了一张国民党的“国民证”。凭借这张“国民证”，陈友仁扮成商贾，多次进城活动。地下党员们每收集一批重要情报，都由陈友仁及时转到解放区。

1948 年 10 月 12 日傍晚，陈友仁只身去桑木桥动员还乡团成员李荣郎倒戈，不幸误入敌人事先设下的圈套，被潜伏在李家附近的还乡团拦截。陈友仁边打边往西撤退，连过两条河，当突围到孙家牌楼时，腿部被乱枪击中。他强忍疼痛，边跑边爬，隐藏到秦家场黄兰生家东山墙下。为了不让武器落入敌人手中，他将短枪扔入河里，把随身携带的重要情报吞进肚中。半小时后，陈友仁落入敌手，被敌连刺数刀牺牲。

胡文杰

胡文杰，1916 年出生于丹阳县横塘乡留雁村一个较为富裕的农民家庭。少时启蒙于留雁村小学，后考入吴江师范。曾在丹阳新丰、鸣凤小学任教。1937 年 12 月上旬，日军侵占丹阳。胡文杰带领本村部分热血青年参加丹北抗日自卫总团，成为该团政训班第一期学员。

1938 年夏，新四军第一、第二支队挺进茅山地区，开创苏南敌后抗日游击根据地。6 月，

胡文杰去第一支队政治部开办的政训班受训，此间加入中国共产党。7 月中旬，新四军第一支队授予丹北抗日自卫总团“丹阳游击纵队”番号，9 月又将其命名为“新四军挺进纵队”，对外称“江南抗日义勇军挺进纵队”。胡文杰回纵队后，担任该纵队第一支队指导员，11 月任第一支队政治处主任。在他的动员和影响下，留雁村先后有五十多名青年参加挺进纵队。

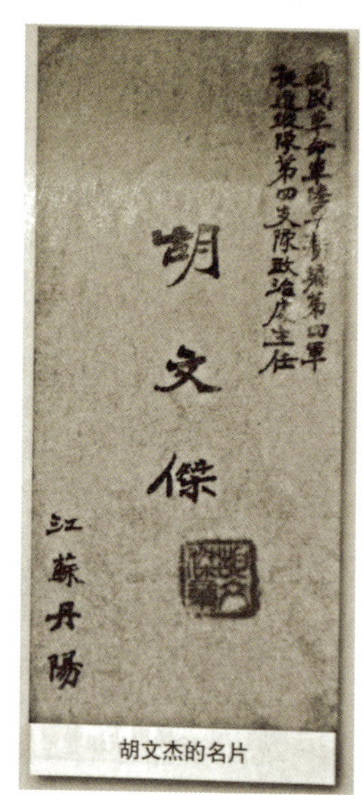

胡文杰的名片

1943 年 1 月，胡文杰调任靖江独立团政治处主任。

这年 4 月 15 日，靖（江）、如（皋）、泰（兴）、泰（县）四县独立团和苏中第三军分区特务营，在苏中第三军分区副司令员张藩指挥下，于靖新公路的药师庵地段伏击伪 19 师 73 团陈正才部。胡文杰协同靖江独立团参谋长吴立批指挥全团配合兄弟部队展开激战，歼灭陈正才部 3 个营 450 余人，俘伪副团长戴子平、营长宋栋臣以下 200 余人，缴获大批武器弹药。

7 月 26 日拂晓，宿营在三元桥的靖江独立团被敌人偷袭包围。胡文杰和参谋长吴立批果断地指挥部队向敌人力量最薄弱处发起突袭，趁敌溃乱之际冲出包围圈。战斗中，胡文杰手臂受伤。

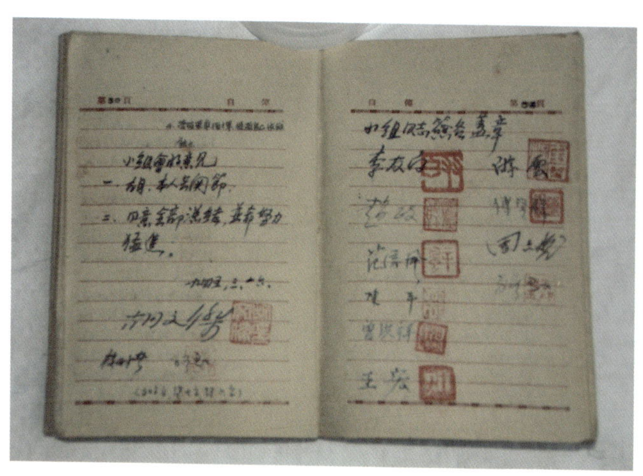

1945 年 3 月，在胡文杰烈士笔记本上党小组全体党员的签名、盖章

靖江军民经过一年多的艰苦奋战，挫败了敌人的“清乡”计划，有

力地推动了靖江地区抗日根据地的减租减息、锄奸反霸、民主建政等工作的开展。县独立团军政素质也在斗争中有了很大提高，胡文杰受到了苏中三分区司令部政治部的表彰。

胡文杰烈士在上海战役前夕，与2岁儿子胡晓军的合影

1944年年底，胡文杰调任苏中第一军分区丹北独立团政治处主任。他着重抓独立团三营的工作。其时三营刚组建，有刚放下锄头的新兵、有弃暗投明的俘虏兵，针对这种状况，他以诚待人、以情带兵，很快就扭转了三营作风懒散的局面，提高了三营的战斗力。后来这支部队编入了华中野战军。

1949年5月，在上海战役的外围战中，已是中国人民解放军第三野战军29军87师259团团长的胡文杰，奉命攻占月浦。5月14日，胡文杰带领部队将敌逐出月浦。15日，敌人大规模反扑，胡文杰被敌炮弹片击中胸部牺牲，成为上海战役中牺牲的职务最高的解放军。

后　记

《丰碑——靖江市红色资源普查辑录》是靖江市老区经济促进会根据江苏省老区开发促进会有关文件精神，在牵头组织靖江红色资源普查的基础上形成的。该书辑录了靖江市1927年以来的各类红色资源，主要包括革命烈士传略、革命烈士简介、革命故事、革命历史纪念场所、以革命烈士命名的乡村和学校等。

为高质量开展全市红色资源调研普查，中共靖江市委成立了由市委副书记、市委宣传部长和市政府副市长担任组长，市老区经济促进会理事长为副组长，市委办、市政府办、市政协学习文史委、市党史方志办、市退役军人事务局、市民政局、市文体旅游局、市财政局等部门（单位）负责人组成的红色资源调研普查领导小组，组建了由市老区经济促进会驻会人员和外聘专家为主体的工作班子，保证了红色资源调研普查、史料搜集整理的有序进行。

该书资料来源：一是各镇（街道、园区）的普查汇总材料；二是市级机关有关部门（单位）提供的档案资料；三是现有能够查找得到的部分史籍，主要包括《抗战时期的靖江独立团》《靖江独立团解放战争史略》《靖江革命斗争史》《靖江英烈》等。编写人员本着对历史负责、对未来负责的精神，对各类史料逐条甄别，取精去粗，存真去伪，力求辑录内容真实严谨、可考可证。

需要说明的是，对烈士的介绍之所以分为传略、简介，完全取决于我们掌握的资料多少，资料多的列传，次之则简介；烈士传略、简介的编排顺序，一律按烈士牺牲的时间确定。此外，由于战争年代的档案资料散失等诸多原因，不可避免地会导致少数烈士，尤其是在外地牺牲的靖江籍烈士的英名未能载录，对此我们深表遗憾。我们将继续搜集研究考证，以期未来修订之时能应收尽收。最后，对参与本次调研普查、提供史料的各镇（街道、园区）和各部门（单位）的同志，对为本书提供摄影图片和为本书内容排版录入的王顺余、陆俊同志，以及其他为本书编撰提供帮助的同志，表示真诚的感谢！限于资料与编者能力有限，本书不足之处在所难免，敬请广大读者批评指正。

编　者

2022 年 9 月

图书在版编目（CIP）数据

丰碑：靖江市红色资源普查辑录 / 靖江市老区经济促进会，靖江市党史方志办公室编著．—北京：中国农业出版社，2023.3

ISBN 978-7-109-30428-4

Ⅰ．①丰… Ⅱ．①靖… ②靖… Ⅲ．①革命传统教育－教育资源－普查－靖江 Ⅳ．① D642

中国国家版本馆 CIP 数据核字 (2023) 第 027310 号

靖江市红色资源普查辑录
JINGJIANG SHI HONGSE ZIYUAN PUCHA JILU

中国农业出版社出版
地址：北京市朝阳区麦子店街18号楼
邮编：100125
责任编辑：孟令洋　郭晨茜
版式设计：杜　然　　责任校对：吴丽婷　　责任印制：王　宏
印刷：北京通州皇家印刷厂
版次：2023年3月第1版
印次：2023年3月北京第1次印刷
发行：新华书店北京发行所
开本：710mm×1000mm　1/16
印张：18.5
字数：450千字
定价：240.00元